全国高职高专规划教材·法律系列

商事法律运用

学术顾问　范　健

主　　编　金　涛　阮　利

副 主 编　陈树茂　马艳平　闫　巍
　　　　　李晓敏　赵　婧　滕　威

北京大学出版社
PEKING UNIVERSITY PRESS

内容简介

本书是针对高职高专法律专业及财经类专业编写的商法教材，内容涵盖法律专业及财经类专业相关的各类商事法律，也包括一些商事企业法律争议解决的相关程序法内容，涉及企业从生到死的生命过程中的主要商事法律。

本书紧密围绕企业从生到死的动态过程所涉及的主要法律这一主线展开，首先介绍商事法律环境所涉及的所有相关法律，然后介绍国内国际商事争议的解决途径，之后则为本书的主要内容，即商法基本原理和各主要商事部门法。由于本书是针对高职高专的，故将海商法的内容略去。本书针对高职院校的特点，每章均安排"案例讨论"和"分析与思考"，突出实践性教学的特点。

本书主要为高职高专法律专业和财经类专业的商法教学用书，企业人士亦可将之作为学习的参考书。

图书在版编目(CIP)数据

商事法律运用/金涛，阮利主编. —北京：北京大学出版社，2012.2
(全国高职高专规划教材·法律系列)
ISBN 978-7-301-20066-7

Ⅰ.①商… Ⅱ.①金…②阮… Ⅲ.①商法—中国—高等职业教育—教材
Ⅳ.①D923.99

中国版本图书馆 CIP 数据核字(2012)第 007061 号

书　　名：商事法律运用
著作责任者：金　涛　阮　利　主编
策 划 编 辑：周　伟
责 任 编 辑：周　伟
标 准 书 号：ISBN 978-7-301-20066-7/D·3036
出 版 发 行：北京大学出版社
地　　址：北京市海淀区成府路 205 号　100871
网　　址：http://www.pup.cn
电 子 信 箱：zyjy@pup.cn
电　　话：邮购部 62752015　发行部 62750672　编辑部 62754934　出版部 62754962
印 刷 者：北京鑫海金澳胶印有限公司
经 销 者：新华书店
787 毫米×1092 毫米　16 开本　16.25 印张　395 千字
2012 年 2 月第 1 版　2012 年 2 月第 1 次印刷
定　　价：33.00 元

前　言

现行的商法教材种类众多，内容各异，但适合高职高专使用的教材并不多见，很多高职高专院校使用的商法教材为本科或成教教材，与高职高专的情况与需求相去甚远。正是基于这一情况，北京大学出版社组织全国的高职法律专业教师协作编写了这本适合高职高专需要的商法教材。高职高专的法律教学特别强调实践性和对法律的运用，因而我们将这本商法教材名为《商事法律运用》。

本书在编写过程中得到著名商法学家、中国商法研究会副会长、南京大学法学院博士生导师范健教授在学术上的无私帮助与指导。

本书针对高职高专强调实践性、应用性及面向工作过程的教学特点，从商事组织运用法律的视角出发，对商事法律环境、商事争议的解决、商事法律的一般理论和各单行法的运用进行全面介绍与讨论。全书以商事组织的设立、运营、权利的交易、商事组织的消灭与破产为主线组织内容，确保全书内容既全面系统、逻辑性强，又生动直观，易于理解掌握，达到学即能用的教学效果。在内容安排上，每章章前安排了学习目标、学习导引，章后安排了案例讨论、分析与思考两部分内容；案例讨论由案情简介、问题梳理与法律运用三部分组成，分析与思考则包括思考题与案例分析题。

本教材编写的具体分工如下：第一章、第三章由江苏财经职业技术学院金涛编写；第二章由江苏财经职业技术学院陈树茂编写；第四章由天津城市职业学院阮利编写；第五章由山西经贸职业学院马艳平编写；第六章由浙江金华职业技术学院闫巍编写；第七章由北京吉利大学李晓敏编写；第八章由北京科技职业学院赵婧编写。本教材由金涛确定基本框架、组织编写并进行统稿修改工作，江苏省淮安市淮阴区人民法院滕威同志协助金涛进行了统稿工作，最后由金涛修改定稿。由于编者水平有限，错误或疏漏在所难免，欢迎读者批评指正。

编　者

2011 年 11 月

前言

目　录

第一章　商事法律环境

学习目标

1. 了解国内商主体立法的主要梗概。
2. 了解商行为立法的主要梗概。
3. 了解国际商法的主要法律框架。
4. 了解全球化背景下商事法律环境的内容梗概。

学习导引

商事主体的投资经营活动是在一定的法律环境中进行的，这一法律环境是商事活动顺利进行的基础。商事法律环境主要包括：商主体法、合同法、证券法、票据法、保险法、税法、消费者权益保护法、劳动法、产品质量法、卫生法、反不正竞争法、反垄断法、知识产权法、环境保护法、海商法、国际商法等。商法与国际商法及相关公私法规范一起就构成了商事主体运营的基本法律环境。

第一节　国内立法

一、商主体法

现代商法理论认为，商主体即指企业。企业，是指依法成立并具备一定组织形式，以营利为目的独立从事商品生产经营活动和商业服务的经济组织。企业的特征主要有以下三个方面：(1) 从企业存在的社会性质和功能的角度来看，企业是独立从事商品生产经营活动和商业服务的经济组织；(2) 从企业的生存和发展的目的来看，企业以营利为其活动宗旨；(3) 从企业存在的法律条件来看，企业必须依法成立并具备一定的法律形式。

按照不同的标准，可以对企业类型做不同的划分。依据企业经济性质不同，可分为全民所有制企业、集体所有制企业、私营企业、外商投资企业、联营企业等；依据企业规模不同，可分为大型企业、中型企业和小型企业；依据所属经济部门不同，可分为工业企业、农业企业、商业企业、建筑安装企业等；依据企业的法律形态不同，可分为独资企业、合伙企业、公司企业等。

(一) 个体工商户

截止2010年年底，全国实有个体工商户2917.3万户，从业人员5776.4万人，注册资金数额9006亿元，户均资金数额3.09万元，其中包括一些港澳台居民在大陆申请注册的个体工商户。[①] 尽管个体工商户一般规模不大，但它对促进就业、方便人民生活，促进经济社会发展和社会公平起到了很大的作用。国务院于1987年颁布实施《城乡个体工商户管理暂行条例》。2011年4月16日，国务院颁布了《个体工商户条例》，并于2011年11月1日实施，1987年颁布实施的《城乡个体工商户管理暂行条例》同时废止。个体工商户分为个人经营和家庭经营两种形式，无最低注册资本的要求，可以申请登记字号，经营范围涵盖主要的工业、服务业领域，对外由经营者承担无限责任。

(二) 个人独资企业

个人独资企业，是指依法在中国境内设立，由一个自然人投资，财产为投资人个人所有，投资人以其个人财产对企业债务承担无限责任的经营实体。

个人独资企业与个体工商户具有以下区别。

(1) 出资人不同

个人独资企业的出资人只能是一个自然人；个体工商户既可以由一个自然人出资设立，也可以由家庭共同出资设立。

(2) 承担责任的财产范围不同

个人独资企业的出资人在一般情况下仅以其个人财产对企业债务承担无限责任，只是在企业设立登记时明确以家庭共有财产作为个人出资的才依法以家庭共有财产对企业债务承担无限责任；而根据《中华人民共和国民法通则》(以下简称《民法通则》)第29条的规定，个体工商户的债务如属个人经营的，以个人财产承担，家庭经营的，则以家庭财产承担。

(3) 适用的法律不同

个人独资企业依照《中华人民共和国个人独资企业法》(以下简称《个人独资企业法》)设立，个体工商户依照《民法通则》、《城乡个体工商户管理暂行条例》的规定设立。

(4) 法律地位不同

个人独资企业是经营实体，是一种企业组织形态；个体工商户则不采用企业形式。区分二者的关键在于是否进行了独资企业登记，并领取独资企业营业执照。

第九届全国人大常委会第十一次会议于1998年8月30日通过了《个人独资企业法》，自2000年1月1日起施行。

(三) 合伙企业

合伙是一种古老的共同经营方式，它是介于个人独资企业与公司型企业之间的一种企业形态。2006年8月27日，《中华人民共和国合伙企业法》(以下简称《合伙企业法》)由中华人民共和国第十届全国人民代表大会常务委员会第二十三次会议修订通过，自2007年6月1日起施行。

---

① http://www.chinanews.com/cj/2011/04-28/3004975.shtml。

合伙企业，是指自然人、法人和其他组织依照本法在中国境内设立的普通合伙企业和有限合伙企业。

普通合伙企业由普通合伙人组成，合伙人对合伙企业债务承担无限连带责任。《合伙企业法》对普通合伙人承担责任的形式有特别规定的，从其规定。有限合伙企业由普通合伙人和有限合伙人组成，普通合伙人对合伙企业债务承担无限连带责任，有限合伙人以其认缴的出资额为限对合伙企业债务承担责任。

（四）公司法

公司制度是人类最伟大的发明之一，它使得大量的闲散资本得以通过公司集中起来，完成社会零散资本所不能完成的任务；同时，公司的股东有限责任又分散了投资风险，能够吸引更多的投资者投资不同的公司，从而加速了社会的发展。公司法律制度是适应公司迅速发展而产生的法律制度，主要目的在于规范公司的主体资格和行为，使社会经济处于有序发展的状态。

各国对"公司"的定义和设立要求不尽相同，但总体而言，公司是指依照公司法设立的以营利为目的的企业法人。我国公司法所称的"公司"是指依照公司法在中国境内设立的有限责任公司和股份有限公司。

公司法是调整公司在设立、组织、活动和解散过程中所发生的社会关系的法律规范的总称。公司法的调整对象主要有以下几类：(1) 公司的组织关系。主要包括公司发起人相互间或股东相互间的关系；股东与公司相互间的关系；公司内部组织机构相互间的关系以及公司与国家经济管理机关之间的关系。(2) 公司的部分经营关系。公司法一般调整的是那些与公司组织关系有密切关系的经营关系。

（五）外商投资企业法

外商投资企业，是指依照中国的法律，经中国政府有关部门批准，在中国境内设立的、由外国投资者和中国投资者共同投资或者仅由外国投资者投资的企业。外商投资企业是中国企业，必须遵守中国的法律，同时也受中国法律的保护。外商投资企业包括中外合资经营企业、中外合作经营企业和外资企业。

（六）破产法

破产有两种含义：一是指债务人因丧失清偿能力而不能对全部债权人的债权进行清偿的状态；二是指法律规定的由法院审理破产案件，由有关组织参与清理债权债务关系，分配破产财产，以及当事人在案件审理过程中，应当遵循的法定程序。根据《中华人民共和国企业破产法》（以下简称《破产法》）的规定，破产是在债务人不能清偿到期债务，并且资产不足以清偿全部债务或者明显缺乏清偿能力的情况下，由法院主持强制执行其全部财产，公平清偿全体债权人的法律制度。《破产法》主要解决企业法人因破产而消灭的法律问题，可以称之为企业破产消灭制度，故本书将其归为商主体法律制度的一部分。

破产意味着债务人经营活动的失败。当债务人只有一个债权人时，他们之间的债务纠纷在法律上可按普通执行程序予以解决；如果存在众多的债权人，为了公平合理地解决债权人之间的利害冲突关系以及债权人集体与债务人的关系，就有必要设立破产法律制度。破产制度的核心是实现债权人、债务人、股东及利益相关者和社会利益之间的利益平衡。这种法律制度具有两种社会功能：一是破产还债，即以破产的方式了结债权债务关系，保护债权人、债务人的合法权益；二是通过破产程序淘汰落后的生产方式和经营方式。

二、商行为法

（一）合同法

《中华人民共和国合同法》（以下简称《合同法》）第 2 条规定："本法所称合同是平等主体的自然人、法人、其他组织之间设立、变更、终止民事权利义务关系的协议。婚姻、收养、监护等有关身份关系的协议，适用其他法律的规定。"从这一规定来看，我国《合同法》中所指的"合同"为债权合同，身份合同不适用该法。因而我国商主体的合同商行为主要适用《合同法》[①]。

我国现行合同法于 1999 年 3 月 15 日第九届全国人民代表大会第二次会议通过，自 1999 年 10 月 1 日起施行。新《合同法》的颁布施行，标志着我国合同立法日益成熟，也标志着我国市场经济法律体系建设取得了实质性的进展。该法分总则、分则、附则三部分，共计 428 条。

《合同法》按照其业务性质和权利义务内容的不同，将合同分为买卖合同；供用电、水、气、热力合同；赠与合同；借款合同；租赁合同；融资租赁合同；承揽合同；建设工程合同；运输合同；技术合同；保管合同；仓储合同；委托合同；行纪合同；居间合同等共 15 类合同。

（二）证券法

"证券"是一个外延很广的概念。在法律学科领域，证券是指证明或设定民事、经济权益的法律凭证，是相应财产权利凭证的通称。

证券法，是指调整证券发行、交易和监管过程中发生的经济关系的法律规范的总称。《中华人民共和国证券法》（以下简称《证券法》）于 2005 年 10 月 27 日修订通过，自 2006 年 1 月 1 日起施行。

《证券法》第 2 条规定："在中华人民共和国境内，股票、公司债券和国务院依法认定的其他证券的发行和交易，适用本法；本法未规定的，适用《中华人民共和国公司法》和其他法律、行政法规的规定。政府债券、证券投资基金份额的上市交易，适用本法；其他法律、行政法规另有规定的，适用其规定。证券衍生品种发行、交易的管理办法，由国务院依照本法的原则规定。"

从该法条可以看出，我国《证券法》调整的不仅包括了股票、公司债券、国务院依法认定的其他证券、证券衍生品种，还包括了政府债券及证券投资基金。这里我们主要介绍最常见的股票和公司债券、证券投资基金。

作为特别法，证券法以特别事项或者特定社会关系为其调整对象，调整证券发行、交易、服务和监管行为以及由此引起的社会关系。

① 参见奚小明主编：《合同法讲座》，中国政法大学出版社，第 288—289 页。

（三）票据法

票据是出票人依票据法签发的，由自己或委托他人于到期日或见票时无条件支付一定金额给收款人或持票人的一种有价证券。

各国票据立法对票据的种类均采法定主义，由票据法对票据的种类作出明确的、封闭性的规定，不允许有法律规定以外的票据存在。根据《中华人民共和国票据法》（以下简称《票据法》）第 2 条第 2 款的规定，我国的票据分为汇票、本票和支票三种。

广义的票据法，是指涉及票据关系调整的各种法律规范，既包括专门的票据法律、法规，也包括其他法律、法规中有关票据的规范。一般意义上所说的票据法是指狭义的票据法，即专门的票据法规范，它是规定票据的种类、形式和内容，明确票据当事人之间的权利义务，调整因票据而发生的各种社会关系的法律规范。票据法的性质属于私法，是传统商法的重要组成部分。

（四）保险合同法

在现代社会中，保险是一项特殊的经济与社会活动，是一种适应经济发展和社会生活方式进步的经济保障制度。商法中所说的保险，是从狭义上理解的商事保险。它是人们按照自愿原则，通过支付较少量的保险费，以应付因自然灾害和意外事故可能遭受财产损失或人身伤亡的一种风险预防和补救措施，也是一项风险控制制度。商业保险，从法律性质上看属于商行为。它是商事保险公司以营利为目的的活动，并以当事人自愿、合意为形成要件。因此在商事保险活动中，作为参与保险交易的投保人和保险人双方，需按照法律规定和双方约定实施保险商行为，履行各自的权利义务。投保人承担支付保险费的义务，保险人对被保险人或受益人因意外事故或特定事件的出现所导致的损失负经济补偿或给付的责任。

保险法界定的保险行为以保险合同成立为基础，并以此确定投保人向保险人承担交付保险费的义务，以及保险人向投保人承担约定事故发生后的赔偿责任。保险责任是一种典型的商事合同责任。它不同于一般民事赔偿责任，一般的民事赔偿责任以当事人侵权或违约为责任构成的原因。保险事故是由约定事项造成的，非保险人行为所致。保险人承担保险责任实属向投保人收取保险费的对价，是应当履行的合同义务。它以一方当事人根据约定向另一方当事人提供特定给付为前提。根据这种约定，即便在保险期限内没有出现约定事项，投保人也可以免除对危险后果的后顾之忧。

保险法，是指以保险关系为调整对象的法律规范的总称。狭义上的保险法，是指以保险合同形成的商事保险关系为调整对象的法律规范的总称，它仅指商事保险法。① 保险合同法是保险法的基本组成部分。

（五）海商法

海商法是一门伴随着航海贸易的兴起而发展起来的古老而新兴的法律。海商法的调整对象为海上运输关系和船舶关系。

海商法，是指调整海上运输关系和船舶关系的法律规范的总称。海上运输关系，是指基于海上货物运输和旅客运输所发生的各种关系以及与海上运输有关的其他各种

① 参见邹瑜等主编：《法学大辞典》，中国政法大学出版社 1991 年版，第 1200 页。

关系。如海上货物运输关系、海上旅客运输关系、海上拖航关系、船舶碰撞关系、共同海损关系、海上保险关系等都属于海上运输关系的范畴。根据《中华人民共和国海商法》(以下简称《海商法》)第 2 条的规定,海上运输包括海江之间、江海之间的直达运输,而海上货物运输不包括我国港口之间的海上货物运输。海上运输关系主要是平等主体之间的海上运输关系,如海上货物和旅客运输关系、海上拖航关系、船舶碰撞关系等,同时也包括一部分不平等主体之间的海上运输关系。

《海商法》于 1992 年 11 月 7 日在第七届全国人大常委会第二十八次会议上获得通过,并于 1993 年 7 月 1 日起施行。这是新中国第一部调整海商关系的基本法,对于促进中国海运业的发展具有十分重要的意义。我国《海商法》广泛吸收了国际公约和国际惯例的一些做法,增强了其国际性,是一部适应国际形势发展需要的比较完善的法律。

三、商业法律环境

除了前述的商主体法与商行为法之外,商事活动与经济法、劳动法、知识产权法乃至刑法均有关系,这些部门法均是商事活动所应当考量的法律因素,也是可能产生法律风险的领域。

(一) 税法

税收是国家为了实现其职能,按照法定标准,无偿取得财政收入的一种手段,是国家凭借政治权力参与国民收入分配和再分配而形成的一种特定分配关系。我国税收的征收主体包括税务机关、财政机关和海关。税法是国家权力机关及其授权的行政机关制定的调整税收关系的法律规范的总称。税法按调整对象划分,一般分为税收实体法和税收程序法。凡是规定税收征管过程中征、纳税双方主体的实体权利义务内容的是税收实体法,如各单行税税种法;凡是以税收征管过程中税收征收管理程序关系为调整对象的是税收程序法,典型的如《中华人民共和国税收征收管理法》。[①]

(二) 消费者权益保护法

消费者权益保护法是以保护消费者权益为核心的法律,调整在保护消费者权益过程中产生的各种社会关系。它主要包括:(1) 国家机关在对经营者的监督管理过程中发生的关系;(2) 国家与消费者之间在指导、服务和保护过程中发生的关系;(3) 消费者组织及其他个人或组织对经营者的监督关系;(4) 经营者和消费者之间在商品交换和提供服务过程中消费者权益保护关系。[②] 消费者权益保护法通过对赋予消费者消费过程中更多的权利、对经营者及相关主体赋予更多的义务来实现消费者保护。

(三) 劳动法

劳动法是调整劳动关系以及与劳动关系密切联系的其他社会关系的法律规范的总称。为了保护劳动者的合法权益,调整劳动关系,我国分别于 1995 年 1 月 1 日和

① 参见刘剑文主编:《财税法学》,高等教育出版社 2004 年版,第 316 页。

② 参见陶广峰主编:《经济法原理》,中国政法大学出版社 2005 年版,第 183 页。

2008 年 1 月 1 日、2008 年 5 月 1 日颁布施行了《中华人民共和国劳动法》(以下简称《劳动法》)、《中华人民共和国劳动合同法》(以下简称《劳动合同法》)和《中华人民共和国劳动争议调解和仲裁法》(以下简称《劳动争议调解和仲裁法》)。劳动法的调整对象主要是劳动关系,同时还调整与劳动关系密切联系的其他社会关系,主要表现为:(1) 因管理劳动力而发生的关系;(2) 因执行社会保险而发生的关系;(3) 因组织工会和工会活动而发生的关系;(4) 因处理劳动争议而发生的关系;(5) 因监督劳动法规的执行而发生的关系。

劳动法律关系的内容主要是指由劳动法律规范调整而形成的劳动者和用人单位之间的劳动权利和劳动义务,具体包括劳动者的权利和义务、用人单位的权利和义务的调整。

(四) 竞争法

竞争法是规范市场主体的竞争行为,制止各类违法竞争行为,确保自由和正当的竞争机制发挥正常功能的法律部门。竞争法由两个部分组成:一是禁止垄断或限制竞争行为,保障自由竞争机制正常运行的反垄断法;二是禁止各种不正当竞争行为,维护诚实信用的商业道德的反不正当竞争法。狭义的反不正当竞争法仅规范狭义的不正当竞争行为,主要是指经营者通过欺骗、胁迫、利诱以及其他违背诚实信用和公平竞争商业惯例的手段从事市场交易。[①] 反垄断法主要由三大制度构成。(1) 卡特尔协议或垄断协议控制制度。所谓卡特尔,是指经营者(包括行业协会等社会组织)通过协议或者其他方式合谋限制竞争的行为,如统一销售价格的价格卡特尔等,包括横向的和纵向的限制竞争行为。(2) 滥用市场支配地位控制制度。如果一个企业在特定市场取得了独占地位或压倒性优势,从而能够在相当程度上左右市场价格,就可以认为该企业具有了市场支配地位。禁止滥用市场支配地位行为一般包括:① 禁止垄断高价;② 禁止掠夺性定价,即具有市场支配地位的经营者以排挤竞争对手为目的,以低于成本的价格销售商品;③ 禁止差别待遇,即不得对条件相同的交易对象,实行价格歧视等差别待遇;④ 禁止拒绝交易,没有正当理由,不得拒绝向购买者销售商品;⑤ 禁止强制交易;⑥ 禁止搭售或者附加不合理的交易条件;⑦ 禁止独家交易;⑧ 禁止限制转售价格。(3) 企业集中(合并)控制制度,即对企业间合并可能导致合并后的企业具有市场支配地位的情形,应向反垄断执法机构提出申请,经反垄断执法机构的审查,决定是否予以批准合并的法律控制制度。[②]

(五) 产品质量法

产品,是指经过加工和制作,并通过流通环节,满足生产消费需求的一切物品。

产品质量法是调整产品监督管理关系以及产品质量责任关系的各种法律规范的总和。《中华人民共和国产品质量法》(以下简称《产品质量法》)主要调整以下两种社会关系。

第一,产品质量监督管理关系。主要包括两方面:一是作为监管者的国家行政管理机关与作为被监管者的生产者、销售者以及相关中介机构之间的产品质量行政监管

① 参见邵建东编著:《竞争法教程》,知识产权出版社 2004 年版,第 17 页。

② 参见陶广峰主编:《经济法原理》,中国政法大学出版社 2005 年版,第 176 页。

关系；二是社会公众对产品质量进行监督所形成的社会监督关系。

第二，产品质量责任关系。主要是生产者、销售者、消费者或其他民事主体因产品质量纠纷而产生的民事法律关系，它是与产品质量有关的财产或人身关系。

我国已形成了以《产品质量法》为基本法，以《中华人民共和国标准化法》、《中华人民共和国计量法》、《中华人民共和国消费者权益保护法》、《中华人民共和国食品卫生法》、《中华人民共和国药品管理法》等法律中质量条款以及产品质量管理行政法规、地方性法规及规章为补充的产品质量法律体系。

(六) 知识产权法

广义的知识产权，可以包括一切人类智力创作的成果，即《建立世界知识产权组织公约》中所划的范围。狭义的知识产权，则包括工业产权与版权两部分，工业产权又包括专利权、商标权、禁止不正当竞争等；版权则包括作者权与传播者权（即"邻接权"）等。[①]

知识产权具有以下特点。(1) 无形性。无形性使其与一切有形财产及有形财产权相区分。即这一类型的权利标的不是有形的财产，如专利权的标的可能是制造或销售某一专利产品的权利。(2) 专有性。专有性，是指知识产权在一定期限、一定区域内权利人对权利的独占性、排他性享有特点，专有性将知识产权与公有领域分开。(3) 地域性。地域性，是指知识产权只在其权利登记地或授予地有效，受当地知识产权法的保护，在该区域以外则未必受到保护。(4) 时间性。时间性，是指知识产权的保护具有法定的有效期限。(5) 可复制性。知识产权体现在一定产品、作品或其他物品的复制活动上，这种复制往往正是权利行使的主要方式，也是侵害知识产权的主要方式。知识产权的客体可由一定的有形物去体现、去固定、去复制，否则，就不可能构成知识产权。[②] 知识产权法是调整知识产权法律关系的法律规范的总称，包括知识产权的取得、流转许可与保护法律关系的规范。

(七) 环境法

环境法，是指调整因协调人类与环境的关系，保障人体健康，保护和改善环境，防治污染和其他公害而产生的各种社会关系的法律规范的总称。环境法具有以下特点。

(1) 综合性

环境法由于其所调整的内容跨多种学科，其所保护的环境是由多种环境因素组成的统一体，因而具有综合性。

(2) 科学技术性

环境法直接而具体地反映了生态学基本规律和社会经济规律的要求，它的一系列基本原则、管理制度和法律规范都是从环境科学的研究成果和技术规范中提炼出来的，因而具有较强的科学技术性。

(3) 区域特殊性

由于不同国家、不同地区的环境条件各有差异，国与国之间、同一国家内的不同地

---

① 参见郑成思著：《知识产权法》，法律出版社 1997 年版，第 6 页。

② 同上书，第 11—23 页。

区之间的环境问题有其特殊性，因此环境法具有区域特殊性的特点。

我国环境法体系由宪法规范、环境保护综合基本法(《中华人民共和国环境保护法》)、防治污染公害单行法如《中华人民共和国海洋环境保护法》、《中华人民共和国水污染防治法》、《中华人民共和国大气污染防治法》等，环境保护行政法规、地方性法规和行政规章及地方规章，环境保护标准，如《工业企业设计卫生标准》、《工业"三废"排放试行标准》、《生活饮用水卫生标准》《渔业水质标准》、《环境空气质量标准》《城市区域环境噪声标准》等，以及环境保护国际条约和协定组成。[①]

(八) 刑法

刑法是规定犯罪、刑事责任和刑罚的法律。刑法作为法律体系的重要组成部分，它与其他实体部门法相比较，其所调整的社会关系范围更为广泛，刑法保护所有受到犯罪侵害的社会关系，所有部门法如民法、商法、经济法、知识产权法、劳动法等所保护的社会关系，也都同时借助刑法的保护和调整。如一般的民商事违法行为、侵害知识产权行为由民商法、知识产权法调整，一旦违法行为侵害权利的危害性很大，就可能涉嫌构成犯罪，并因此要承担刑事责任受到刑事处罚。如公司犯罪、知识产权犯罪行为，严重的人身伤害行为等。刑法的强制性最为严厉，刑法对犯罪分子适用刑罚这种强制方法，刑罚不仅可以剥夺犯罪分子的财产，限制或剥夺自由及政治权利，最严重的情况可以剥夺犯罪分子的生命。

商事主体在经营活动中，违法行为严重构成犯罪的，就可能受到刑法的制裁。常见的商事主体犯罪主要包括公司犯罪、伪劣产品犯罪、税收犯罪、知识产权犯罪、合同诈骗犯罪、金融诈骗犯罪、环境犯罪等。

第二节　国际商法[②]

国际商事法(International Business Law)，简称国际商法，是调整国际商事交易和商事组织的各种法律规范的总称。国际商事法是各国商人(企业)之间从事商业活动，尤其是贸易和投资活动方面的法律规范。这种法律规范调整的对象随着世界经济全球化进程的加快和知识经济时代的到来，早已突破了传统的商事法范围而增加了许多新的领域，如传统的买卖法，已演变增加了技术贸易法和服务贸易法。此外，如投资、融资、工程承包及合作生产也都超出了传统的商事法调整的范围，因而西方各国往往把调整上述各种商业交易的法律用国际商业交易法来概括。国际商事法的主体仅限于各国的商人及各种商事组织，如合伙企业及公司，不包括国家、国际组织。

国际商法的渊源主要包括国际(商务)条约、国际惯例和各国商事立法。

条约包括双边条约和多边条约。商事双边条约主要有：通商航海条约、贸易协

---

① 参见张梓太著：《环境法论》，学苑出版社1999年版，第36—40页。

② 本节主要参考沈四宝、王军、焦津洪编著：《国际商法》，对外经济贸易大学出版社2002年版。

定、贸易议定书、相互保护和促进投资协定、避免双重征税和防止偷税漏税协定等。商事多边条约主要有：调整国际货物买卖的《1980年联合国国际货物买卖合同公约》；调整国际海上货物运输的《海牙规则》、《海牙-维斯比规则》、《汉堡规则》；调整国际航空运输的《华沙条约》；调整国际铁路货物运输的《国际货约》、《国际货协》；调整国际多式联运的《联合国国际货物多式联运公约》；调整国际票据法律关系的《关于汇票、本票的日内瓦公约》、《关于支票的日内瓦公约》，关于国际投资的《解决一国与他国国民投资争议的公约》（又称《华盛顿公约》）、《多边投资担保机构公约》；关于国际仲裁的《承认及执行外国仲裁裁决公约》（又称《纽约公约》）；关于知识产权的《保护工业产权巴黎公约》、《商标注册马德里公约》、《伯尔尼公约》、《日内瓦公约》、《世界版权公约》等。

国际惯例，是指国际商法主体重复类似的行为而上升为对其具有约束力的规范。根据《国际法院规约》第38条的规定，法院适用法律时对国际惯例的解释为：经接受为法律的通例。《1980年联合国国际货物买卖合同公约》第9条对国际贸易惯例的解释为："在国际贸易上已为有关特定贸易所涉同类合同的当事人所广泛知道并为他们所经常遵守。"采用国际惯例已成为国际上的一种趋势，其与国际公约在强制力上的区别已渐渐淡化。目前国际贸易中影响最大的贸易惯例是国际商会制定的《1990年国际贸易术语解释通则》和《商业跟单信用证统一惯例》。这两套惯例已得到绝大多数国家和地区的承认，在实践中起着举足轻重的作用。

在国际贸易中，现有的国际公约和惯例不可能满足实践中的需求，个人或企业在从事跨境商事贸易活动时，可能选择某国内法作为其准则，因而国内法在国际商法中仍具有重要地位。鉴于国内法已在第一节进行了简单介绍，本节以下部分介绍几个主要的国际商事规范。

一、合同及《国际商事合同通则》

由国际统一私法协会历时十余年起草推出的《国际商事合同通则》[①]对发展国际商事合同的一般原则具有重要意义。它并非一部国际性的公约，其作用主要在于：一是可以由合同当事人约定适用；二是由于它尽可能兼容了不同法系的制度和国际惯例，对各国和国际立法起到了示范作用。

（一）合同的概念

《国际商事合同通则》第3.2条规定："合同仅由双方的协议订立、修改或终止，除此别无其他要求。"这一界定与《国际货物销售合同公约》及我国合同法的规定均是一致的。我国《合同法》第2条规定："本法所称合同是平等主体的自然人、法人、其他组织之间设立、变更终止民事权利义务关系的协议……"

---

① 《国际商事合同通则》由国际统一私法协会于1994年完成编撰后，已经过2004年、2010年两次修订，最新的第3版已于2010年通过；鉴于其性质主要是示范法，且本书主要用以阐明国际商事合同的一般规则，故本书所引《国际商事合同通则》条款仍以1994年版为准。

（二）合同的订立

1. 要约

要约是具有足够的确定性并包含一旦被接受合同即成立的意图的订立合同的意思表示。

要约的要件有三：一是订约意思之存在；二是应有足够的确定性；三是必须包含一旦被接受合同即告成立的意思。

要约的撤销，是指要约人在要约被受要约人接受之前向受要约人发出要约失效的通知，使其不再受要约的约束。《国际商事合同通则》第 2.4 条规定："在合同订立之前，要约得予撤销，只要撤销的通知在受要约人发出承诺之前送达受要约人。但是，在下列情况下，要约不得撤销：(a)要约写明了承诺的期限，或以其他方式表明要约是不可撤销的；或(b)受要约人有理由信赖该要约是不可撤销的，而且已基于对该要约的信赖行事"。我国合同法吸收了该规定，将"已基于对该要约的信赖行事"改成了"已经为履行合同作了准备工作"。

要约的有效期间。各国普遍承认以下是使要约失效的特定事由：(1) 要约中规定的承诺时间已过；(2) 要约被受要约人拒绝；(3) 受要约人提出反要约；(4) 要约人死亡或丧失能力，而受要约人作出承诺之前已知道这种情况。

2. 承诺

承诺是接受要约的意思表示。承诺生效的时间即合同成立的时间。国际商事领域倾向于采纳收邮主义。《国际货物销售合同公约》和《国际商事合同通则》第 2.6(2) 条采纳了收邮主义，即承诺于承诺的文件到达要约人时生效。我国《合同法》采收邮主义，如该法第 26 条规定"承诺通知到达要约人时生效"。

（三）合同的效力

合同的效力，是指已订立完成的合同的有效性。从原因上分，导致合同效力瑕疵的因素主要包括：合同当事人能力上的缺陷，合同形式上的瑕疵，合同违法或违反社会公共利益、错误、欺诈、胁迫和显失公平。从性质上分，效力有瑕疵的合同分为无效的合同和可撤销可变更的合同。

各国对自然人和法人的缔约能力均用不同的规则进行了规范。在自然人，主要对未成年人和有精神缺陷或精神疾患的自然人的缔约能力进行了限制。在法人，其缔约能力普遍经历了由"越权无效"规则到"越权不得对抗第三人"规则的演进过程，我国合同法亦然。法人超越其章程范围的缔约行为有效，不得对抗第三人。

1. 合同的形式

《国际商事合同通则》第 1.2 条规定："通则不要求合同必须以书面形式订立或由书面文件证明。合同可通过包括证人在内的任何形式证明。"这反映国际商事交易中，应放宽对书面形式的要求。我国《合同法》第 10 条规定："当事人订立合同，有书面形式、口头形式和其他形式。法律、行政法规规定采用书面形式的，应当采用书面形式。当事人约定采用书面形式的，应当采用书面形式。"

2. 合同的合法性

根据英美法理论，合同违法的实质是违反法律背后的公共政策，即作为法律的制定和实施依据的反映社会公共利益的政策。通常，禁止从事限制贸易的活动；禁止从事犯罪行为、民事侵权行为或欺诈行为；禁止从事有损良好的社会道德的行为；禁止从事危害公共安全的活动；禁止从事公共生活中的腐败的活动；禁止从事妨害司法公正的行为。法、德等国同样禁止违反善良风俗的合同。我国《合同法》第 52 条规定了应认定合同无效的五种情况，包括：(1) 一方以欺诈、胁迫的手段订立合同，损害国家利益；(2) 恶意串通，损害国家、集体或第三人的利益；(3) 以合法形式掩盖非法目的；(4) 损害社会公共利益；(5) 违反法律、行政法规的强制性规定。

3. 错误与误解

《国际商事合同通则》第 3.4 条对"错误"的概念的定义为"错误是合同订立时所作的关于既存的事实或法律的不正确的假定。"关于错误的后果，《国际商事合同通则》第 3.5 条规定如下。

(1) 一方可以因错误而撤销合同，如果在合同订立时错误如此得重大，以至一个处于与错误方同等地位的合理人本想基于有重大不同的条件订立该合同，或者，如果知道情况的真相本不会订立该合同，同时，(a)另一方有同样的错误，或导致了该错误，或者知道或应当知道该错误，并且，让错误方陷于错误的状态有违公平交易的商业准则；或者(b)另一方在合同被撤销时尚未基于对合同的依赖而行事。

(2) 然而，在以下情况下，一方不能撤销合同：(a) 该方的错误因重大过失所致；或者(b) 该错误涉及这样的事项：有关该事项，发生错误的风险已由错误方承担，或者，考虑相关情况，应当让错误方承担。

根据我国《合同法》第 54 条的规定，合同因重大误解而订立的，合同一方有权请求人民法院或仲裁机构变更或撤销合同。这里"误解"包括错误和误解两种情况。

4. 欺诈与胁迫

《国际商事合同通则》第 3.8 条规定："一方有权撤销合同，如果合同的订立是另一方欺诈性的表示所导致，包括语言、行为和欺诈性地不披露情况，而根据有关公平交易的合理商业标准，后者本应披露该情况。"第 3.9 条规定："在以下情况下，一方可以撤销合同，合同的订立是另一方不正当的威胁所致，这种威胁在当时的情况下如此地急迫和严重，致使前者没有合理的选择余地。特别地，当某一对被威胁方进行的威胁行为或不行为本身是不法的，或者，将该威胁作为达到订立合同的目的的手段是不法的时候，该威胁就是不正当的。"根据我国《合同法》第 54 条的规定，当一方以欺诈或胁迫的手段使对方在违背真实意思的情况下订立合同时，受损害方有权请求人民法院或仲裁机构变更或者撤销。

5. 显失公平

《国际商事合同通则》第 3.10 条就"重大失衡"制度作以下表述。

(1) 一方在以下情况下可以撤销合同或合同的某一条件：在合同订立时，该合同或条件无正当理由地给予了另一方一种过分的优惠。此时，除了其他因素之外，应考虑以下因素：(a) 另一方不公平地利用了前一方的依赖、经济上的困境或急迫的需要，或者，该方的缺乏远见、无知、缺乏经验或缺乏谈判技巧，同时，还应考虑(b) 合同的性质和目的。

(2) 依有权撤销合同的一方的请求，法院可以对该合同或条件进行调整，以使其符合有关公平交易的合理商业标准。

(3) 法院也可以依收到撤销合同或其条件的通知的一方的请求对该合同或条件进行调整，只要该方在收到该撤约通知之后，另一方基于对该通知的依赖而行事之前，立即将此请求通知了另一方。此时，另一方撤销合同的权利即告丧失。

根据我国《合同法》第 54 条的规定，合同在订立时显失公平的，当事人有权请求变更或撤销。

(四) 违约及其救济

1. 解除履约义务

当一方违约时，另一方在许多情况下可以通过解除合同从而解除其全部履约义务，或者，解除其在合同项下的某一特定义务，使自己得到救济。

《国际商事合同通则》第 7.3.1 条规定："一方可以终止合同，如果另一方不履行合同项下的义务构成根本性的不履行。""在决定不履行某一义务是否构成根本性的不履行时，应特别考虑：(a) 该不履行是否实质性地剥夺了受损害方在合同项下有权期待的东西，除非另一方并没有预见到，也不可能合理地预见到这样的结果；(b) 对该未履行义务的严格遵守在合同项下是否具有实质性；(c) 该不履行是否有意的或放任其后果的；(d) 该不履行是否使受损害方有理由相信，他不能对另一方进一步的履行产生依赖；(e) 若合同被终止，不履行方是否会因已准备或已履行而蒙受不相称的损失。"在迟延履行的情况下，只要另一方未在第 7.1.5 条允许的额外期限届满之前履行，受损害方亦可终止合同。依第 7.1.5 条，受损害方可以给不履行方一段合理的宽限时间，让后者继续履行其义务，并在该期限届满后者仍不履行的情况下终止合同。我国《合同法》第 94 条对此规定了五种情形下可以解除合同。

2. 预期违约

如果一方在合同规定的履约期到来之前毁弃了合同，另一方可以立即解除合同，并要求得到赔偿，而不必等到履约期已到。

《国际商事合同通则》第 7.3.3 条规定："如果在一方履行的日期到来之前，该方显然将根本性地不履行合同，另一方可以终止合同。"我国《合同法》第 94 条第 2 款规定，如果"在履行期届满之前，当事人一方明确表示或者以自己的行为表示不履行主要债务"，另一方可以解除合同。

3. 双务合同履行中的抗辩权

《国际商事合同通则》第 7.1.3 条规定："(1) 在各方同时履约的情况下，任何一方可在另一方提出履行前中止履行。(2) 在各相继履约的情况下，在先为履行的一方尚未履行之前，后为履行的一方可中止履行。"第 7.1.3 条还规定，一方如果合理地相信另一方将根本性地不履约，可以要求对如约履行提供适当保证，与此同时，可不履行自己的义务。若该保证未在合理的时间内提供，要求该保证的一方可终止合同。我国《合同法》第 67 条、第 68 条、第 69 条规定了同时履行抗辩权、后履行抗辩权和不安抗辩权。

4. 实际履行和损害赔偿

实际履行即是令违约方实践其诺言，按合同的规定履行其对受损害方的义务。损害赔偿则是让违约方对受损害方进行金钱上的补偿，以此作为实际履行的替代。

《国际商事合同通则》原则上允许给予实际履行的救济，但以下情况例外：(1) 法律上或事实上不可能；(2) 会造成不合理的负担或费用；(3) 可以合理地从其他渠道获得履行；(4) 履行具有完全的人身性质；(5) 在知道或理应知道该不履行后的一段合理时间内未要求履行。如果当事人不执行实际履行的判决，法院可以令其支付罚金。第 7.4.1 条规定，损害赔偿适用于所有类型的违约行为。但对损害的确定应具有合理的确定性，同时赔偿不能超出违约方在订立合同时预见到的或应预见到的违约可能引起的损害的范围。

我国《合同法》第 110 条规定，受损害方有权要求违约方实际履行合同义务，除非实际履行"在法律上和事实上不能履行"；或者"债务的标的不适于强制履行或者履行费用过高"；或者"债权人在合理期限内未要求履行"。第 113 条规定损害赔偿"应当相当于因违约造成的损失，包括合同履行后可以获得的利益，但不得超过违反合同一方订立合同时预见到或者应当预见到的因违反合同可能造成的损失"。第 119 条进一步规定了受损害方防止损失扩大的义务。

5. 违约金

《国际商事合同通则》第 7.4.13 条规定"(1) 如果合同规定，不履行的一方应就该不履行而向受损害方支付某一特定的金额，受损害方有权获得这一金额，不论实际损害如何。(2) 然而，如果参照该不履行引起的损害以及其他情况，这一金额显然过高，可将其减少至一个合理的数额，无论有无与之相反的约定。"我国《合同法》第 114 条同样规定，约定的赔偿金原则上是有效的，但可根据实际损失的情况进行调整。

二、买卖法：国际货物销售合同公约

国际货物买卖法的主要渊源是《联合国国际货物销售合同公约》(United Nations Convention on Contracts for the International Sale of Goods, CISG)和国际贸易惯例《国际贸易术语解释通则》。CISG 于 1980 年 3 月在维也纳外交会议上获得通过，1988 年 1 月 1 日起正式生效。截止 2007 年 8 月 16 日共有缔约国 70 个，包括了世界主要贸易国家。我国于 1981 年 9 月 30 日签署该公约，1986 年 12 月 11 日交存该核准书，我国企业同营业地位于其他缔约国的当事人之间所订立的货物买卖合同都将适用这一公约。《国际贸易术语解释通则》是由国际商会(ICC)在 1935 年制定的，后于 1953 年作了修订，后又于 1980 年、1990 年和 2000 年进行了修改和补充，通则对内陆交货(EXW)、装运港船上交货(FOB)以及成本加运费与保险费交货等十三种贸易术语作了详细的解释。现行文本为《2010 年国际贸易术语解释通则》，该通则在国际上已经得到广泛的承认和采用，是国际货物买卖最重要的贸易惯例。

根据 CISG 的规定，国际货物买卖合同是指营业地处于不同国家的当事人所订立的货物买卖合同。

(一) 合同的成立

1. 发价(Offer)

CISG 第 14 条规定，凡向一个或一个以上特定的人提出的订立合同的建议，如果其内容十分确定，并且发价人(Offeror)有当其发价一旦被接受就将受其约束的意思，即构成发价(Offer)。CISG第15条第1款规定，发价于其到达受发价人时生效。第15条第2款规定，一项发价，即使是不可撤销的发价，都可以撤回，只要撤回的通知能在该发价到达受发价人之前或与其同时送达发价人。第16条第1款规定，在合同成立以前，发价得予撤销，但撤销通知须于受发价人作出接受之前送达受发价人。但是，依第16条第2款，在下列两种情况下，发价一旦生效，即不得撤销：(1) 在发价中已经载明了接受的期限，或以其他方式表示它是不可撤销的；(2) 受发价人有理由信赖该项发价是不可撤销的，并已本着该发价的信赖行事。一项发价，即使是不可撤销的发价，应于拒绝该发价的通知送达发价人时终止。

2. 接受(Acceptance)

CISG第18条规定，受发价人以作出声明或以其他行为对某一发价表示同意，即为接受。第18条第2款规定，对发价所作的接受，应于接受的通知到达受发价人时才生效；如果根据发价的要求或依照当事人间已经确立的习惯做法或惯例，受发价人可以通过作出某种行为对发价表示接受，则当受发价人作出这种行为时接受即告生效。逾期的接受，是指接受通知到达发价人的时间已经超过了发价所规定的有效期，或者在发价未规定有效期时，已超过了合理的时间。CISG认为逾期的接受原则上是无效的。接受是可以撤回的，只要撤回的通知于该项接受生效之前或同时送达发价人即可。

(二) 卖方和买方的义务

根据CISG的规定，卖方的主要义务有三项：(1) 按确定的时间地点交付货物；(2) 移交一切有关货物的单据；(3) 卖方的担保义务及把货物的所有权转移于买方之义务。买方的义务主要包括：(1) 支付货款的义务；(2) 收取货物的义务。

(三) 对违反买卖合同的补救方法

CISG第25条对根本违约作了定义："如果一方当事人违反合同的结果，使另一方当事人受到损害，以至于实际上剥夺了他根据合同有权期待等到的东西，即属于根本违反合同，除非违反合同的一方并不预知而且同样一个通情达理的人处于相同情况下也没有理由预知会发生这种结果。"如果构成根本违约，受损害的一方有权宣告撤销合同，并有权要求赔偿损失或采取其他救济方法；如果不构成根本违约，则受损害的一方原则上不能撤销合同，而只能要求损害赔偿或采取其他救济方法。

1. 损害赔偿

一方当事人违反合同应负责的损害赔偿额，应与另一方当事人因他违反合同而遭受的包括利润在内的损失额相等。但这种损害赔偿不得超过违反合同一方在订立合同时，依照他当时已知道或理应知道的事实和情况，对违反合同预料到或理应预料到的可能损失。

2. 预期违约

如果订立合同后，另一方当事人由于下列原因显然将不履行其大部分重要义务，对方当事人可以中止履行义务：(1) 一方履行义务的能力或他的信用严重缺陷；(2) 他在准备履行合同或履行合同中的行为显示他将不履行其主要的义务。

3. 分批交货合同违约的救济

(1) 在分批交货合同中,如果一方当事人不履行对其中任何一批货物的义务,便已对该批货物构成根本违反合同,则对方可以宣告合同对该批货物无效,即宣告撤销合同对这一批交货的效力,但不能撤销整个合同。(2) 如果一方当事人不履行对其中任何一批货物的义务,使另一方当事人有充分理由断定今后各批货物亦将会发生根本违反合同,则该另一方当事人可以在一段合理时间内宣告合同今后无效,即撤销合同对今后各批货物的效力,但对在此以前已经履行的各批货物不能予以撤销。(3) 当买方宣告合同对某一批交货无效时,如果合同项下的各批货物是互相依存、不可分割的,不能将其中任何一批货物单独用于双方当事人在订立合同时所设想的目的,买方可以同时宣告合同对已经交付或今后将交付的各批货物均为无效,即可以宣告撤销整个合同。

(四) 货物所有权与风险的移转

1. 货物所有权的移转

在国际贸易中,货物所有权从何时起由卖方移转于买方,是关系买卖双方切身利益的重大问题。CISG 只是原则性地规定卖方有义务把货物所有权移转于买方,并保证他所交付的货物必须是第三方不能提出任何权利或请求权的货物。对所有权移转的时间、地点、条件及对第三方货物所有权的影响未作出任何规定。在国际惯例中,关于 CIF 合同的《华沙-牛津条约》第 6 条规定,货物所有权移转于买方的时间,应当是卖方把装运单据(提单)交给买方的时候。

2. 货物风险的移转

风险,是指货物可能遭受的各种意外损失,如盗窃、火灾、沉船、破碎、渗漏以及不属于正常损耗的腐烂变质等。在国际贸易中,风险移转直接关系买卖双方的基本义务,并关系是由卖方还是买方承担损失的问题。CISG 原则上以交货时间来确定风险移转时间,而非以所有权转移时间作为风险转移时间。CISG 允许双方当事人在合同中约定有关风险移转的规则。如果货物在风险移转给买方后发生灭失或损坏,买方支付货款的义务并不因此解除,除非这种灭失或损坏是由卖方的行为或不行为所造成的。如果买卖合同涉及货物的运输,但卖方没有义务在某一特定地点交付货物,则自货物按照合同交付给第一承运人以运交给买方的时候起,风险就移转给买方承担。

同步练习

一、案例讨论

1. 案情简介

某投资者甲准备在乙地投资建立一家大型面向国外高技术公司的电子代工企业 A,产品主要面向国际市场在全球销售。在完成该领域的市场与前景调查后,在申请设立阶段首先考虑企业规模与形态的选择。甲主要以其控股的投资集团公司作为投资主体在全球进行投资设厂,且该集团公司可通过证券市场进行大规模融资,其在不同地区设立的企业相互分工协作，承担不同的生产和经营任务，故决定设立全资子公司。甲在乙地投资的重要原因是，一方面乙地拥有大量受过中等以上教育具备一定技能的劳动者，另一方面乙地作为苏北欠发达地区，劳动力成本相对较低，可大大提高企业产品的竞争力。在以信息化带动工业化的发展战略之下，对电子信息类大型企业在经济技术开发区落户提供了土地、服务等方面大量的优惠政策，乙地经济技术开发区作为国家级经济技术开发区在税收等方面也有一些优惠政策，并且乙地经济开发区还拥有专门的出口加工区，享有代工业务进出口免税政策。综合各方面和法律环境，甲在乙地的投资是明智的。

2. 问题梳理

本案例中企业设立与经营活动主要涉及几个问题：(1) 设立何种形态的企业才能符合集团公司经营的要求；(2) 当地的投资法律环境如何；(3) 进出口业务为主的企业的税收优惠及减免情况如何；(4) 当地的人力资源质量与人力成本（工资）政策如何？

3. 法律运用

在进行企业规模与形态选择时，涉及根据投资目标确定适当的企业形态与规模。一方面，依公司法规定，全资子公司的重要经营决策由其股东及董事会决定，从而使得其生产经营活动计划可以纳入集团的整体计划中。另一方面，作为独立法人又自主开展经营活动，并独立承担法律责任。乙地经济技术开发区作为国家级开发区在法律上拥有许多税收上的优惠政策，进出口加工区的设立为其进出口业务提供了大量的税收优惠和便捷服务；而乙地性价比较高的人力资源则为企业降低成本提供了可能。综合各种法律与政策因素，在乙地设立全资子公司是最佳的选择。

二、分析与思考

1. 商事主体运营涉及的国内法主要包括哪些？

2. 国际商法的渊源主要包括哪些？

3. 甲、乙二人计划投资设立一家小型高技术企业。甲拥有技术领先的产品专利，评估价值为 10 万元，乙则擅长经营管理，准备出资 5 万元，该专利产品是大规模电子信息企业的配套产品，国际市场亦有较大需求。A 地集聚着很多大规模电子信息企业，且对投资 10 万元以上的中小型高技术企业有较多的税收及其他优惠扶持政策，甲、乙初步准备在 A 地投资。

请问：你认为甲、乙设立何种形态的企业较为适宜；甲、乙在设立前还要考察 A 地的哪些法律与政策规范？

第二章 商事争议的解决

学习目标

1. 了解民事诉讼的基本制度。
2. 了解民商事争议诉讼解决的程序。
3. 了解仲裁制度的基本内容。
4. 了解商事争议仲裁处理的程序。
5. 了解国际商事仲裁程序的主要内容。

学习导引

诉讼、仲裁是商事争议主要的解决方式。诉讼,就是将争议诉之法院,由法院依据事实和法律,通过法定的程序来解决双方的纠纷。仲裁以双方自愿将争议提交给某一仲裁机构审理的仲裁协议的存在为前提。仲裁一般不公开审理,程序简单灵活,裁决书与判决书一样,都有强制执行力,这更符合商事活动的效率要求。涉外仲裁则是国际商事争议的重要解决途径。

第一节 民事诉讼制度

一、民事诉讼与民事诉讼法

(一) 民事诉讼与民事诉讼法的概念

民事诉讼,就是人民法院在双方当事人和其他诉讼参与人的参加下,审理和解决民事案件的活动,以及由这些活动所产生的各种诉讼法律关系的总和。

民事诉讼法,是指由国家制定或认可的调整人民法院、当事人和其他诉讼参与人在审理民事案件中所进行的诉讼活动和由此产生的诉讼关系的法律规范的总称。民事诉讼法有狭义和广义之分。狭义上的民事诉讼法也叫形式意义上的民事诉讼法,专指民事诉讼法典,也就是国家立法机关制定的关于民事诉讼的专门法律。我国现行民事诉讼法典是 1991 年 4 月 9 日由全国人大常委会颁布的《中华人民共和国民事诉讼法》(以下简称《民事诉讼法》)。广义上的民事诉讼法,也叫实质意义上的民事诉讼法,既包括民事诉讼法典,也包括宪法、法院组织法和其他法律中有关民事诉讼的原则、制度和程序的规定，以及最高人民法院发布的关于民事诉讼的有关司法解释。

（二）民事诉讼法的效力

民事诉讼法的效力，也就是民事诉讼法的适用范围，是指民事诉讼法在何时何地对何人何事直接发生作用。

1. 时间效力

时间效力，是指民事诉讼法的有效时间。根据第七届全国人民代表大会第四次会议决定，《民事诉讼法》自 1991 年 4 月 9 日通过并公布施行。也就是说，现行民事诉讼法自 1991 年 4 月 9 日起产生法律上的效力。

2. 空间效力

空间效力，是指我国民事诉讼法对空间的适用范围。民事诉讼法适用于中华人民共和国的一切领域，包括领陆、领水和领空。换言之，凡发生于我国领域的民事、经济等纠纷，欲通过民事诉讼方式解决者，必须按民事诉讼法的规定办理。值得注意的是，由于我国对香港、澳门地区实行“一国两制”，对台湾地区也将采取类似的办法，因此，民事诉讼法在我国香港、澳门和台湾地区不发生法律效力。

3. 对人的效力

对人的效力，是指我国民事诉讼法对哪些人有效。我国《民事诉讼法》第 4 条规定：“凡在中华人民共和国领域内进行民事诉讼，必须遵守本法。”这表明，现行民事诉讼法不仅适用于中华人民共和国全体公民、法人和其他组织，而且适用于在我国进行诉讼的外国人、无国籍人或国籍不明的人以及在我国进行诉讼的外国企业和组织。

4. 对事的效力

对事的效力，是指我国民事诉讼法对哪些案件有效，也就是人民法院审理民事案件的范围。凡是发生在平等主体之间的财产关系和人身关系纠纷，包括经济合同纠纷、知识产权纠纷、房地产纠纷、票据纠纷以及公司企业投资并购纠纷等诉讼都适用民事诉讼的规定。

二、民事诉讼法的基本制度

（一）合议制度

合议制度，是指由 3 名以上的审判人员组成审判集体，代表人民法院行使审判权，对案件进行审理并作出裁判的制度。合议制是相对于独任制而言的。对于一审而言，权利义务关系比较明确或者争议不大的，可以实行独任审判制。

根据我国《民事诉讼法》第 40 条及有关规定，除法律特别规定基层人民法院运用简易程序审理简单案件可以适用独任审判外，均适用合议制。而且，合议庭的成员人数必须是单数，在评议案件时实行少数服从多数的原则。如果合议庭成员意见存在重大分歧且案件重大，合议庭可以将案件提交审判委员会讨论决定。对审判委员会的决定，合议庭必须执行。

（二）回避制度

回避制度，是指根据法律的规定，人民法院审理某一案件的审判人员和其他人员与案件有利害关系或其他关系，可能影响案件公正处理时，退出该案件审理的原则和制度。

回避不仅适用于审判人员，而且适用于书记员、翻译人员、鉴定人、勘验人。回避必须具有法定应当回避的事由。根据我国《民事诉讼法》第45条的规定，审判人员及其他人员有下列情形之一的，应当回避：(1) 是本案的当事人或者当事人、诉讼代理人的近亲属；(2) 与本案有利害关系；(3) 与本案当事人有其他关系，可能影响对案件的公正审理的。如果当事人发现审判人员和其他人员存在应当回避的情形，可以主动提出回避申请，由人民法院决定其是否回避。

（三）公开审判制度

公开审判，是指人民法院对案件的审理过程和判决结果向人民群众和社会公开的法律制度。公开审判是相对于秘密审判而言的。公开审判取代秘密审判是诉讼制度文明进步的表现。根据我国《民事诉讼法》第120条的规定，人民法院审判民事案件，除涉及国家秘密、个人隐私、商业秘密等案件实行不公开审理外，都应当公开进行，即以公开审理为原则，以不公开审理为例外。同时，不管案件是否公开审理，判决的宣告都一律公开进行。

（四）两审终审制度

两审终审制度，是指一个民事案件经过两级人民法院审理就告终结的法律制度。根据两审终审制度，案件经过一审人民法院判决后，判决并不立即生效，在规定的上诉期内任何一方当事人均可向上一级人民法院提出上诉。同时，上级人民法院的判决属于终审判决，不允许再次上诉。

三、民事诉讼的案件管辖

（一）管辖的概念

民事诉讼中的管辖，是指上下级人民法院之间和同级不同地区的人民法院之间受理和审判第一审民商事纠纷案件的分工和权限。这里需要指出的是，管辖指的仅仅是人民法院受理第一审民商事纠纷案件的分工和权限，因为确定了第一审民商事纠纷案件的分工和权限，二审管辖法院即一审人民法院的直接上级法院也就明确了。

（二）管辖的类型

管辖分为级别管辖、地域管辖和指定管辖。

1. 级别管辖

级别管辖，是指按照人民法院组织系统划分上下级人民法院之间受理第一审理民事经济案件的分工和权限，也就是确定上下级人民法院的管辖权。

2. 地域管辖

地域管辖，是指同级人民法院在各自的辖区内受理审判第一审民事、经济纠纷案件的分工和权限。

(1) 一般地域管辖

一般地域管辖，是指以当事人住所地与法院辖区的联系来确定案件的管辖法院。

即当事人在哪个法院辖区，案件就由哪个人民法院管辖。

（2）特殊地域管辖

特殊地域管辖，是指以案件事实与法院辖区的密切联系来确定案件的管辖法院。从我国《民事诉讼法》第24条至第33条规定的九种特殊地域的管辖规定来看，是以诉讼标的、法律事实等案件事实与法院辖区的密切联系为标准确定管辖，同时将“被告住所地”也作为确定标准之一。

（3）专属地域管辖

专属地域管辖，是指根据某些案件的特定性质，法律规定某类案件只能由特定地域的人民法院管辖，其他人民法院无权受理，当事人也不得以协议变更的管辖。由于某些案件的特殊性，法律赋予其管辖的排他效力，既排除一般地域管辖和特殊地域管辖的适用，也排除协议管辖的适用。如因不动产纠纷提起的诉讼，由不动产所在地人民法院管辖。

（4）协议地域管辖

协议地域管辖又称约定管辖或合意管辖，是指当事人就第一审民事经济案件在纠纷发生前或纠纷发生之后，达成协议确定管辖的人民法院。协议管辖是尊重当事人的意思表示，是方便当事人进行诉讼的诉讼管辖制度。如合同的双方当事人可以在书面合同中协议选择被告住所地、合同履行地、合同签订地、原告住所地、标的物所在地人民法院管辖。

3. 指定管辖

指定管辖，是指上级人民法院以裁定的方式，指定下级人民法院对某一案件行使管辖权。指定管辖的实质是法律赋予上级人民法院在下级人民法院出现管辖困难或发生争议时，及时依职权确定案件的管辖法院。

四、民事审判程序

（一）第一审程序

第一审程序是人民法院第一次审理原告起诉的案件所适用的程序，通常包含以下几个过程和阶段。

1. 起诉和受理

民事诉讼遵循“不告不理”的原则，第一审程序的启动以原告提起诉讼为根据。所谓起诉，是指公民、法人和其他组织认为自己的民商事权益受到侵害或者与他人发生了争议，以自己的名义，请求人民法院通过审判给予法律保护的诉讼行为。提起诉讼的人为原告。

人民法院收到原告的起诉状以后，应当进行审查，并在7日内决定是否立案。认为符合起诉条件的，人民法院应当立案受理并通知原告，同时将起诉书副本在立案之日起5日内发送被告。被告应在收到起诉书副本后15日内提交答辩状。如果人民法院认为起诉不符合受理条件，也应当在7日内裁定不予受理；原告对裁定不服的，可以向上级人民法院提出上诉。

2. 审理前的准备

审理前的准备，是指人民法院在民事案件受理后，开庭审理前，为了保证庭审工作顺利进行，使案件能够得到正确、合法、及时处理，由承办该案的审判人员依法所作的各项诉讼活动。审理前的准备主要包括以下内容：(1) 在法定期间向当事人送达起诉状副本和答辩状副本；(2) 告知当事人诉讼权利义务和合议庭的组成人员；(3) 组织当事人进行证据交换；(4) 认真审核诉讼材料，调查收集必要的证据；(5) 追加和更换当事人，通知第三人参加诉讼；(6) 组织当事人各方进行调解等。

3. 开庭审理

开庭审理又称法庭审理，是指人民法院在当事人和其他诉讼参与人参加下，依照法定的形式和程序，在法庭上对案件进行实体审理并作出裁判所进行的诉讼活动过程。

(二) 第二审程序

1. 第二审程序的概念

民事诉讼当事人不服地方各级人民法院未生效的第一审判决、裁定，在法定期限内提起上诉，请求上一级人民法院进行审判，上级人民法院对当事人的上诉案件进审理所适用的程序称第二审程序。

2. 上诉的提起

当事人不服地方各级人民法院未生效的一审判决、裁定，在法定期限内提出上诉状请求上一级人民法院撤销或变更一审裁判的诉讼行为，称为上诉。法律赋予当事人的这一诉讼权利，叫上诉权。

3. 上诉案件的审理和裁判

(1) 上诉案件的审理范围

根据民事诉讼法的处分原则，第二审人民法院只对上诉人上诉请求的有关事实和适用法律进行审理。对上诉中没有提到的问题，除一审判决违反法律禁止性规定、侵害社会公共利益或者他人合法利益外，第二审人民法院即不予审理或者说不主动去进行审理。

(2) 上诉案件的审理方式

第二审人民法院审理上诉案件可以开庭审理，也可以依法迳行裁判。

(3) 上诉案件的裁判

第二审人民法院对上诉案件经过审理后，将按照下列情形分别作出裁判：认为一审判决对上诉请求的有关事实认定清楚，适用法律正确的，判决驳回上诉，维持原判；认为一审判决对上诉请求的有关事实认定清楚，但适用法律错误的，二审人民法院在确认一审判决认定的事实的同时，依法改判；认为一审判决违反民事诉讼法规定的程序，可能影响案件正确判决的，裁定撤销原判，发回原审人民法院重审；认为一审人民法院判决认定事实错误，或者认定事实不清，证据不足的，可以发回重审，也可以在查清事实后依法直接改判。二审裁判在性质上属于终审裁判，当事人不得再提起上诉或以同一事实和理由再行起诉。如果认为二审裁判有错误的，可依审判监督程序加以解决。

（三）审判监督程序

审判监督程序也称再审程序，是指人民法院对已经发生法律效力的判决、裁定，发现确有错误，依法对案件进行再次审理的程序。我国实行两审终审制度，案件经过一审、二审程序确定以后即告终结。审判监督程序不是一级独立的审判程序，它是一种以纠错为目的的事后补救程序，不是民事诉讼的必经程序。

根据我国《民事诉讼法》的相关规定，审判监督程序的启动有以下三种途径。

（1）人民法院主动提起和决定再审。

（2）依当事人申请而再审。即当事人对人民法院已经发生法律效力的判决和裁定，认为有错误的，可以向原审人民法院或者上一级人民法院提出申请，请求再审。当事人申请再审，应当在判决、裁定发生法律效力后2年内提出；2年后据以作出原判决、裁定的法律文书被撤销或者变更，以及发现审判人员在审理案件时有贪污受贿，徇私舞弊，枉法裁判行为的，自知道或者应当知道之日起3个月内提出。

（3）依人民检察院抗诉而再审。即人民检察院对人民法院已经生效的民事裁判认为确有错误的，应当依法提起民事抗诉，提请人民法院对案件重新审理。我国《民事诉讼法》第187条规定，最高人民检察院对地方各级人民法院已经发生法律效力的判决、裁定，上级人民检察院对下级人民法院已经发生法律效力的判决、裁定发现确有错误的，应当按照审判监督程序提出抗诉。

关于再审案件的审理程序，人民法院按照审判监督程序再审的案件，发生法律效力的判决、裁定是由第一审人民法院作出的，按照第一审程序审理，所作出的判决、裁定当事人还可以上诉；发生法律效力的判决、裁定是由第二审人民法院作出的，按照第二审程序审理；上级人民法院按照审判监督程序提审的，按第二审程序审理。

五、涉外民事诉讼程序的特别规定

涉外民事诉讼，是指具有涉外因素的民事诉讼。涉外因素包括以下三个方面：（1）诉讼主体具有涉外因素，即诉讼当事人一方或双方是外国人、无国籍人、外国企业和组织；（2）争议的民事法律关系具有涉外因素，即当事人之间争议的民商事法律关系的设立、变更、终止的法律事实发生在外国，如经济合同的签订地在外国；（3）诉讼争议的财产在国外。具备上述情形之一者，即为涉外民事诉讼。涉外民事诉讼程序，是指我国人民法院受理，审判和执行具有涉外因素的民事经济案件所适用的诉讼程序。由于涉外民事诉讼中存在我国和外国法律冲突以及国家主权等方面的问题，故涉外民事诉讼程序不可避免具有一些特殊规定。

（一）涉外民事诉讼的特殊原则

涉外民事经济诉讼除适用我国国内民事诉讼的基本原则外，还应适用以下几项特殊原则。

1. 适用我国民事诉讼法的原则

我国《民事诉讼法》第235条规定：“在中华人民共和国领域内进行涉外民事诉讼，适用本编规定。本编没有规定的，适用本法其他有关规定。”

2. 信守国际条约的原则

我国已与一些国家缔结了民事司法协助条约，也参加了一些国际公约，这些公约、条约中有关民事诉讼的规定，如果与我国民事诉讼法的规定不一致的，应优先适用国际条约。但对于国际条约中我国政府声明保留的条款，人民法院不受其约束。

3. 司法豁免权原则

司法豁免权，是指一个国家或国际组织派驻他国的外交代表享有的免受驻在国司法管辖的权利。

4. 使用我国通用语言文字的原则

在我国进行民事诉讼时，应使用我国通用的语言、文字，但如果外国当事人不通晓我国通用的语言、文字的，人民法院可以为其提供翻译，费用由需要翻译的当事人承担。

5. 委托中国律师代理诉讼的原则

我国在涉外民事诉讼中允许外国当事人委托律师代理诉讼，但必须委托我国的律师，正是体现我国独立行使司法权的立场。

(二) 涉外民事诉讼的管辖

1. 特殊地域管辖

根据《民事诉讼法》第 241 条的规定，因合同纠纷或者其他财产纠纷，对在我国领域内没有住所的被告提起的诉讼，如果合同在我国领域内签订或履行，或者诉讼标的物在我国领域内，或者被告在中华人民共和国领域内有可供扣押的财产，或者被告在我国领域内设有代表机构，可以由合同签订地、合同履行地、诉讼标的物所在地、可供扣押财产所在地、侵权行为地或者代表机构所在地人民法院管辖。该条规定是专门针对被告在我国领域内没有住所的合同或其他财产纠纷案件的特殊地域管辖。

2. 协议管辖

即当事人以协议选择案件的管辖法院。根据我国《民事诉讼法》第 242 条的规定，涉外合同或涉外财产权益纠纷当事人可以用书面协议选择与争议有实际联系的地点的法院管辖。同时，涉外民事诉讼中如果被告对我国人民法院管辖不提出异议，并应诉答辩的，视为承认该人民法院为有管辖权的法院。

3. 专属管辖

根据《民事诉讼法》第 244 条的规定，因在我国履行中外合资经营企业合同、中外合作经营企业合同、中外合作勘探开发自然资源合同发生纠纷提起的诉讼，由我国人民法院管辖。该项规定为我国涉外民事诉讼的专属管辖。

(三) 涉外民事诉讼的期间

由于涉外民事案件相对于国内民事案件而言具有较为复杂、审理难度较大的特点，往往需要更长的时间，因此，法律对其规定了相对较长的期间，同时在特殊情况下还允许延长。

(四) 司法协助

所谓司法协助，是指根据共同缔结或者参加的国际条约或者互惠原则，不同国家的法院之间互相协助，彼此代为一定的诉讼行为。如送达诉讼法律文书、代为调查取证，或者承认和执行他国法院的判决、裁定或者仲裁机构的仲裁裁决等。

第二节　商事纠纷的仲裁解决

民事诉讼是解决争议的最重要的方法。但民事诉讼也有其弊端，如民事诉讼有非常严格的程序，民事诉讼时间一般较长等。除了民事诉讼外，仲裁也是一种非常重要的解决争议的方法，这与仲裁所具备的优点不无关系。

一、仲裁法概述

（一）仲裁的概念与特征

仲裁作为法律概念有其特定的含义，是指发生争议的双方当事人根据其在争议发生前或争议发生后所达成的协议，自愿将争议提交中立的第三者进行裁决并且所作裁决具有法律约束力的一种争议解决方式和制度。

仲裁是基于争议双方完全自愿由非官方的民间组织主持进行的，具有民间性和自愿性。同时，仲裁的进行具有相对严格的程序，仲裁所作出的裁决结果具有严格的法律约束力，即仲裁具有程序性和法律上的强制性特点。

（二）仲裁法的概念

仲裁法是由国家制定或认可的，调整仲裁机构与当事人的民事经济仲裁活动和仲裁活动中所产生的仲裁关系的法律规范的总和。仲裁法在法律性质上属于程序法。

仲裁法有广义和狭义之分。狭义的仲裁法是指仲裁法法典，即由国家最高权力机关制定颁行的关于仲裁的专门法律。我国 1994 年 8 月 31 日第八届全国人大第九次会议通过的《中华人民共和国仲裁法》（以下简称《仲裁法》）即为狭义的仲裁法。广义的仲裁法除包括《仲裁法》外，还包括民事诉讼法等相关法律中有关仲裁制度的规定。

（三）仲裁范围

根据《仲裁法》第 2 条和第 3 条的规定，平等主体的公民、法人和其他组织之间发生的合同纠纷和其他财产权益纠纷，可以仲裁。下列纠纷不能仲裁：(1) 婚姻、收养、监护、扶养、继承纠纷；(2) 依法应当由行政机关处理的行政争议。即仲裁范围在我国仅仅是财产性的民事经济纠纷。同时依据该法第 77 条及其他法律的规定，劳动争议和农业集体经济组织内部的农业承包合同纠纷的仲裁，由相应行政部门仲裁，另行规定，不属于我国《仲裁法》所规定的仲裁范围。因此，我国《仲裁法》所指仲裁仅指民间仲裁。

（四）仲裁法的基本制度

1. 协议仲裁制度

即纠纷当事人将争议提交仲裁解决，必须依据当事人达成的仲裁协议。没有明确的仲裁协议，一方当事人申请仲裁的，仲裁机构不予受理。协议仲裁制度是仲裁自愿原则的根本体现。

2. 或裁或审制度

即仲裁和诉讼作为解决纠纷的两种方式,当事人只能选择其一。当事人达成仲裁协议的,只能向仲裁机构申请仲裁,向人民法院起诉的,法院不得受理,但仲裁协议无效的除外。如果没有仲裁协议,仲裁机构也不得受理,当事人只能向人民法院起诉。

3. 一裁终局制度

我国仲裁法明确规定,仲裁裁决一经作出,即发生法律效力,当事人应当自动履行。当事人就同一纠纷再申请仲裁或向人民法院提起诉讼的,仲裁机构和人民法院不得受理。这与民事诉讼两审终审制形成对比。

4. 不公开仲裁制度

即仲裁开庭除特殊情况外一般不公开进行,不允许当事人以外无关的人旁听,不允许新闻媒体采访报道。根据我国《仲裁法》第 40 条的规定,仲裁不公开进行。只有在当事人协议公开并且不涉及国家秘密的情况下,才可以公开进行。

二、仲裁委员会与仲裁协会

仲裁机构,是指依法设立,有权依据当事人的仲裁协议受理一定范围的民商事纠纷,进行裁决的主体。各国关于仲裁机构的名称和称谓不一,我国称为仲裁委员会。

(一) 仲裁委员会

仲裁委员会可以在直辖市和省、自治区人民政府所在地的市设立,也可以根据需要在其他设区的市设立,不按行政区域的划分层层设立。这样有利于仲裁委员会彼此之间的独立。仲裁委员会由上述规定的市人民政府组织有关部门和商会统一组建。设立仲裁委员会,应当经省、自治区、直辖市的司法行政部门登记。根据我国《仲裁法》第 11 条的规定,仲裁委员会应当具备以下条件。

1. 有自己的名称、住所和章程

仲裁委员会的名称一律是在仲裁委员会前冠以所在市的地名组成,如南京仲裁委员会。仲裁委员会的住所是仲裁委员会作为常设机构的固定地点,是其主要办事机构所在地。仲裁委员会的章程是规定仲裁委员会的设立宗旨、组成和结构,规范其行为的准则。

2. 有必要的财产

仲裁委员会必须具备必要的物质条件和相应的财产,包括办公用房、办公设施和独立的经费等。

3. 有该委员会的组成人员

仲裁委员会由主任 1 人,副主任 2～4 人和委员 7～11 人组成,均由法律、经济贸易专家和有实际工作经验的人担任,其组成人员中法律、经济贸易专家不得少于 2/3。

4. 有聘任的仲裁员

仲裁委员会不设专职仲裁员,但应聘任相关的仲裁员并按不同专业设置仲裁员名册。仲裁委员会应当从公道正派的下列人员中聘任仲裁员:(1) 从事仲裁、律师、审判工作满8年的;(2)从事法律研究、教学工作并具有高级职称的;(3)具有法律知识、从事经济贸易等专业工作并具有高级职称或具有同等专业水平的。

(二)仲裁协会

仲裁协会是仲裁行业协会的简称,是以仲裁委员会和仲裁员为成员的自律性、管理性的行业组织。我国仲裁协会是仲裁委员会的自律性组织,是社会团体法人,其职责是根据章程对仲裁委员会及其组成人员、仲裁员的违纪行为进行监督,同时依照仲裁法和民事诉讼法的有关规定制定仲裁规则。

三、仲裁协议

(一)仲裁协议的概念

仲裁协议,是指双方当事人同意把他们之间可能发生或已经发生的争议交付某一仲裁机构仲裁的共同意思表示。仲裁协议是仲裁的前提,没有仲裁协议就不存在有效的仲裁。依法达成的仲裁协议对双方当事人、人民法院和仲裁委员会均具有法律约束力。当事人发生纠纷后,只能依据仲裁协议申请某一仲裁机构进行仲裁,无权再向人民法院起诉,法院的司法管辖权被排除,而某一仲裁机构则被授予仲裁管辖权。

(二)仲裁协议的形式

仲裁协议必须采用书面形式,口头方式达成的仲裁协议无效。根据仲裁立法和仲裁实践,仲裁协议主要有以下三种表现形式。

(1)仲裁条款。即当事人在签订的合同中订立的将今后可能因该合同所发生的纠纷提交仲裁的条款。它是仲裁实践中最普遍的仲裁协议,主要适用于争议发生前。

(2)仲裁协议书。即当事人于纠纷发生前或纠纷发生后在经济合同之外单独订立的完整仲裁协议。

(3)其他有关书面文件中包含的仲裁协议,如信函、电报、电传中所包含的请求仲裁的共同意思和协议。

(三)仲裁协议的内容和独立性

一份完整有效的仲裁协议必须具备法定的内容,否则仲裁协议将被认定为无效。根据我国《仲裁法》第16条的规定,仲裁协议应当包括以下内容:

(1)请求仲裁的意思表示,并且该意思必须明确肯定;

(2)请求仲裁的事项,该事项必须符合法律规定可以仲裁的范围,并且具体明确。

(3)选定的仲裁委员会。

仲裁协议对仲裁事项或仲裁委员会没有约定或约定不明的,当事人可以补充协议;达不成补充协议的,仲裁协议无效。

(四)仲裁协议的无效

仲裁协议的无效,是指因不具备法定的条件,仲裁协议不具有法律效力。根据《仲裁法》第16条、第17条、第18条的规定,仲裁协议有下列情形之一的无效:

(1)以口头方式订立的仲裁协议无效;

(2)约定的仲裁事项超出法律规定的仲裁范围的;

(3) 无民事行为能力人或者限制民事行为能力人订立仲裁协议的；

(4) 一方采取胁迫手段，迫使对方订立仲裁协议的；

(5) 仲裁协议对仲裁事项或仲裁委员会没有约定或约定不明的，当事人又达不成补充协议的，仲裁协议无效。

如果双方当事人对仲裁协议的效力发生争议的，可以请求仲裁委员会作出决定或者请求人民法院作出裁定。一方当事人请求仲裁委员会作出决定，另一方当事人请求人民法院作出裁定的，应由人民法院裁定。当事人对仲裁协议的效力有异议的，必须在仲裁庭首次开庭前提出。仲裁协议被确认无效后，当事人之间的纠纷只能通过诉讼方式来解决。

四、仲裁程序

仲裁程序，是指仲裁机构在进行仲裁审理过程中，仲裁机构、各方当事人以及其他参与人从事仲裁活动所必须遵守的程序。

(一) 申请和受理

1. 仲裁的申请

仲裁不实行级别管辖和地域管辖，当事人可以向双方约定的仲裁机构申请仲裁。当事人申请仲裁应符合下列条件：(1) 有书面仲裁协议；(2) 有具体的仲裁请求和事实、理由；(3) 属于仲裁委员会的受理范围。根据我国《仲裁法》第 22 条的规定，当事人申请仲裁应当向仲裁委员会递交仲裁协议、仲裁申请书及副本。因此，仲裁申请必须采用书面形式。仲裁申请书应当载明下列内容：(1) 仲裁申请人和被申请人的姓名、名称、住址等基本情况；(2) 具体的仲裁请求和所依据的事实、理由；(3) 证据、证人姓名和住所；(4) 所申请的仲裁委员会的名称；(5) 申请仲裁的年月日；(6) 申请人的签名、盖章。

2. 审查与受理

仲裁委员会收到仲裁申请书之日起 5 日内经审查，认为申请符合受理条件的，应当受理并通知当事人；认为不符合受理条件的，应当书面通知当事人不予受理，并说明理由。

仲裁委员会受理仲裁申请后，应当在仲裁规则规定的期限内将仲裁规则和仲裁员名册送达申请人，并将仲裁申请书副本和仲裁规则、仲裁员名册送达被申请人。被申请人应当在规定的期限内提交答辩书，并由仲裁委员会将答辩书副本送达申请人。被申请人未提交答辩书的，不影响仲裁程序的进行。

3. 仲裁当事人的权利

仲裁申请一经受理，仲裁程序即开始启动，申请人和被申请人即取得了仲裁当事人的资格，享有当事人的权利。申请人有放弃或变更仲裁请求的权利；被申请人有承认或反驳仲裁请求以及提出仲裁反请求的权利；双方当事人有权委托代理人参加仲裁活动，有权申请证据保全、财产保全以及申请仲裁员回避等。

(二) 仲裁庭的组成

1. 仲裁庭的组成

仲裁委员会受理仲裁申请后，应当依法组成仲裁庭来裁决案件。仲裁庭的组成有两种方式。一是合议仲裁庭，由 3 名仲裁员组成，由双方当事人各自选定或各自委托仲裁委员会主任在仲裁员名册中指定 1 名仲裁员和当事人共同选定或共同委托仲裁委员会主任指定的第 3 名仲裁员组成，第 3 名仲裁员为首席仲裁员。二是独任仲裁庭，由当事人共同选定或共同委托仲裁委员会主任指定的 1 名仲裁员组成。具体以何种方式组成仲裁庭，由当事人协商确定。如果当事人未在指定期限内协商确定仲裁庭的组成方式，则由仲裁委员会主任来决定。仲裁庭组成后，仲裁委员会应当将仲裁庭的组成情况书面通知当事人。

2. 仲裁员的回避

仲裁员有下列情形之一的，必须回避，当事人也有权提出回避申请：(1) 是本案当事人或者当事人、代理人的近亲属；(2) 与本案有利害关系；(3) 与本案当事人、代理人有其他关系，可能影响公正仲裁的；(4) 私自会见当事人、代理人或接受当事人、代理人请客送礼的。当事人提出回避申请的，应当说明理由，并在首次开庭前提出。回避事由在首次开庭后知道的，可以在最后一次开庭终结前提出。仲裁员是否回避，由仲裁委员会主任决定；仲裁委员会主任担任仲裁员时的回避，由仲裁委员会集体决定。

（三）开庭和裁决

1. 开庭

仲裁应当开庭进行，但当事人协议不开庭审理的，仲裁庭可以依据仲裁申请书、答辩书及其他材料书面审理并作出裁决。而且，仲裁开庭以不公开为原则，以公开为例外，除非双方当事人都同意公开，否则不公开进行。

仲裁委员会应当在规定的期限内将开庭时间和地点通知双方当事人。当事人有正当理由的，可以在规定期限内请求延期开庭审理，是否准许，由仲裁庭决定。如果申请人经书面通知无正当理由不到庭，或未经仲裁庭许可中途退庭的，视为撤回仲裁申请。若被申请人经书面通知无正当理由不到庭，或未经仲裁庭许可中途退庭的，可以缺席裁决。

2. 裁决

仲裁过程中当事人可以自行和解。当事人达成和解协议的，可以由申请人撤回仲裁申请或请求仲裁庭依据和解协议制作裁决书。同时，仲裁庭在作出裁决前还可以主持当事人先行调解。调解达成协议的，仲裁庭应当制作调解书或根据调解协议内容制作裁决书。调解书经双方当事人签收后即生效。调解不成或调解书签收前当事人反悔的，仲裁庭应当及时裁决。生效的仲裁调解书和裁决书具备同等法律效力。

仲裁庭的裁决应当按照多数仲裁员的意见作出，少数仲裁员的不同意见可以记入笔录。仲裁庭不能形成多数意见时，裁决应当按照首席仲裁员的意见作出。裁决书自作出之日起既发生法律效力。

五、申请撤销仲裁裁决

（一）申请撤销仲裁裁决的含义

申请撤销仲裁裁决，是指对符合法定应予撤销情形的仲裁裁决，经由当事人提出申请，人民法院审查核实后裁定予以撤销。它体现了人民法院对仲裁的司法监督。我国仲裁实行一裁终局制度，仲裁裁决一经作出即发生法律效力。但为防止仲裁裁决出现错误和偏差，仲裁法特赋予当事人申请撤销裁决的权利和人民法院进行司法审查的权利，以维护仲裁裁决的公正合理性和权威。

（二）申请撤销仲裁裁决的条件

申请撤销仲裁裁决必须符合下列条件：(1) 提出撤销裁决申请的主体必须是仲裁当事人；(2) 必须向有管辖权的人民法院即仲裁委员会所在地的中级人民法院提出撤销申请；(3) 必须在法定期限内即收到裁决之日起6个月内提出申请；(4) 必须有证据证明仲裁裁决有法定应予撤销的情形和理由，否则申请将被驳回。

（三）法院撤销仲裁裁决的程序

人民法院受理撤销仲裁裁决的申请后，认为可以由仲裁庭重新仲裁的，首先应通知仲裁庭在一定期限内重新仲裁，并裁定中止仲裁裁决的撤销程序。如果仲裁庭拒绝重新仲裁的，人民法院应当裁定恢复仲裁裁决的撤销程序。对当事人撤销仲裁裁决的申请，人民法院应组成合议庭进行审查，并在受理申请之日起2个月内作出撤销仲裁裁决或驳回申请的裁定。

仲裁裁决被人民法院裁定撤销后，当事人如果愿意继续通过仲裁方式解决其纠纷，必须重新达成仲裁协议。不能达成仲裁协议的，任何一方均可向有管辖权的人民法院提起民事诉讼。

六、仲裁裁决的执行

仲裁裁决书和仲裁调解书发生法律效力后，当事人应当主动履行。如果一方当事人不履行裁决书和调解书中的义务，另一方当事人可以申请人民法院强制执行。当事人向人民法院申请执行仲裁裁决应当在法律规定的期限内提出。即申请执行的期限，双方或一方当事人是公民的为1年，双方为法人或其他组织的为6个月。此外，当事人还应当向有管辖权的人民法院提出申请。即当事人应向被执行人住所地或被执行人财产所在地的人民法院申请执行。

当事人申请人民法院执行仲裁裁决的，如果被执行人提出证据证明仲裁裁决有下列法定不予执行的理由，人民法院经组成合议庭审查核实的，应当裁定不予执行仲裁裁决：(1) 当事人在合同中没有仲裁条款或者事后没有达成仲裁协议的；(2) 裁决的事项不属于协议的范围或者仲裁机构无权仲裁的；(3) 仲裁庭的组成或者仲裁的程序违法的；(4) 仲裁认定事实的主要证据不足的；(5) 适用法律确有错误的；(6) 仲裁员在仲裁案件时有索贿受贿，徇私舞弊，枉法裁决行为的。

仲裁裁决被人民法院裁定不予执行的，就该纠纷当事人可以根据重新达成的仲裁协议申请仲裁，也可以直接向人民法院提起诉讼。

第三节　国际商事仲裁

随着我国对外经济交往的不断扩大，国际商事争议也在日渐增多。国际商事仲裁是解决国际经济纠纷最为常见的方法。国际商事仲裁与国内仲裁在法律的适用、仲裁的程序、仲裁裁决的执行方面有许多不同之处。

一、国际商事仲裁的概念和种类

国际商事仲裁，是指具有国际因素的仲裁。一般而言，凡是仲裁协议的一方或双方为外国人、无国籍人或其他外国企业或实体，或者仲裁协议订立时双方当事人的住所或营业地位于不同的国家，或者即便仲裁协议双方当事人的住所或营业地位于相同的国家，但如果仲裁地点位于国外或者仲裁协议中所涉及的商事关系的设立、变更或终止的法律事实发生在国外，或者争议标的位于该国境外，均可视为国际商事仲裁。

国际商事仲裁具有以下几个方面的特征。

第一，它是一种自愿解决争议的方法。当事人之间约定的通过仲裁的方式解决他们之间已经发生或将来可能发生的争议的仲裁协议，是通过仲裁解决争议的前提。

第二，仲裁解决争议具有较大的灵活性。当事人可就谁来仲裁、仲裁适用的规则和法律、仲裁地点、仲裁所使用的语文及仲裁费用的承担等作出约定。除非当事人另有约定，仲裁一般采用不公开的方法。

第三，仲裁裁决具有和法院判决相同的法律效力。与法院判决相比，仲裁裁决如需要在外国执行时，则具有更大的优势。因为世界上一百多个国家均是1958年《承认和执行外国仲裁裁决公约》(以下简称《纽约公约》)的缔约国。据此公约，缔约国有义务承认与执行在另一国境内作出的仲裁裁决，除非裁决有公约规定的拒绝承认与执行的理由。

根据审理国际商事争议的仲裁机构是否具有固定的名称、章程和办公地点，可以分为临时仲裁机构和常设仲裁机构。临时仲裁机构是根据当事人之间的仲裁协议而临时设立的审理该特定案件的机构，即事实上的仲裁庭。当案件审理终结并作出裁决后，该仲裁机构即行解散。而常设仲裁机构则是根据国际公约或一国国内法设立的审理国际商事仲裁案件的机构。这些机构均有其特定的名称、章程和固定的办公地点，多数还有其仲裁规则，许多还有专门供当事人选择的仲裁员名册。

二、国际商事仲裁协议

(一) 国际商事仲裁协议的基本概念

国际商事仲裁协议是当事人各方同意将他们之间已经发生的或者将来可能发生

的争议提交仲裁解决的协议。概括起来，国际商事仲裁协议具有以下几个方面的法律特征。第一，它是特定的法律关系的当事人之间同意将他们之间的争议提交仲裁裁决的共同的意思表示，而不是一方当事人的意思表示。第二，仲裁协议是使某一特定的仲裁机构取得对协议项下的案件的管辖权的依据，同时也是排除法院对该特定案件实施管辖的特定的抗辩事由。第三，一项有效的仲裁协议，是仲裁裁决得以承认与执行的基本前提。对于仲裁庭作出的仲裁裁决，如果败诉一方未能自动执行，另一方当事人可请求法院强制执行此项裁决。但法院在执行此项裁决时，如果认定该项裁决根据无效的仲裁协议作出，按照《纽约公约》的规定，被请求执行该项裁决的法院也会拒绝承认与执行此项裁决。

国际商事仲裁协议有两种表现形式：合同中的仲裁条款和专门的仲裁协议书。合同中的仲裁条款是合同双方当事人在争议发生之前订立的将合同执行过程中可能发生的争议提交仲裁解决的协议。而仲裁协议书一般是当事人之间在争议发生之后所达成的将争议提交仲裁解决的协议。

无论是合同中的仲裁条款，还是当事人之间就已经发生的争议订立的单独的仲裁协议书，都必须包括通过仲裁的方法解决当事人之间的争议，以及由谁来仲裁和在什么地方仲裁。在实践中，负责解决争议的仲裁庭，可以是临时仲裁庭，也可以是常设仲裁机构项下的仲裁庭。

（二）国际商事仲裁协议的效力及其认定

在国际商事仲裁立法与实践中，法院和仲裁庭均有权对某一特定仲裁协议的有效性作出认定。法院或仲裁庭在对国际商事仲裁协议的效力作出决定时需要考虑两个主要因素：一方面取决于该特定的仲裁协议应当适用的法律；另一方面仲裁协议本身不得违反裁决地国或裁决执行地国法律中有关强制性的规定，如涉及可仲裁事项的问题，当地的社会公共利益等问题的规定。

（三）仲裁条款的独立性

仲裁条款是主合同的一个条款，如果主合同为无效合同，是否该合同中的仲裁条款也随之无效呢？根据现代国际商事仲裁立法与实践，尽管仲裁条款是合同中的一个条款，合同的无效、失效或者不能履行并不自动导致该合同的仲裁条款无效，仲裁条款可以独立于它所依据的主合同而独立存在。

三、仲裁庭的组成及其管辖权

（一）仲裁庭的组成

根据组成仲裁庭的仲裁员人数的不同，可以分为由一位仲裁员组成的独任仲裁庭、由两位仲裁员组成的 2 人仲裁庭和由 3 人以上的仲裁员组成的仲裁庭。在国际商事仲裁实践中，其中常见的仲裁庭是独任仲裁庭和由 3 位仲裁员组成的仲裁庭。

（二）仲裁员的资格

在解决国际商事争议的实践中，被指定为仲裁员的一般都是为当事人所信赖并能够对争议的是非曲直作出独立判断的人。因此，各国法律允许当事人在他们之间的仲裁协议中对仲裁员的资格作出约定。而法律本身对此一般没有严格的限制，凡是具有完全行为能力的人，包括本国人和外国人，都可以被指定为仲裁员。如荷兰1986年《民事诉讼法》第1023条规定："任何有法律行为能力的自然人均可被指定为仲裁员。除非当事人另有约定，任何人不应由于其国籍的原因而妨碍指定。"有些国家的法律还对没有资格担任仲裁员的人作了规定。

（三）仲裁庭自裁管辖原则

仲裁庭自裁管辖原则，是指仲裁庭有权对仲裁协议的有效性及其管辖权作出决定的原则。

在国际商事仲裁实践中，仲裁管辖的主要依据是当事人之间存在将他们之间业已发生的争议通过仲裁解决的有效的仲裁协议。因此，从某种意义上说，仲裁管辖与仲裁协议的有效性问题是一个问题的两个方面：根据有效的仲裁协议，仲裁庭就可获得管辖权；而根据无效的仲裁协议就不能获得此项管辖权。在国际商事仲裁立法与实践中，仲裁庭对仲裁协议效力的认定是独立的，我国法律也认可了仲裁庭对仲裁协议效力作出裁定的权力。仲裁庭认为仲裁协议有效，就可以继续进行仲裁程序并作出裁决。

四、仲裁程序

仲裁程序，是指如何通过仲裁的方式解决当事人之间争议的程序。在国际商事仲裁实践中，仲裁程序主要包括以下内容：仲裁申请与答辩；仲裁庭的组成；仲裁案件的审理；仲裁裁决的作出等。

（一）仲裁申请与答辩

当事人就仲裁协议项下的事项发生争议，如果他们不能自行解决，任何一方均可依据他们之间业已订立的仲裁协议，将该仲裁提交仲裁解决。率先提出仲裁申请的一方为仲裁申请人。一般而言，仲裁申请书应当包括以下内容：(1) 申请人和被申请人的姓名和地址；(2) 仲裁请求及其所依据的仲裁协议；(3) 仲裁请求所依据的事实和理由等。

被申请人对于申请人提出的仲裁请求，应当在仲裁规则规定的期间内提出答辩，如有反诉，也应当在此期间提出。反诉请求和答辩也应当说明反诉请求及其所依据的理由、证据等。

（二）仲裁庭的组成

仲裁庭根据所适用的仲裁规则由一名独任仲裁员组成独任仲裁庭，或者由3名仲裁员组成合议仲裁庭。在由3名仲裁员组成合议仲裁庭的情况下，争议各方各指定一名仲裁员，第三名仲裁员（即首席仲裁员）由双方当事人共同指定或者他们共同约定的第三者指定。

（三）仲裁案件的审理

仲裁审理的主要目的是查明争议的事实，进而明确双方当事人对争议事项应当承担的责任。按照一般仲裁规则的规定，仲裁审理通常采用开庭审理的方式，给双方当事人充分的机会陈述其各自的意见。有些案情比较简单的案件，仲裁庭也可以决定不开庭审理，仅进行书面审理。但无论是开庭审理，还是书面审理，均应当给双方当事人充分的表达其各自意见的机会。

（四）仲裁裁决的作出

仲裁程序以仲裁庭作出仲裁裁决而告终。根据多数仲裁规则的规定，仲裁裁决根据多数仲裁员的意见作出；裁决应当采用书面形式，并应当附具理由，经仲裁员签字后向当事双方送达。在合议仲裁庭的情况下，如果3个仲裁员不能形成多数，则以首席仲裁员的意见为仲裁裁决。

五、仲裁裁决及其承认与执行

（一）仲裁裁决的种类及其内容

仲裁裁决是仲裁庭就当事人提交仲裁解决的事项作出的决定，此项决定无论在仲裁程序中的哪一阶段作出，对争议双方均有约束力。根据仲裁庭作出裁决的时间不同，仲裁裁决可以分为以下几种类型。

1. 先决裁决

在仲裁程序开始后，如果一方当事人对仲裁庭的管辖权提出异议，在此情况下，仲裁庭如果不解决管辖权的问题，仲裁程序就无法进行。为了确定仲裁庭对其所审理的案件的管辖权，仲裁庭可就其管辖权问题作出先决裁决。

2. 中间裁决或者部分裁决

在仲裁程序进行的过程中，仲裁庭还可以就当事人提出的某些请求事项作出中间裁决或者部分裁决。这些裁决所涉及的或者是需要立即处理的不易保存的物品，或者是当事人之间不存在争议的部分所作的裁决。这些裁决均构成最终裁决的一部分。

3. 终局裁决

仲裁程序以仲裁庭作出最终裁决而告终，而终局裁决是仲裁庭就当事人所提交的所有事项作出的裁决。终局裁决包括中间裁决和部分裁决。如果当事人已经就仲裁庭在仲裁程序中作出的中间裁决或者部分裁决履行完毕，最终裁决可以不提及那些争议已经得到解决的事项。如上述裁决尚未履行，仲裁庭则应在最终裁决中特别提及其在仲裁程序中作出的中间裁决或部分裁决构成最终裁决的一部分。

4. 追加裁决

当仲裁程序结束后，如果仲裁庭在裁决过程中漏裁了当事人的请求中的某些事项，在应予适用的法律或者仲裁规则规定的期限内，无论是当事人提出请求，还是仲裁庭自行发现的问题，仲裁庭如果认为情况属实，可就这些漏裁的事项作出追加裁决。

5. 和解裁决

如果在仲裁程序中争议各方就他们之间的争议事项自行达成和解协议，仲裁庭可根据当事人之间的和解协议作出裁决。此项和解协议经仲裁庭签署后的性质已经改变，即从当事人之间自行达成的和解协议转变为仲裁裁决的性质。如果一方当事人拒绝履行该裁决，另一方当事人可以向法院申请强制执行。

(二) 仲裁裁决的撤销及不予执行

申请人撤销仲裁裁决应当有法律规定的理由，并应提供证据证明这些理由。

1. 仲裁裁决所依据的仲裁协议无效

下列情况下仲裁协议无效：订立仲裁协议的任何一方当事人根据应当适用于他们的法律为无行为能力者；或者仲裁协议本身根据当事人所同意适用的法律为无效协议；当事人如未能就应当适用的法律作出约定，按照裁决地国的法律为无效仲裁协议。

2. 仲裁程序不当

即未能将指定有关仲裁员或进行仲裁程序的事项向当事人发出适当通知，或者由于其他原因未能给当事人表达其对争议事项的意见的机会。

3. 仲裁庭越权

即仲裁庭裁决的事项超出了当事人在仲裁协议中规定的事项。如仲裁协议规定将买卖合同项下迟延交货而引起的争议提交仲裁裁决，而仲裁庭裁决的事项不仅包括由于迟延交货而引起的争议，还包括由于货物本身的质量而引起的争议。在此情况下，仲裁裁决对货物质量所作的裁决就超出了仲裁协议的范围，当事人就可以请求法院撤销此项裁决。但对未超出协议范围的由于迟延交货而引起的争议所作出的裁决，就不能请求法院撤销。

4. 仲裁庭的组成与当事人约定或者应当适用的法律不符

当事人如果在仲裁协议中约定仲裁员应当由专职律师以外的技术人员担任，而事实上的仲裁庭组成人员均为专职律师，则仲裁庭的组成显然违反了当事人之间的约定。

以上情况均应当由当事人提供证据证明。如能证明有上述情况之一的，法院就可以裁定撤销仲裁庭已经作出的仲裁裁决。

对于当事人申请撤销仲裁和不予执行中国仲裁机构在我国境内作出的国际(涉外)仲裁裁决，根据我国《仲裁法》第70条和第71条的规定，均适用我国《民事诉讼法》的规定：对中华人民共和国涉外仲裁机构作出的裁决，被申请人提出证据证明仲裁裁决有下列情形之一的，经人民法院组成合议庭审查核实，裁定不予执行：(1) 当事人在合同中没有订有仲裁条款或者事后没有达成书面仲裁协议的；(2) 被申请人没有得到指定仲裁员或者进行仲裁程序的通知，或者由于其他不属于被申请人负责的原因未能陈述意见的；(3) 仲裁庭的组成或者仲裁程序与仲裁规则不符的；(4) 裁决的事项不属于仲裁协议的范围或者仲裁机构无权仲裁的。

(三) 外国仲裁裁决的承认与执行

1. 外国仲裁裁决的认定

根据《纽约公约》的规定，外国仲裁裁决的承认与执行主要指在执行地国境外作出的裁决到裁决地国之外的法院申请承认与执行的情况。而这里的确定裁决为“外国”的属性，主要是指在执行地国之外作出的裁决。

2. 承认与执行外国仲裁裁决的依据

仲裁庭就国际商事交易中的争议在一国境内作出的仲裁裁决需要到另一国家执行的情况是很普遍的。在国际商事仲裁司法实践中，执行地国的法院承认与执行外国的仲裁裁决的依据有两个。第一，执行地国的国内法。这些法律主要表现在这些国家的民事诉讼法或者仲裁法中。现代国际商事仲裁的立法与实践表明，各国法院在承认与执行外国仲裁裁决时，一般不对仲裁裁决所涉及的争议实体问题进行司法复审，而只是依据本国法律或有关的国际公约对仲裁裁决所涉及的程序问题进行司法复审。如果仲裁裁决不存在法律规定的不予执行的理由，法院将作出承认与执行该仲裁裁决的裁定。第二，执行地国缔结或参加的双边或多边国际公约。执行地国缔结或参加的双边或多边国际公约，是这些国家承认与执行外国仲裁裁决的重要依据。特别是由于有一百多个国家参加的《纽约公约》在各缔约国的普遍适用，进而使各国法院承认仲裁协议的效力，承认与执行外国仲裁裁决，除非被申请人提出证据证明裁决存在着公约规定的不予执行的条件。因此，《纽约公约》对于在承认与执行外国仲裁裁决的问题上，对于协调和统一各国有关国际商事仲裁裁决的承认与执行方面的国内法，是一个极为成功的尝试。

我国承认与执行外国仲裁裁决的依据是我国的民事诉讼法的有关规定和我国缔结和参加的双边或多边国际公约。我国于 1987 年 1 月 22 日成为《纽约公约》的缔约国。我国在加入该公约时作出了两点公约允许的保留声明：(1) 互惠保留声明，即我国仅对在另一缔约国领土内作出的仲裁裁决承认与执行上适用公约；(2) 商事保留声明，即我国仅对按照我国法律属于契约性和非契约性商事法律关系所引起的争议适用该公约。

3. 申请承认与执行外国仲裁裁决的程序和条件

按照国际商事仲裁立法与实践，申请承认与执行外国仲裁裁决，涉及一国的国家主权，同时也属于执行地国的民事诉讼程序法的问题，当然只能适用执行地国的法律。但是，如果是《纽约公约》项下的裁决，则执行公约裁决只能依照该公约第 4 条规定的条件执行，即申请人只要向执行地国的法院提交经公证的裁决书正本或经认证的副本，以及仲裁协议的正本或经公证的副本。如果裁决书或者仲裁协议所使用的文字不是裁决执行地国的文字，则申请人应当提供此项文字的文本。执行地国的法院在执行该公约裁决时，不得较承认与执行其本国仲裁裁决附加过于苛刻的条件。

《纽约公约》缔约国法院应当承认与执行外国仲裁裁决的效力。只有被申请人提出证据证明该公约第 5 条第 1 款规定的五种情况之一者，法院方可拒绝执行该外国仲裁裁决。这五种情况如下。

(1) 订立仲裁协议的一方当事人依据对其适用的法律为无行为能力者；仲裁协议依据当事人选择适用的法律无效；如无此项选择，依据裁决地国的法律为无效者。

(2) 被申请人未能得到关于指定仲裁员或进行仲裁程序的适当通知，或者由于其他原因，未能陈述其案情的。

(3) 仲裁庭越权，即裁决事项超出仲裁协议规定的范围。但当事人提交仲裁的事项可与未提交仲裁的事项分别开来的话，则裁决中关于当事人之间约定的提交仲裁的事项的部分仍然可以执行。

(4) 仲裁庭的组成或仲裁程序与当事人之间的约定不符；如无此项约定，与仲裁地国的法律不符。

(5) 裁决对当事人尚无拘束力，或已经被裁决地国的主管机关或进行此项仲裁所适用的法律的国家主管机关撤销。

此外，如果执行地的法院认定，该仲裁裁决依据执行地国的法律为不可通过仲裁解决的事项，或者承认与执行此项裁决与法院地国的公共秩序相抵触的，也可拒绝承认与执行该仲裁裁决。

申请人向我国法院申请执行外国的仲裁裁决的，按照我国《民事诉讼法》的规定，应当直接向被执行人住所地或者其财产所在地的中级人民法院申请。如果被执行人为自然人的，为其户籍所在地的中级人民法院；被执行人为法人的，为其主要办事机构所在地的中级人民法院。在我国申请执行仲裁裁决的期限，无论是本国裁决，还是外国裁决，按照我国在《民事诉讼法》的规定，申请执行的期限是2年。

同步练习

一、案例讨论

1. 案情简介

1995年，厦门的甲公司与美国的乙公司在厦门签订了一份买卖2000吨化学制品的中英文对照合同。但合同仲裁条款的中英文表述却不一致：中文写明争议应提交经双方同意的具有法律承认效力的某美国仲裁机构按有关国际仲裁规则进行仲裁，仲裁地点在美国；英文则写明争议应提交中国国际经济贸易仲裁委员会仲裁，仲裁地点在北京。合同项下的2000吨化学制品运达厦门后，经检验发现货物存在严重的质量问题。双方发生纠纷，但未达成新的、意思表示一致的仲裁协议。1996年，厦门的甲公司向中国国际经济贸易仲裁委员会申请仲裁。仲裁庭发现，在中英文对照合同中，中文的仲裁协议系手写，而英文的仲裁协议则采用打印的形式。因此，当被申请人美国的乙公司以中文仲裁条款系手写为由提出管辖权异议的答辩时，中国国际经济贸易仲裁委员会以仲裁协议手写条款高于格式条款支持了管辖权异议的答辩。

随后，厦门的甲公司隐瞒了仲裁委员会已就管辖权作出决定的事实，向厦门市中级人民法院申请确认合同仲裁条款中的中文条款无效，英文条款有效。

被申请人乙公司经人民法院通知未答辩，也未出庭应诉。

案件审理过程中，申请人甲公司向人民法院提交了中国国际经济贸易仲裁委员会于1996年作出的管辖权决定书，以表明该仲裁委员会对该合同争议仲裁无管辖权。

厦门市中级人民法院经审查认为：本案仲裁协议效力问题与仲裁管辖权是同一法律问题。申请人在收到仲裁机构有关本案的管辖权决定后，又向法院申请确认仲裁协议的效力，该申请不符合《仲裁法》第20条所规定的条件。根据《民事诉讼法》的规定，裁定驳回申请人请求确认仲裁协议效力的申请。

2. 问题梳理

本案主要涉外仲裁协议效力的认定问题。

3. 法律运用

根据仲裁庭自裁管辖原则，仲裁庭有权对仲裁协议的有效性及其管辖权作出决定。

二、分析与思考

1. 民事审判程序具体包括哪几个程序，如何理解这些程序？

2. 仲裁协议的概念是什么，仲裁协议无效的情形有哪些？

3. 1996年7月，石家庄奥龙健身房与广州某健身器械公司签订了一份购销合同。合同中的仲裁条款规定："因履行合同发生的争议，由双方协商解决；无法协商解决的，由仲裁机构仲裁。"1996年9月，双方发生争议，奥龙健身房向其所在地的石家庄仲裁委员会递交了仲裁申请书，但健身器械公司拒绝答辩。同年11月，双方经过协商，重新签订了一份仲裁协议，并商定将此经济合同争议提交广州仲裁委员会仲裁。事后奥龙健身房担心广州仲裁委员会实行地方保护主义，偏袒健身器械公司，故未申请仲裁，向合同履行地人民法院提起诉讼，且起诉时说明此前两次约定仲裁的情况，法院受理此案，并向健身器械公司送达了起诉状副本，健身器械公司向法院提交了答辩状。法院经审理判决被告健身器械公司败诉，被告不服提出上诉，理由是双方事先有仲裁协议，法院判决无效。请问：

(1) 购销合同中的仲裁条款是否有效，请说明理由；

(2) 争议发生后，双方签订的协议是否有效，为什么；

(3) 原告奥龙健身房向法院提起诉讼正确与否，为什么；

(4) 人民法院审理本案是否正确，为什么；

(5) 被告健身器械公司的上诉理由是否正确，为什么；

(6) 被告是否具有上诉权，为什么？

4. 2002年3月，A市甲区的环宇加工公司与B市乙区的新飞机械公司签订一份电子产品加工设备的买卖合同。合同约定：新飞机械公司应在2002年5月底之前向环宇加工公司提供符合合同约定的8台电子产品加工设备，环宇加工公司应在接到设备后7日付清全部货款；如果一方违约，应向对方支付标的总额3%的违约金。合同签订后，新飞机械公司按时提供了8台电子产品加工设备，环宇加工公司仅支付了部分货款，剩余80万元未支付。经新飞机械公司多次催要，环宇加工公司又支付了50万元，剩余30万元迟迟不予以支付。2002年6月，新飞机械公司向A市甲区人民法院提起诉讼，要求环宇加工公司支付所拖欠的货款30万元。A市甲区人民法院依法受理该争议案件，并向环宇加工公司送达了应诉通知书。请问：

(1) 如果环宇加工公司在向甲区人民法院提交的答辩状中提出要求新飞机械公司赔偿因提供不合格设备给自己造成的原材料损失15万元。环宇加工公司的该项请求属于何种诉讼请求？甲区人民法院应如何处理这一诉讼请求？

(2) 如果甲区人民法院经过审理，判决环宇加工公司向新飞机械公司支付所拖欠的货款30万元，环宇加工公司不服提出上诉，在二审审理过程中，为了使人民法院能够支持其上诉请求，环宇加工公司能否提出新的证据？

(3) 对于环宇加工公司的上诉案件，如果甲市中级人民法院经过审理，判决驳回上诉，维持原判决。环宇加工公司认为该生效判决有错误，可以依据何种理由、向哪个人民法院申请再审？

(4) 如果人民法院依据环宇加工公司的再审申请,决定再审该案件,应适用何种诉讼程序? 作出的再审判决,其法律效力如何?

(5) 如果在再审过程中,再审法院发现原一审判决系未经开庭审理而作出,影响了正确判决;而二审案件的主审法官应回避未回避也影响了案件的正确判决,此时,再审法院应如何处理该案件?

第三章　商法原理概要[①]

学习目标

1. 掌握商法的性质、特征。
2. 掌握商主体的主要类型与特点。
3. 掌握商行为的主要类型与特点。

学习导引

商法尽管是私法，是民法的特别法，但却表现出极为明显的公法特征，是私法公法化的典型；私法中意思表示真实是法律行为成立的基本要件，但真实意思的探究在商事交易中往往难以实现，为解决商事交易的安全、确定与效率，商法上的外观主义成为商法区别于民法的重要特征；商事活动往往分工极细，其专业性、技术性亦日益增强，故商法的技术性亦成为其重要特征；当代商事活动主要是在全球范围内进行的，故商法的国际性更成为商法日趋突出的特征。商法的性质与特征凸显出其与民法、经济法、行政法等相比之下的不可替代性。

第一节　商法概述

一、商法的概念

商法，是指调整商事交易主体在其商行为中所形成的法律关系，即商事关系的法律规范的总称。商法通常可以从广义和狭义两个方面去理解。在狭义上，商法仅仅指商法典及其附属法规，如商法典及其施行法等。在广义上，商法包括全部商事法律部门，它不仅包括商法典，即商人身份法和商行为法等内容，而且包括与商事经济活动密切相关的各种法律，如公司、票据、银行、保险、运输、代理、信托等法律。

由于世界各国商法制度存在较大差异，理论上一般将商法分为形式意义上的商法和实质意义上的商法。形式意义上的商法，是指奉行民商分立的国家在民法典之外制定的以“商法”命名的法典，其内容主要涉及商主体、商行为之界定、创设等商法的一般

---

① 本章内容主要参考范健主编：《商法》，高等教育出版社，北京大学出版社，2007 年版。

规则以及商事公司、证券、票据、保险、破产、海商等基本制度。在大陆法系国家中，德国、法国、奥地利、比利时、卢森堡、希腊、西班牙、葡萄牙、埃及、日本、巴西、智利、阿根廷等均制定有商法典。

实质意义上的商法，是指一切调整商事关系的法律规范的总称。它不以商法典作为商法概念的界定基础；商法的形式包括各种有关商事的专门法规；商法规范不仅仅存在于商法典之中，而且还大量地存在于民法、行政法以及其他法律、法规和判例之中。从实质意义上看，无论属大陆法系还是英美法系，无论奉行民商分立还是奉行民商合一的国家，都存在着实质意义上的商法。

我国目前尚不存在形式意义上的商法，但实质意义上的商法已经大量存在，而且一大批商事特别法也已经陆续颁行，如公司法、证券法、破产法、票据法、保险法、海商法等。

商法的特征，是指商法区别于其他法律部门的主要标志，是商法本质的外在表现形式。一般认为，商法的特征主要包括以下几个方面。

1. 商法所调整行为的营利性特征

营利性，是指经济主体通过经营活动以获取经济利益的特性。营利性是商事活动的主要特性。商主体身份的确立、商行为的界定、商活动的目的及商立法和司法的原则，无不与营利有关。

2. 商法调整对象的特定性

商法作为一个特殊的法律部门，其调整的对象是特定的。商法或者仅适用于履行了商事登记而具有商主体资格的人，或者仅适用于商行为。多数国家法律规定，非商人和商行为者不得适用商法。

3. 商法规范的技术性和易变性

商法是一个实践性很强的法律，它对商行为中的行为方式、行为环节、行为规则都作了具体、翔实的规定，具有可操作性和技术性。如票据法中票据行为的规范具有很强的技术性；保险法中关于投保、承保及理赔的规范具有很强的技术性。由于商法规范本身必须及时反映现实商事交易活动的需求，而商事交易活动的内容和形式发展变化很快，因而与一般法律相比，其修改更为频繁。

4. 商法的公法性

在大陆法系国家，法律被分为公法和私法。商法作为调整商事交易主体关系的法律，作为民法的特别法，从根本上说属于私法范畴。但是，商法又不同于普通私法，而是一种特别私法规范体系。在这样一种规范体系中，私法规范为核心，同时包含有大量的公法性条款，即国家通过立法形式而干预商事交易活动的规范，如商事登记、商号等。但这些公法性条款始终处于为私法交易服务的地位，还不能从根本上改变商法的私法属性。

5. 商法的国际性

21 世纪以来，随着贸易全球化趋势愈益加强，商法国际化呼声日益高涨，最终导致两种倾向：其一，国际商事立法得到加强，制定和缔结了大量的国际商事法律、国际条约、国际惯例；其二，各国不断修改本国商法规则，使其彼此之间以及与国际商事法律、惯例之间更为协调。因而,今天各国商法都带有较强的国际性。

商法基于独特性而具有与其公私法不同的基本原则。商法的原则,是指集中体现商法的性质和宗旨,调整商事法律关系必须遵守的基本准则。它是制定商法典的根本出发点,更是适用商法的指导原则。商法的基本原则如下。

1. 商主体严格法定原则

现代各国一般都制定有大量的强行性法规来对商主体的资格予以严格控制,从而形成了商主体严格法定原则。商主体严格法定原则主要包括商主体类型法定、商主体内容法定和商主体公示法定三个方面。

商主体类型法定,是指可以进行经营活动的商主体在组织形式上由法律予以明确设定,非经法律设定者不得享有商主体资格;当事人不得创设法定类型之外的商事组织形式。

商主体内容法定,是指可以进行经营活动的商主体的财产关系和组织关系由法律予以明确规定;当事人不得创设非规范性的财产关系和组织关系。商主体内容法定导致两个必然结果:其一,合法存在的商主体必须在内容上符合法律对其所作出的特定要求;其二,对商主体内容的不同法律要求,构成了不同类型商主体彼此之间的根本性差异,形成了不同类型商主体自身的特点。

商主体公示法定,是指商主体的成立必须按照法定程序予以公示,以便交易第三人及时知晓;未经法定公示者,不得用以对抗善意第三人。正是商主体公示法定原则构成了商事登记制度,构成了商事交易合法性中的主体要件制度。

商主体严格法定原则充分反映了作为私法的商法所含有的公法性成分。

2. 公平交易原则

公平交易原则,是指商主体应本着公平的观念从事商行为,正当行使权利和履行义务;在商事交易中兼顾他人利益和社会公共利益。公平交易原则的内容主要体现为以下两个方面。

(1) 商事交易主体的地位平等,在交易过程中,任何一方不得享有法律上的特权。地位平等是实现交易公平的前提,是现代商品经济客观规律的反映。

(2) 诚实信用,即商事交易主体在从事商行为时应该讲诚实、守信用,以善意的方式互为交易、履行义务,不得规避法律和合同的约定,以维护交易的公平。

3. 交易简便、迅捷原则

商事交易的目标在于充分利用现有资源以追求最大经济效益,而资金与商品的流转频率与其所获得的效益成正比。由此,商品流转规律客观上要求法律应充分保证商品交易的简便、迅捷。各国立法都将交易简便、迅捷作为商事立法的一个重要原则,并将其贯穿于各具体商事法规和商事惯例的全部内容之中,主要体现在以下三个方面。

(1) 交易简便

各国商法在商行为方面一般采取要式行为方式和文义行为方式,并通过强行法和推定法对其内容预先予以确定。

(2) 短期时效

商法对于各类商事请求权普遍采取不同于民法上时效期间的短期时效,如票据请求权、货物买卖中的瑕疵责任等，短期时效制的目的在于促使当事人迅速行使权利，以保证交易的迅捷。

(3) 定型化交易规则

权利证券化和权利义务格式化是商法的又一个重要特点。如广泛采用票据、提单、保险单等，通过这些要式文件和文义文件，使法律行为标准化、定型化，从而简化了权利转让和权利认定的程序。

4. 鼓励交易原则

商法是自由经济的产物。虽然现代商法具有很强的公法色彩，加强了国家对商事活动的干预，但这种干预的根本目的不是限制交易、妨碍交易，而是通过建立良好的交易秩序保障交易，促成交易。商法以鼓励交易为其基本原则之一，目的在于通过最大化地优化和利用资源，最大可能地促成社会经济的交往。

鼓励交易原则充分体现在商法的其他一系列原则和制度之中，主要表现为以下几个方面：(1) 通过确立商法的其他基本原则，如短期时效，交易简便、迅捷，交易自由，意思自治，在合法前提之下最大限度地尊重当事人的交易意愿等，促进交易；(2) 最大可能维护交易的有效性，如合同法中的可撤销制度、效力待定的合同制度等；(3) 对于有过错或失误的交易行为，最大可能地为交易行为人提供补救机会，如破产重整制度等。

5. 交易明确、安全原则

交易明确、安全原则，是指必须充分保障商事交易活动中交易各方对其行为内容予以充分提示，使相对人能够全面知晓，并加强法律监管，维护交易安全。交易明确、安全原则包括以下几个方面：

(1) 在商事交易活动中，交易各方负有义务充分提示交易内容，并将交易活动的进展和变更情况及时通知，以使相对人或第三人完全、及时地知晓交易实情；

(2) 禁止欺诈和不正当竞争行为；

(3) 通过对商事交易条件采取强制主义、公示主义、外观主义、严格责任主义等法律规制，通过法律的积极干预以确保交易的安全。

二、商法的体系和渊源

(一) 商法的体系

商法的体系，是指商法作为一个独立的法律部门，其内部具有逻辑联系的各项商事法律制度所组成的系统结构。在不同的国家和不同的法系以及不同的历史时期中，商法的体系不尽相同。

传统商法在体系上主要包括商身份法和商行为法两大内容。商身份法包括商人的概念和种类；商人资格的取得；商人名称，即商号；商人财产管理，即商事登记；商人权利的委托，即经理权、代办权；商人的特殊形式，即从事辅助性行为的商人，如代理商、居间商。此外，还涉及商人身份的补救措施或不完全形态，如表见商人、拟制商人或小商人等。商行为法则主要涉及一般商行为和特殊商行为。一般商行为主要包括商事物权、商事债权、商事交易中的交互计算方式等内容。特殊商行为则包括商事买卖、商事代理、居间、信托、运输、仓储、银行、票据、保险及海商等内容。传统商法体系不仅与自由市场经济原则相一致,同时也表现出经济规模的局限性和未高度发达状态。进入20世纪之后,尤其在20世纪下半叶,现代商法在体系上打破了传统商法的格局,它已不再局限于商身份法和商行为法两个方面,而是形成了商事身份法、商事组织法、商事管理法、商事行为法、商事秩序法这样一个商法体系。商法已不仅仅涉及商人身份,更规定了商事经营机构的组织程序与结构,如企业法、公司法等以更加完整的形态加入到商法的行列之中;商法不仅确认了商行为的种类、范围、法律效力,而且规定了对行为者和行为本身的管理措施,如证券交易法、期货交易法、产品责任法等。

在我国,由于商法是一个新兴的法律部门,商事立法仍不尽完善,学者关于商法体系的认识仍存在颇大差异。在本书中,商法体系主要由下列商事法律制度构成:(1)商主体制度;(2)商行为制度;(3)公司制度;(4)破产制度;(5)票据制度;(6)证券制度;(7)保险制度。鉴于本书是高职用书,海商法的专业性与国际性过强,故在本书中未作介绍。

(二)商法的渊源

商法的渊源,是指商法规范借以表现和存在的形式。它是对商事行为具有约束力的法律规范效力的重要来源,是商事经营活动的重要法律依据。在传统商法中,商法的渊源主要为商制定法、商判例法、商习惯法和商法学说,其中在大陆法系国家中,具有重要意义的是以商法典为代表的商成文法。在英美法系国家中,虽然从传统的角度看,商判例法和商习惯法对商法具有第一重要的意义,商法理论和学说在法律适用时也能发挥一定的作用,但在20世纪之前,英美国家就已经出现了大量商事单行立法。因此,商法领域与其他法律领域不完全一样,成文法同样扮演着十分重要的角色。

20世纪以来,随着社会经济的进步和经济规模的扩大,尤其伴随着社会经济组织形态和结构的完善、经济组织内部的制度的日益健全以及经济组织对外交易手段的发达和多样化,商事自治法亦随之发展成为商法的一个重要法律渊源。

在我国,商法的渊源主要为制定法、立法和司法解释、商事自治法等。一般来说,我国的商法渊源可以分为以下几种。

1. 法律

即全国人民代表大会及其常务委员会制定、颁布的规范性文件。如《中华人民共和国公司法》(以下简称《公司法》)、《票据法》、《证券法》、《中华人民共和国保险法》(以下简称《保险法》)、《海商法》、《中华人民共和国信托法》(以下简称《信托法》)、《中华人民共和国证券投资基金法》、《合伙企业法》、《个人独资企业法》、《中华人民共和国商业银行法》、《中华人民共和国中外合资经营企业法》(以下简称《中外合资经营企业法》)、《中华人民共和国中外合作经营企业法》(以下简称《中外合作经营企业法》)、《中华人民共和国外资企业法》(以下简称《外资企业法》)、《民法通则》、《民事诉讼法》、《合同法》中的相关规定等。

2. 行政法规

即国务院及其所属机构制定的规范性文件。如《中华人民共和国公司登记管理条例》(以下简称《公司登记管理条例》)、《中华人民共和国企业法人登记管理条例》(以下简称《企业法人登记管理条例》)、《企业名称登记管理规定》、《国有企业财产监督管理条例》、《国务院关于股份有限公司境外上市外资股的规定》、《股份有限公司国有股股东行使股权行为规范意见》、《银行结算方法》等。

3. 地方性法规

即地方国家权力机关和行政机关制定的规范性文件。如《深圳经济特区商事条例》等。

4. 国际条约、国际惯例

即我国参加的国际条约。如《1996 年国际船舶载重线公约》、《1972 年国际海上避碰规则公约》、《1979 年海上搜寻救助公约》、《联合国国际货物销售合同公约》、《国际商事合同通则》、《国际贸易术语解释通则》等。

5. 立法解释

即全国人大常委会关于商事法律的立法解释。

6. 司法解释

即最高人民法院对商事立法的解释。

7. 商事自治规则

即商主体就其组织、运作、成员的权利义务,相对人权利义务等内容自主制定的,不与国家法律和行政规章相冲突的规则。其具体形式主要有:(1) 公司章程;(2) 交易所业务规则;(3) 一些商主体预先制作的定型合同条款。

至于商事判例和商法学说,虽然不是我国商法的渊源,但它们在审判实践中已经越来越多地受到重视。

(三) 我国商法的产生与发展

近现代意义上的商法在我国始于清朝末期。清光绪皇帝在推行新政时,把制定商法典看成是振兴工商业的治国大策之一。1903 年派载振、伍廷芳等人起草商法,于 1904 年公布了《公司律》、《商人通律》,1906 年公布了《破产律》,与此同时还起草了《公司注册试办章程》、《商标注册暂行办法》等,随后又聘请了日本法学博士志田钾太郎起草了《大清商律草案》,该草案共 1008 条,其中有公司法六编、海船法六编、票据法三编。这些后来制定的商事法律、法规,未及颁行,清王朝覆灭。

辛亥革命以后,新建立的民国政府在大清商事法律的基础之上,重新制定并颁布了一批商事法律,主要有《中华民国商律》、《公司条例》、《商人通例》等。在此期间,北洋政府于 1923 年起草了一部商法,但未正式出台。国民政府迁都南京后,采用民商合一的立法体例,在 1929 年制定的民法典中规定了商法的基本内容。原有商法中有关总则、商人、经理人、代办商、商行为、交互计算、行纪、仓库、运输等规则均并入民法债篇。在民法之外另制定有一批商事单行法规,主要有《公司法》、《票据法》、《保险法》、《海商法》、《船舶法》、《商业登记法》、《船舶登记法》、《商业会计法》、《银行法》、《证券交易法》、《动产担保交易法》等。

中华人民共和国成立后,在很长一段时期内,由于实行计划经济,国家的立法重心在于强化国家调控经济活动的能力和国家干预经济行为的行政手段,因此,商法极不发达。1993年之前,我国除颁布了《海商法》等少数商事法律外,其他商事立法几乎空白。1993年之后,全国人大常委会陆续制定了《公司法》、《票据法》、《合伙企业法》、《保险法》、《中华人民共和国商业银行法》、《证券法》、《破产法》、《信托法》等。商法作为一个独立的法律部门已经形成。

第二节　商主体

在传统商法中一般将商主体称为商人。商人在商法体系中处于极其重要的地位。本书认为,在现代商法中,商主体指的是能够依商法规定以自己的名义直接从事商行为,享受权利和承担义务的人。在不同的历史时期、不同的法系、同一法系的不同国家,商主体的表现形态即商主体的划分颇不一样。我国理论界多依传统商法分类,将商主体分为商法人、商合伙、商个人、商中间人和商辅助人等类型。

一、商主体

商主体作为特殊的民事主体,与处于一般财产关系与人身关系中的一般民事主体有着明显的区别。基于商主体所必然具有特殊的素质,为衡平同一法律关系中不同素质的参加者的利益,又应当赋予其高于一般民事主体的义务。当然,权利与义务必须相适应,商主体承担较高的法律义务,也必然会享有一般民事主体所不能享有的利益。商人要承担远远高于非商人的注意义务与更加严格的法律责任,但商人也拥有从事营业行为的权利。在企业作为商主体或作为最主要商主体的现代商法中,商主体资格的取得必须履行严格的法律程序,依照法律的要求和自身的需要,商主体拥有非商主体所没有的特殊的素质。因此,商主体的权利义务的法律处置上应当区别于一般民事主体。

由于商事交易既可能发生在商主体之间,也可能发生在商主体与非商主体之间,还可能发生在实施了商行为的一般民事主体之间,因此商事法律关系的参加者即商事法律关系主体不仅包括商主体,还包括其他类型的法律主体。

在传统商法中,一般将商主体称为商人。商人在商法体系中处于极其重要的地位,并成为区别于民法的重要标志。因此,与民法在立法与学说上都极少界定民事主体(人)的不同,各国商法典一般都会对商人概念作出明确界定。譬如,《德国商法典》第1条第1款规定:"在本法典意义上,商人是指商事经营者。"[①]《法国商法典》第1条规定:"从事商活动并以其作为经常性职业者,为商人。"[②]《日本商法典》第4条规定:

---

① 《德国商法典》,范健等译,载《中德经济法研究所年刊》(第6卷),南京大学出版社1995年版,第229页。
② 《法国商法典》,金邦贵译,中国法制出版社2000年版,第1页。

"本法所称商人,指以自己名义,以实施商行为为业者。"[①]《韩国商法》第4条规定:"商人,是指以自己的名义从事商行为的人。"[②]

商主体,是指依照法律规定参与商事法律关系,能够以自己的名义从事商行为,享受权利和承担义务的人,包括个人和组织。商法上的商主体是狭义上的概念,它仅仅指能够以自己的名义直接从事商行为的人。

商主体具有不同于一般民事主体的法律特征。(1) 从本质上说,商主体是一种法律拟制的主体,它所享有的权利能力和行为能力具有特殊性。这种特殊性主要表现在能力的形成上,即商主体的形成一般须经过国家的特别授权程序,如履行工商登记。(2) 商主体是从事以营利为目的的营业活动的主体。商主体能力的存在与其所实施的营业活动密切相连。(3) 商主体是商事法律关系中的当事人,即在商法上享有权利并承担义务。

商主体具有不同于一般民事主体的能力,从而形成了商事能力与一般民事能力的区别。这种区别主要表现在:(1) 商事能力是商主体依法从事商行为,并由此而承担法律上的权利义务的行为能力,它表明了商主体在商法上的特殊资格和地位。而一般民事主体不享有法律上的这种特权,这就是未经法律授权,一般民事主体不得从事商事经营活动的法律原因。(2) 商事能力是一种附加于民事能力之上的能力,即具备商事能力者一般应以具备民事能力为前提。但具备一般民事能力并不必然具备商事能力。从这个意义上说,商事能力是一种特殊的民事能力。(3) 商事能力以法律授权为前提,商事权利能力和商事行为能力皆以法律授权范围为限,并以授权起止为权利存续期限。而一般民事能力更多地与自然人的生命延续和意思成熟程度密切相关。由于商事能力的特殊性,不少国家法律规定了对商事能力取得的限制。如对行为人取得商事能力的限制,这种限制表现在对未成年人、外国人等获得商事能力的限制;又如对因从事特定标的物的经营而对商事能力的限制等等。[③]

二、商主体的分类

在当代各国商法中,商主体表现为多种形式,不同国家的商事立法和不同的商法理论,常常依照不同的标准对商主体予以分类。依照商主体的组织结构形态或特征,即是自然人还是组织体以及组织形态等形式状况,商主体可分为商个人、商法人和商合伙。

在我国,商主体的种类没有以商法典的形式作出明确划分。可以从事商事经营活动的主体颇多,主要表现在民法、企业法、涉外企业法、工商登记法规以及税法等之中。在我国,理论界多依传统商法分类,将商主体分为商法人、商个人、商合伙、商中间人、商辅助人等类型。基于从商人到企业的现代商主体观念的变革,对照商主体的要件与

① 《日本商法典》,王书江、殷建平译,中国法制出版社2000年版,第3页。
② 《韩国商法》,吴日焕译,中国政法大学出版社1999年版,第3页。
③ 参见范健、王建文著:《商法基础理论专题研究》,高等教育出版社2005年版,第139—140页。

要素，以及我国从事商事营业必须经过注册登记的法律实践，可以将我国商主体界定为企业，而在我国企业均指商事企业，故具体可包括企业法人、合伙企业、个人独资企业等形态。

三、商法人

（一）商法人及其权利能力与行为能力

商法人，是指按照法定构成要件和程序设立的，拥有法人资格，参与商事法律关系，依法独立享有权利和承担义务的组织。这一定义包含以下几个要点。

（1）商法人是一种拟制的法律主体，是通过法律行为创立的，而不是自然形成的。

（2）商法人的成立，必须符合法律规定的条件，这种条件包括实体法和程序法两个方面的要求。在民商分立的国家，由民法和商法共同规定；在民商合一的国家，则由民法和商事单行法共同规定。

（3）商法人是法人的一种，应该具备法人的基本特征，并符合法人的一般要求。

（4）商法人是商事法律关系的主体，其行为属于商行为，受商法的调整；非从事商行为的法人，不能成为商法人。

（5）商法人具有独立的权利能力、行为能力和责任能力。

（6）商法人是一个组织体，具有自己的组织机构和意志机关，商法人最突出的特点是财产的独立性和责任的独立性。

商法人的权利能力和行为能力受到法律和自治规章的限制。这些限制主要表现在以下几个方面。

（1）商法人不得擅自以其财产从事非经营性活动，如不得未经投资者的许可，将法人财产低价让与、抛弃、私分、捐赠。

（2）商法人原则上不得在授权的经营范围之外从事财产行为，如禁止一般贸易公司从事金融业务，其权限受到特殊行为能力原则的限制。如今，各国虽均废止了经营范围乃能力范围的限制性规定，但经营范围仍具有内部约束效力。

（3）商法人对自己的财产不享有完全的处分权，最主要表现为，商法人不得在损害投资人利益或未经投资人知晓的情况下处分其固定资产，无权以其财产与其他企业合并或成立连带责任主体。对此，许多国家的商法明确规定，商法人的经营者无权处分商法人的固定资产，只有商法人的投资者，即商法人的所有者才享有这种权利。

（4）商法人不得违反资金专用条件或其他禁止性义务从事经营行为。

（二）商法人的分类

商法人在不同的国家有不同的类型，在同一国家中，根据不同的标准也可以进行不同的分类。在大陆法系国家和英美法系国家，商法人在组织形态上主要分为有限责任公司、股份有限公司、合作社等。

在我国，商法人的法律渊源主要有《民法通则》、《公司法》、《中华人民共和国全民所有制工业企业法》、《企业法人登记条例》、《集体所有制企业条例》、《中外合资经营企业法》、《中外合作经营企业法》、《外资企业法》等。据此，商法人可以作以下分类。

1. 国有商法人

国有商法人，是指根据我国《民法通则》、企业法、《公司法》的规定，由国家投资设立的、从事生产经营活动的，具有独立的权利能力和行为能力，并获得法人资格的企业或公司。国有商法人是我国现行经济生活的主体，在国民经济中发挥着主导作用。根据我国国有企业法的规定，它可以是国有企业；根据《公司法》的规定，它可以是国有独资公司和国有控股公司。

2. 集体商法人

集体商法人，是指根据我国民法、集体企业法和其他相关法律、法规的规定，由公民或集体单位组合而成的、从事生产和经营活动的，具有独立权利能力和行为能力，能够独立承担法律责任并获得法人资格的集体商事组织。根据我国集体企业法、公司法和部分地区颁布的股份合作企业暂行条例的规定，集体商法人在组织形式上，可以是工厂、合作社、合作商店、有限责任公司、股份合作企业等。它普遍存在于我国城乡，从事着生产、服务、销售等各种商事经营活动，在我国现行经济生活中占有重要比重。

3. 合营或合资商法人

合营或合资商法人，是指由两个以上的投资主体共同出资，经工商登记注册而成立的商事组织。根据我国《民法通则》的规定，如果是两个以上法人组织联营并获得法人资格的属法人型联营企业；根据我国《公司法》的规定，如果是不同投资主体共同投资组建的，可以是有限责任公司或股份有限公司。合营或合资商法人具有独立的法律人格，并以自己的名义独立从事商行为；合营或合资各方以其出资额为限对商法人的债务承担责任；所建立的商法人以其全部财产对外承担法律责任。

4. 私营商法人

私营商法人，是指由私人投资经营而取得法人资格，投资者以其出资额为限，商法人以全部资产对外承担责任的商事组织。根据我国私营企业法和《公司法》的规定，它可以是私营企业，也可以是公司。

5. 外商投资商法人

外商投资商法人，是指由外商投资经营并取得法人资格的，投资者以出资为限，商法人以其全部财产对外承担责任的商事组织。根据我国外商投资企业法的规定，它可以是中外合资经营企业、中外合作经营企业和外资企业。

四、商合伙

（一）商合伙的概念和特征

商合伙，是指两个或两个以上的合伙人按照法律和合伙协议的规定共同出资、共同经营、共享收益、共担风险，合伙人对合伙经营所产生的债务承担无限连带责任的商事组织。这一定义表明，商合伙是一个拟制的法律主体，它以自己的名义实施商行为。

商合伙作为商主体，具有从事商行为的权利能力和行为能力，但不具有完全的责任能力。许多国家的法律都规定，商合伙的设立必须履行工商登记。因此，在相当长时期内，商合伙曾被认为其从事商行为的行为能力，受到登记时所确立的经营范围的限制。对于合伙人来说，在以商主体的名义从事经营活动时，还受到合伙合同的限制。

商合伙作为商主体的一种形态，其法律特征主要表现在以下几个方面。

(1) 商合伙必须由两个或两个以上的合伙人共同组建。合伙人一般应具有完全民事行为能力。合伙人是否必须是自然人，是否可以是法人或其他经济组织，各国法律的规定不尽相同。我国法律对此也是根据不同形式的商合伙而予以不同规定。

(2) 商合伙设立的基础是合伙合同。商合伙内部合伙人彼此之间的权利义务关系亦通过合伙契约予以确定。

(3) 商合伙的财产为合伙人共有，这种财产包括合伙人共同出资而形成的财产，也包括商合伙在存续期间营利所得的财产。这种财产的特点是，它与合伙人本人的其他财产并未彻底分离，正是基于这一点，商合伙本身没有能成为一个完全独立的财产主体。

(4) 商合伙所从事的商事经营活动由合伙人共同为之，也可以共同委托一位或数位合伙人代理为之；各合伙人对事务的执行享有同等的权利和义务。

(5) 合伙人对合伙企业的债务承担无限连带责任，即在合伙企业资产不足以清偿合伙债务时，债权人有权要求任何一个合伙人予以清偿全部债务。

(二) 我国商合伙的类型

在我国，商合伙的法律渊源主要有《民法通则》、《合伙企业法》、《中外合作经营企业法》等。正是由于法律渊源的不同，进而形成了不同类型的商合伙。

1. 个人合伙

按照我国《民法通则》和有关工商登记法规的规定，个人合伙是指两个以上的自然人，按照合伙协议，各自提供资金、实物、技术等，合伙经营、共同劳动；投入的财产属个人所有，由合伙人共同使用；合伙经营积累的财产归合伙人共有；发生亏损应由合伙人负连带清偿责任的商事组织。个人合伙的建立必须履行工商登记，并以工商个体户的名义领取营业执照(参见国家工商行政管理局 1986 年 11 月 17 日《关于执行〈民法通则〉对个人合伙登记管理的通知》)。个人合伙可以取自己的商事名称，也可以不取商事名称。取自己商事名称的个人合伙，在民事诉讼中，以自己依法登记的商事名称作为诉讼当事人，并以合伙负责人为诉讼代表人。未取自己商事名称的个人合伙，合伙人在民事诉讼中为共同诉讼人，共同诉讼人可以推选诉讼代表人参与诉讼。

2. 合伙型联营

根据我国《民法通则》、《企业法人登记管理条例》的规定，合伙型联营是指企业事业单位之间依照联营合同组建的共同出资、共同经营、共分利润、共同承担无限连带责任的商事组织。合伙型联营是一种拟制的商主体，依法登记成立，并取得权利能力和行为能力。合伙型联营的合伙人必须在两个以上，但必须是企业，可以是全民企业、集体企业、私营企业和混合所有制企业；可以是法人企业，也可以是合伙企业、私营独资企业、个体工商户和农村承包经营户。在新《合伙企业法》实施后，合伙型联营已完全可以纳入合伙企业之中，从而使合伙型联营失去制度价值。

3. 合伙企业

根据我国 2006 年 8 月 27 日颁布的新《合伙企业法》的规定，合伙企业是指自然人、法人和其他组织依照合伙企业法在中国境内设立的普通合伙企业和有限合伙企业。其中，普通合伙企业由普通合伙人组成，合伙人对合伙企业债务承担无限连带责任，但《合伙企业法》对普通合伙人承担责任的形式有特别规定的，从其规定；有限合伙企业由普通合伙人和有限合伙人组成，普通合伙人对合伙企业债务承担无限连带责任，有限合伙人以其认缴的出资额为限对合伙企业债务承担责任。但国有独资公司、国有企业、上市公司以及公益性的事业单位、社会团体不得成为普通合伙人。

除上述商合伙之外，有学者鉴于未获得法人资格的中外合作经营企业的特点，将这类中外合作经营企业也视为商合伙的一种特殊形式。此外，在西方国家，还存在隐名合伙这样一种商合伙形式。

五、商个人

（一）商个人的概念和特征

在当代商法中，商个人是一个内涵颇广的范畴，它是具有传统特征的自然人状态与富有现代特征的单个出资组织体状态相结合的概念。

在传统商法中，商个人又称商个体、商自然人、个体商人、个人商号。商个人，是指按照法定构成要件和程序取得特定的商主体资格，独立从事商行为，依法承担法律上的权利和义务的个体。商个人是一个法律拟制的主体，按照现代商法的观念，它可以表现为一个自然人，也可以表现为一个户，还可以表现为自然人投资设立的独资企业。

商个人在法律上具有重要的特点。其一，商个人与自然人的个人属性密切相连。这种联系主要表现在自然人的个人名称、个人属性等方面，如商个人常常以自然人的个人名称为其商业名称，如自然人发生变化，商个人则相应发生变化。其二，商个人的财产与自然人或家庭的财产密切相关。多数国家的法律明确规定，商个人的财产责任能力是不独立的，创设商个人的自然人或家庭有义务以其全部财产为商个人债务承担连带责任。

商个人作为拟制的主体，享有商事权利能力和商事行为能力，但不具有完全的责任能力。商个人可以在法律授权的范围内从事商行为，但其行为能力受到法律的严格限制，它不能超越工商登记的范围去实施经营活动，否则行为无效，并将受到法律的追究。

（二）我国商个人的类型

我国理论界一般认为，商个人的类型主要表现为以下三种。

1. 个体工商户

个体工商户，是指生产资料属于私人所有，主要以个人劳动为基础，劳动所得归个体劳动者自己支配的一种经济形式。个体工商户有个人经营、家庭经营与个人合伙经营三种组织形式。“户”的含义在此是指工商登记上的户，即工商业登记上的一个注册单位。由于个体工商户对债务负无限责任，所以个体工商户不具备法人资格。我国《民法通则》对“个体工商户”作了专门规定。从理论上讲，个体工商户完全可以纳入个人独资企业与合伙企业的范畴，但从实践看，则因其在税收、管理等方面的灵活性，仍有相当强的生命力。

2. 个人独资企业

个人独资企业，是指依法在中国境内设立，由一个自然人投资，财产为投资人个人所有，投资人以其个人财产对企业债务承担无限责任的经营实体。个人独资企业是经营实体，是典型的企业组织形态之一。我国制定了《个人独资企业法》、《个人独资企业登记管理办法》等专门法律、法规调整个人独资企业。

六、商中间人

在工商登记中，我们常常将从事中介活动的中间商单独命名，如某某中介公司、某某代理公司等，这实际上就是一种主体身份的界定。商中间人虽然从事的也是经营性行为，但其与直接从事生产和销售的商人在经营方式、权利能力、行为能力和责任能力以及政府对其所实施的管制方式、税收方式上都存在着较为明显的差异。因此，在法律上确立商中间人的独立地位有着十分重要的实践意义。

（一）代理商

代理是一项基本的商行为，无论是大陆法系国家还是英美法系国家，对代理人及其所从事的行为都有专门立法。在司法实践中，商事代理纠纷适用于《民法通则》中关于民事代理的有关规定。

在大陆法系国家，代理商是指一种独立的商事经营者，他接受委托，固定地为其他业主促成交易或以其他业主的名义缔结交易。与其他商主体相比，代理商有以下三个重要特点。

（1）代理商的行为方式是促成交易或缔结交易。促成交易，是指通过代理商的介绍活动，直接或间接地影响到有意缔结交易的第三人，从而使企业主和第三人之间达成交易协定或交易契约。缔结交易，是指代理商以企业主的名义提出缔约表示，即交易要约，以及代理商为企业主接受他人的缔约表示即交易承诺。

（2）代理商必须固定地从事受他人委托的、促成交易或缔结交易的活动。代理商与委托代理人之间的关系是一种持续的法律关系，即民法上所说的，根据事务处理之契约形成的、具有一定连续性的完整的委任关系。

（3）代理商是一种独立的商事经营者，这种独立性表现在其自由决定自己活动和自由支配自己时间，有自己的经营场所，自己承担经营费用，使用自己的商号，编制自己的商事账簿、通过自己的营业活动收取佣金以及同时为几个业主的代理人。正是这种独立性表明代理商不依赖于被代理人而存在，由此形成了与企业雇员的区别。

大陆法系国家商法中将代理商分为多种类型，主要有单一商事代理商、区域代理商、独家代理商、总代理商。

（二）居间商

居间是一项重要的商行为，大陆法系国家商法典对居间商及其行为都有专门规定。我国至今没有关于居间商的专门立法，只是新合同法中对居间合同作出了简要规定，这些规定确定了处理居间行为的一般规则。

在大陆法系国家商法中，居间商是指为获取佣金而从事契约缔结的促成活动的商人。这里所说的“居间”与我国《合同法》中所理解的“居间”的含义基本相同，即居间是居间人向委托人报告订立合同的机会或者提供订立合同的媒介服务，委托人支付报酬的行为。

大陆法系国家商法中所规定的居间商，具有以下特点。

(1) 居间商不是以自己的或他人的名义为他人从事契约的缔结，居间商本人并不负有义务对这类活动的成功去主动地尽自己的努力。

(2) 居间商是一种完全商人，他的活动是自由、独立的，而不像商事辅助人那样受到雇佣契约的约束。

(3) 居间商所从事的居间商行为，不是基于契约，不负有活动及行为义务，它是基于佣金请求权才从事这种缔结的促成活动，仅仅追求行为结果的报酬。这种活动的特点在于，只有当中介活动生效时，居间商才有资格获取佣金。

(4) 居间商对于其所从事的商事促成活动以及这种活动所导致的结果并不负有义务。与其相应，订约委托人除了在居间商履行了自己的中介活动并达到预期的法律结果之后，才负有义务向居间商支付佣金外，不再负有义务向居间商支付其他费用的补偿。这一规定与我国《合同法》第 427 条关于居间人必要费用请求权的规定不一样。

(5) 居间商所从事的缔约的中介，通常被分为两种方式：一种方式是，订约委托人首先表示自己的要约，居间商只是作为传达人将订约委托人的要约转达给第三人，要约的承诺也由第三人向居间商为之；另一种方式是，通过居间商的中介，即介绍，被介绍的缔约双方自己直接缔约，居间商仅起到提供缔约信息、帮助联系的作用。

（三）行纪商

行纪是一项重要的商行为。我国《合同法》中关于行纪的定义与大陆法系中关于行纪的定义基本相同。在大陆法系国家，行纪商是一个独立的商主体，是指以自己的名义为他人(委托人)购买或销售货物、有价证券并以其作为职业性经营的人。行纪商有以下几个重要特点。

(1) 行纪商必须以自己的名义履行其行为。但是，行纪商履行行纪行为而产生的交易结果不是为行纪商本人，而且为了委托人。正因为此，行纪商在行纪商行为中扮演的角色与其他商事中间人在商事中介中的作用有重要的差异。

(2) 由于行纪商以自己的名义从事其行为，因此，他不仅仅是契约中的当事人，而且与交易活动的结果密切相关。行纪商与第三人之间发生着直接的权利、义务关系，而第三人与委托人之间则不存在直接的权利、义务关系。与此同时，由于行纪商是为他人计算而从事交易活动，因此，该交易活动还直接相连着他人的利益，即直接相连着委托人的利益，行纪行为的履行对委托人产生经济后果。

(3) 行纪商不仅以委托人的费用为其办理行纪事务，而且，行纪商与第三人之间所立契约以及因这种契约而产生的权利和义务，也可以直接转让给委托人，并由委托人承担最后的交易结果。

(4) 行纪商必须从事职业性的行纪经营，必须以行纪交易的缔结作为其正常的经营业务，因此，行纪商的身份与职业经营密切相关。但是，在特殊情况下，如果商人本身并不是行纪商，但他在其商事经营中偶尔采用行纪行为的方式从事其商事交易，对此情形，他同样可以被视为行纪商而适用商法中关于行纪商行为的有关规定。

七、商辅助人

商辅助人又称商使用人，是指在商事交易过程中，从属于商主体，受商主体委任或支配，辅助商主体开展商事经营活动的人。商辅助人本身不是商人，本身不是独立对外的法律关系主体，但是，在对外经济交往过程中，他以商主体的名义为法律行为，并且其行为的全部后果由商主体承担。

商辅助人相对于商主体基于一定的法律关系而存在。因商主体授权的方式和范围而导致的商使用人在商主体内部的不同地位，形成了不同种类的商使用人，进而构成了商主体与商使用人之间不同性质的法律关系。

1. 委任关系

委任关系，是指由商主体授予商使用人代理权，委托其代商主体为法律行为。基于这种法律关系而形成的商使用人主要为经理人、代办人。

2. 雇佣关系

雇佣关系，是指商主体与商使用人之间不存在代理权的授予和法律行为的委任，而仅仅为劳务的雇佣，商使用人仅仅为劳务人。由于雇佣关系属于劳工法研究的范畴，所以各国商法中一般不作规定，只是对有特别授权的雇员才作出专门规定。

（一）经理人

经理人是商法中的一种特殊行为主体，他以其所享有的特殊权能——经理权为其产生和存在的基础。西方发达国家的商法都不同程度地对经理人及经理权有专门立法。我国至今没有这方面的专门立法，《公司法》等法律法规中虽然涉及经理的规定，但那是从公司组织机构的角度提出经理问题的，它与商法中所说的经理人和经理权还存在着一定的差异。

经理人所享有的经理权，从法律性质上说，是一种特殊的代理权，它以民法上的代理权为基础，但又有其特殊性。按照大陆法系国家商法的规定，经理人及其所享有的经理权具有以下特点。

（1）经理人是被商人通过特殊方式授予经理权的人，是典型的直接代理人，他以被代理商的名义为法律行为。

（2）经理人在行使权利时，最重要的形式是其必须将自己的签名附加在商号上，并且在这个签名上附有标明经理权权限的标记，以使经理人的代理行为与个人行为相区别。

（3）经理人的主要权限在于为商主体管理事务，并为商号签名。

（4）只有完全商人才可以授予被代理人经理权；小商人不可以授予他人经理权，即不可以任用经理人。

（5）在商事登记部门履行登记并不是经理人被授予经理权这一法律行为生效的唯一前提条件，经理人必须由商人通过“明确意思表示”方式授予经理权。只有明示与登记相结合，经理权授予才能生效。

(6) 经理人所享有的经理权受到权限范围的限制。立法上所规定的经理权的权限范围颇为广泛，如“从事各种诉讼和非诉讼活动和在商事经营过程中进行法律活动的权利”①。但在实际生活中，不少经理权在被授予时其权限范围不同程度地受到限制，如规定经理权只有在一定业务中、一定种类业务中或一定情况下才能被使用。不过，根据法律的规定，这种限制只是商主体内部的管理行为，对第三人无效，除非第三人已明知经理权已经受到限制。此外，立法本身也在一定程度上限定了经理权的权限范围，如经理人不享有处置不动产财产的权利，除非他已经获得了商人的专门授权。这些规定的目的在于，商人可以始终保留企业核心部分的处分权。

(7) 经理人所享有的经理权不具有单一性和排他性，一位商人可以同时聘用几位经理人，因此，经理权还可以被分为共同经理权和分经理权等。

(二) 代办人

代办人是现实商事交往中普遍存在的一种现象，西方国家的商法对此都有专门的立法规定，一种是从代办人主体角度立法，另一种是从代办权行为角度立法。我国至今还没有这方面的立法。

代办人以商人的特别授权——代办权为其产生和存在的基础。代办权是一种源于代理权但又不同于经理权的特殊权能。从保护商人利益的角度出发，商法规定在商事交往中允许存在这样一种代理权，它在与第三人交往中被商人限定一个有效范围，这种代理权在立法上便是“代办权”；被商人授予代办权的人便是代办人。代办人的代办权限应与由他代理的商事经营活动所需要的权限相一致。

在法律性质上，代办权属于代理权，与经理权相比，二者存在着颇为明显的差异，这些差异主要表现在以下几个方面。

(1) 经理权的权限范围比代办权的权限范围广泛。一些国家的商法对代办权的权限范围作了严格限定，如代办人不享有不动产的转让与抵押，汇票、本票债务的接受，消费贷款的接纳，诉讼的实施等方面的代办权。除非代办人获得了这方面的专门授权。在立法上，代办人的权利限制比经理人的权利限制要严格得多。

(2) 只有完全商人才可以聘用经理人，授予其经理权，小商人不可以聘用经理人，不可以授予经理权；但小商人可以聘用代办人，可以授予代办权。

(3) 经理权必须由商人亲自授予；代办权不需要由商人亲自授予，商人的代理人也可以授予代办权。

(4) 经理权必须通过明示来授予；代办权可以通过默示来授予。因而，在商事代办权中，可以存在容忍代办权和表见代办权。

(5) 在商事交往中，第三人可以相信经理人对于他所经营的商事拥有除法律另有规定外的所有代理权；第三人不可以相信代办人也拥有同样的权限，除非代办人能够提供自己拥有如此权限的证明，这是因为，代办人的代理权通常在法律上已经被严格局限于一定的业务范围之中。

① 参见《德国商法典》第 49 条第 1 款。

（6）经理人的签字可以附有标明经理权的附加标记，而代办人的签字只能附有表明代理关系的附加标记。

（7）由于经理权涉及范围相当广泛，它必须履行工商登记；但代办权已经被规定在一定范围以内，一些国家的商法规定其不必履行工商登记。

（8）经理权与代办权在种类划分上不同。前面已经介绍过，经理权可以被分为共同经理权和分经理权；代办权则可以被分为全权代办权、种类代办权、特种代办权和总代办权等多种类型。

在代办权立法中，商店店员代办权和从事外勤业务的商事雇员代办权是两种颇具特殊意义的代办权。一些国家的商法规定，在商店的经营活动中，店员可以被视为拥有由店主所授予的代办权，这种代办权实际上是一种表见代办权。第三人在与店员进行业务交往中，只要业务的内容在该商店经营的范围之内，第三人可以认为店员拥有完全代办权。一些国家的商法还明确规定，受雇在企业主的企业内工作的商事雇员，拥有由企业主所授予的代办权，这种辅助人员包括从事外勤，即帮助企业对外交往的雇员。外勤人员所拥有的代办权主要分为两类，一类是成交代办权，另一类是居间代办权。

第三节　商行为

商行为是导致商法从一般民事法律中独立出来，形成商法独立性的根本原因。不同国家的商法对商行为概念的界定有所不同。其差异的焦点在于，商行为是商主体所从事的行为，还是一般主体所从事的行为。近年来，商行为这一概念逐渐成为商法学界的主流概念。我国商法理论一般认为，商行为是指营业行为与投资行为。

一、商行为的概念与特征

1. 商行为的概念

“商行为”一词是大陆法系国家商法的法定用语。不同国家的商法对“商行为”概念的界定有所不同。按照法国商法的规定，商行为可以是任何主体所从事的营利行为；按照德国商法的规定，商行为必须是商人所从事的营利行为。

我国商法理论认为，商行为是指营业行为与投资行为，其实施主体主要为商主体，还包括一般民事主体。

2. 商行为的特征

商行为与一般民事法律行为相比，表现出以下特征。

（1）商行为是以营利为目的的法律行为

商行为是市场行为，其根本目标在于实现利润最大化，此即其营利性。商行为作为一种以营利为目的的行为，着眼点在于行为的目标，而不在于行为的最终结果。至于最后是否实现了营利或者能否营利，在商行为的判定上是在所不问的。由于营利目的是行为人的内在意思，只能通过外在表现加以推定而作出判断，因此，商行为属于推定法律行为，在商法实践中也往往要借助于法律推定规则。许多国家的立法中就明确规定，只要是商主体实施的行为，就可推定为其营业实施的行为，从而成为商行为。

（2）商行为是经营性（营业性）行为，但也不限于营业行为

这种经营性也被称为营业性。经营性表明行为主体至少在一段时间内连续不间断地从事某种同一性质的营利活动，因而是一种职业性营利行为。因此，“偶然所为之营利行为，不得称为营业”。由于经营性活动是一种重复性的、经常性的活动，被纳入国家专门管理的范围，与商事登记密切相关，从而履行了商事登记的行为可以推定为商行为。我国商法学界多数都将营业行为作为商行为的重要特征。另外，尚未成立的企业以及最终设立失败的企业设立行为尽管不具有营业性行为特征，而这种投资企业无疑也应纳入商行为范畴。

（3）商行为一般是商主体所从事的行为，但一般民事主体在特定情形下也可以从事商行为

从各国商事立法的情况来看，往往规定商主体即以商行为为业者，而商行为即商主体所实施的营业行为，表现出互为因果的关系。一些国家尤其是德国商法系国家或地区法律明确规定，只有商主体所从事的行为才能成为商行为，非商主体从事的行为则一概不能认定为商行为。

（4）商行为是体现商事交易特点的行为

商行为往往也被称为市场行为、交易行为或市场交易行为，是以商事交易为内容的法律行为，表现出商事交易的一些重要特点。

① 商行为具有较高的技术性。商事交易如票据行为、保险行为等不仅要求行为人熟悉法律规定，而且要精通专业技术性规范，严格依照相应规范活动。

② 商行为强调公开性。商主体在经营过程中往往会形成其特有的商业秘密，必然需要通过一定措施确保商业秘密不致泄露。然而，商事交易行为会直接影响交易相对人甚至社会公众的利益，因此，为了维护交易安全，必须以一定的方式使交易相对人或社会公众获得交易对方的情况、交易的内容等相关信息。为此，往往设立强制性法律规范，如商事登记制度、商事年检制度、上市公司信息披露制度等以确保一些对投资者与公众利益关系较为密切的商行为的公开性。

③ 商行为注重商事效率与外观主义。商行为要求简便、迅捷，因而往往确立交易形态定型化的行为范式，并采取短期消灭时效（诉讼时效）原则。与民法中强调行为人的真实意思表示不同，商行为特别注重外观主义，以维护交易安全。

二、商行为的分类

在我国现行法律体系由于采用民商合一的立法体例，不存在形式意义上的商法，在立法上也未确立商行为概念，因而理论界关于商行为的分类，基本上都是基于主要大陆法系商法典所作的划分。多数学者根据德国、法国、日本等国商法典的规定，将商

行为划分为以下几种类型。

（一）绝对商行为与相对商行为

绝对商行为，是指依照行为的客观性和法律的规定而必然认定的商行为。它不以行为主体是否为商人和行为本身是否具有营利性为认定要件，仅仅以行为的形式为认定要件。在许多国家，票据行为、证券交易行为、融资租赁行为、保险行为、海商行为等均为绝对商行为。绝对商行为通常由法律限定列举，不得作推定解释。

相对商行为，是指依行为的主观性和行为自身的性质而认定的商行为。它以行为主体是否为商主体和行为是否具有营利特性为认定要件。凡是由商人所从事的营利行为就是商行为。

（二）单方商行为与双方商行为

单方商行为，是指行为人一方是商主体而另一方不是商主体所从事的行为。对于单方商行为的法律适用，各国商法的规定不尽相同。大陆法系国家的商法通常规定，只要行为人中有一方为商人，其交易双方都应适用商法。但英美法系国家的商法则规定，当行为人中只有一方为商人，则该商人适用商法，作为另一方的非商人不适用商法。

双方商行为，是指当事人双方都为商主体所实施的营利性经营行为。双方的商行为适用商法。

（三）基本商行为与辅助商行为

基本商行为，是指直接从事营利性经营活动的商行为，如买卖商行为。

辅助商行为，是指其行为本身并不直接达到商主体所要达到的经营目的，但却可以对以营利为目的的商行为的实现起辅助作用，如广告行为、代理行为等。辅助商行为作为一种从属性商行为，它是相对于主商行为而言的。其实，从事辅助商行为的主体本身也是为了实现一定的营利目的而实施此行为的。

（四）固有商行为与推定商行为

这是大陆法系国家商法中的一种分类。

固有商行为，是指商主体所实施的营利行为或商法典所确定的商行为。

推定商行为，是指拟制商主体所实施的经营性商行为。这种商行为常常不能根据法律的规定来确认商行为的性质，而需要根据该行为本身的性质来推定其商行为性质，如非商主体所实施的信息咨询等。

三、特殊商行为

特殊商行为，是指在商事交易中具有个性的，并受商法中的特别法或特别规则调整的商行为。特别商行为产生的基础是商事交易内部的特殊性以及商法对不同类型商事交易法律调整的特别需求。随着现代商事交易的发达和交易规模的扩大，与传统商事交易相比，现代商事交易的交易手段、交易方法、交易标的等都变得纷繁复杂、丰富多彩。如今，交易标的不仅包括有形物，还包括无形物、知识产权、有价证券以及特许经营权等不断增加的交易标的。在商业流通企业日益全球化的背景下，特许经营权也逐渐成为非常重要的交易标的。交易的方法不仅是直接交易，更多地出现了间接交易、中介交易。交易的种类不仅仅是生产型和贸易型，还有服务贸易型、信息咨询型。正是这些构成了特殊商行为的基础。

各国商事立法对特殊商行为的法律调整在立法技术上一般采取两种方法。在制定有商法典的国家中，一方面在商法典中规定一部分调整特殊商行为的规则，这些规则主要以传统的特殊商行为为调整对象；另一方面日益增多的新型特殊商行为则由商事单行立法予以调整，这些立法所规定的特殊商行为如今已大大超越商法典中所规定的传统的特殊商行为。在未制定有商法典的国家中，特殊商行为基本上由商事特别立法或商事专门立法予以调整。由于特殊商行为不断涌现，这种商事特别法也日益增多。鉴于特殊商行为仍处于发展变动之中，本书仍主要以传统商法的特殊商行为为中心加以阐述。

（一）特殊商行为的种类

在传统的商法理论中，特殊商行为主要分为商事买卖、商事行纪、商事居间、商事代理、商事运输、商事仓储、商事票据、商事担保、商事保险、海商等。现代商法中的特殊商行为，在传统种类的基础之上又有了新的发展，已经不仅仅包括传统的内容，而且还包括商事信托、商事期货、商事融资租赁、商事证券交易、商事信息咨询以及商事银行交易、商事投资基金运作等内容。下面简要介绍几种特殊商行为。

1. 商事买卖

商事买卖是商法中最重要、最常见的特殊商行为之一，是一种特殊而专门的商事交易形式。在各国商法中，商事买卖以民事买卖为基础和出发点，但是商事买卖与民事买卖并不可相提并论。在欧洲大陆法系国家，在民法典之外所制定的商法典中都有对商事买卖行为的特别规定。这些规定一般是从商事交易的迅速、明确、安全角度出发所提出的，主要涉及商事买卖中的迟延责任、商事买卖中给付标的物瑕疵责任的特殊性问题。我国至今没有制定专门的买卖法，《合同法》第九章“买卖合同”可以被视为我国现行法律中关于买卖的专门规定。但是，《合同法》中关于买卖的规定没有区别民事买卖和商事买卖，没有对商事买卖作出有别于一般民事买卖的特殊规定。

2. 商事代理

商事代理是最基本的商行为之一。从行为角度考察，商事代理是指在商事交易中，代理人在代理权限内，以被代理人的名义实施法律行为，其结果由被代理人承担的一种商行为。无论大陆法系还是英美法系，商法中对商事代理都有专门规定。在英美法系国家，代理法主要是指商事代理法；在大陆法系国家，民法是商法的基本法，代理行为在立法上分为民事代理与商事代理，并且分别规定于民法典和商法典之中。商事代理以民事代理关系为其法律关系的构成基础，但二者在主体、客体和内容上都存在着一定的差异。这种差异在大陆法系的不同国家中又存在着区别。以商主体为立法中心的国家，特别强调代理商的资格；而以商行为为立法中心的国家，则强调行为的营利性。我国立法上至今没有严格区分民事代理与商事代理。《民法通则》第四章对“民事代理”作了专门规定，司法实践中的商事代理行为通常主要参照适用《民法通则》中的规定。

3. 商事行纪

商事行纪，是指商主体以自己的名义为他人(委托人)购买或销售货物、有价证券，由此获取报酬，并以此作为职业性经营的行为。从商行为角度研究行纪与前面从商主体角度研究行纪，其侧重点同样存在差异。从行为角度考察，行纪行为是大陆法系国家商法中的一种典型商行为。它与代理和居间不一样，在民商分立的国家，只有商法典才规定有行纪商或行纪商行为；民法典中没有关于行纪的规定。因此，它是相对独立于民法典的典型商行为。

4. 商事居间

商事居间，是指商主体为获取一定的报酬(佣金)而从事的为委托人与第三人订立合同提供缔约机会或者进行介绍，以促成合同订立的行为。

5. 商事信托

信托最初是英美法系中的一个概念，现已被大陆法系国家商法广泛接受。信托又称为信任委托，是指委托人将其财产移转到受托人，受托人以自己的名义依照委托人的指定，为受益人的利益或特定目的，管理或者处理财产的行为。信托可分为民事信托和商事信托。民事信托是以安排个人资产移转、承继等为目的的民事法律行为。商事信托是以获取商业利益为目的的商事法律行为。将信托适用于商事领域，最初的动因在于筹集有效资本，并基于此创造出适用于个人、企业和其他组织的共同参与的资本经营模式。在当代现实经济生活中，商事信托无论在种类方面，还是在规模方面，都远远超过民事信托。

我国信托法将商事信托称之为营业信托。常见的商事信托主要有投资基金信托、附担保的公司债信托、贷款信托、设备买卖融资担保信托、公司股东表决权信托、雇员受益信托等。

6. 商事信用

商事信用是英美法系国家的商法中使用的一个概念。商事信用，是指在商事活动中，商品销售、提供服务、提供贷款等交易中取得商品，接受服务或贷款的一方，同意在将来规定的日期支付货款、服务报酬、贷款本息的承诺。这种承诺代表了一种保证，实际上体现了信守诺言的行为。西方社会流行的记账买卖就是一种简单的商事信用。不过，为了更好地维护商人的利益，目前的商事信用更多地与信用担保联系在一起。我国现实生活中已经开始出现商事信用，但这方面的立法至今仍很不完善。

7. 商事期货交易

商事期货交易是商事买卖的一种特殊形态，是指按照期货交易所的规定，由期货买卖双方商主体在交易所内预先签订产品买卖合同，而期货的支付和货物的交割要在约定的远期进行的一种买卖商行为。由于期货买卖具有一定的投机性，它常常从物的交易变成了期货合约的交易。因此，期货商行为与一般买卖商行为相比，其最大的差异在于，前者交易的标的是货物，而后者交易的标的更多的是合约本身；后者比前者具有更大的投机性和风险性。在我国，伴随着市场经济的繁荣，期货交易已经在现实经济生活中较为广泛地出现，这方面的立法也在不断完善之中。

8. 融资租赁

融资租赁是在传统民事租赁行为基础之上发展起来的一种商行为。融资租赁，是指融租人和承租人双方商主体约定，融租人根据承租人的决定，向承租人选定的第三人(供货方)购买承租人选定的物件，然后将其租给承租人长期使用，以承租人支付租金的方式来收回投资的一种商行为。融资租赁行为实质上是将传统民商法中的买卖行为、租赁行为、金融信贷行为三者结合为一体而创造出的一种新的商行为。它在一定程度上代表着特殊商行为在当代的发展。融资租赁是在传统民商法律行为基础之上发展起来的一种新的商行为，现代西方发达国家都对其有专门立法。我国现行法律中，有关融资租赁商行为的规则主要规定在《合同法》第 14 章“融资租赁合同”之中。

9. 商事仓储

商事仓储，是指由商主体所从事的仓库经营，即货物储存和保管的商行为。在大陆法系国家的商法典中，商事仓储是一种典型的商行为。但是，商法中的这一商行为是以民法中寄托行为理论为基础的。传统商法中的商事仓储包括仓储和保管，二者在立法上未作出十分严格的区分。但我国《合同法》将保管和仓储分别立法，分别在第 19 章和第 20 章中规定了“保管合同”和“仓储合同”，这一立法模式更注重二者之间的区别。

10. 商事货运

商事货运是以特定的标的物为运输对象的特殊运输商行为，是运输交易中的基本行为方式。这种商行为是一般运输商行为的基础，并与其他的运输商行为(如客运商行为等)保持着密切的联系。在一些没有制定统一运输法的国家，常常将运输法中的基本原则规定在货运商行为之中。商事货运与旅客运输在立法上并不一样。商事货运是典型的商行为，是商法调整的对象；而旅客运输由于涉及人身问题，因此在许多国家，它不仅仅由商法调整，更多地涉及民法、旅客运输法、交通法等法律法规的调整。我国《合同法》没有对货运和旅客运输作出严格区分并分别立法，而是将这两方面的问题统一规定在第 10 章“运输合同”之中。

第四节 商事登记

一、商事登记的概念

商事登记，是指商主体或商主体的筹办人，为了设立、变更或终止商主体资格，依照商事登记法规、商事登记法规实施细则以及其他特别法规定的内容和程序，由当事人将登记事项向营业所所在地登记机关提出，经登记机关审查核准，将登记事项记载于登记簿的法律行为。

商事登记是对商事经营中重要的或与经营的开展有着直接关系的事项的记载。登记内容和范围在法律上受到某种程度的限定。对于经营者来说，并不是有关的所有事项都必须登记，与商事经营无关的事项不必登记。根据我国法律的规定，商事登记的必要事项主要有：商号、商主体的住所、经营场所、法定代表人、经济性质、经营范围、经营方式、注册资金、从业人数、经营期限、分支机构、所有权人、财产责任等。

商事登记的法律性质主要有以下几个方面：(1) 商事登记是导致商主体设立、变更或终止的法律行为，其目的在于获得商主体的资格和能力发生变化的结果；(2) 商事登记是一种要式法律行为，必须按照法定要求将法定事项在法定主管机构办理，因此，其行为的内容、行为的方式以及行为的生效等都必须符合法律设定的要求；(3) 商事登记，从本质上说，它是国家利用公权干预商事活动的行为，是一种公法上的行为。它是作为私法的商法的公法性最为集中的体现。由于商事登记的结果在于导致商主体资格的变化，登记行为本身是创设和确立商事法律关系的基本要素，因此它又是商法体系中不可缺少的部分。

二、商事登记法

商事登记法，是指规范商事登记行为，确定商事登记主管机关、登记内容、登记程序等事项，调整商事登记关系的法律规范的总称。

在现代各国商事立法中，商事登记法有形式意义上的商事登记法和实质意义上的商事登记法之分。形式意义上的商事登记法，是指以商事登记命名而成的成文法，在我国，《企业法人登记管理条例》、《中华人民共和国企业法人登记管理条例实施细则》、《公司登记管理条例》、《企业名称登记管理规定》、《企业法人法定代表人登记管理规定》等均属形式上的商事登记法。实质意义上的商事登记法，是指调整商事登记行为的法律规范的总称，即指一切与商事登记相关的法律规定，它不仅包括以商事登记命名的专门法律，而且包括散见于其他各种法律、法规之中的有关商主体登记的规范，如公司法中关于公司登记的规定，保险法中关于保险公司设立、经营的登记规定，银行法中关于银行设立经营的登记规定，证券法中关于证券机构设立、经营的登记规定等。在不同法系的国家中，它还不同程度地包括与商事登记相关的法律解释、判例规则和习惯性规范。

当代各国商事登记制度立法架构，主要可分为以下两类。

其一，由商法典规定商事登记制度。如《德国商法典》第 1 编第 2 章、《日本商法典》第 1 编第 3 章、《韩国商法典》第 1 编第 6 章等都是关于商事登记的规定。

其二，由商事登记专门法规定商事登记制度。如日本在商法典之外，另制定有专门的商事登记法，对商事登记制度作了详细规定，以补充商法典的规定。法国在废除了商法典第 1 卷第 4 编中关于商事登记的规定之后，颁布了《商事及公司登记法令》作为商事登记专门法。瑞士在债法典之外，颁布了《商事注册条例》作为商事登记的专门法规。

在我国，由于商主体有公司与非公司企业、内资企业与外资企业之分，故针对不同类型的企业，立法也不一样。在实践中，工商行政部门办理商主体登记时，通常将商主体分为三种类型，并由此适用不同的法律法规。其一，公司登记主要适用《公司法》、《公司登记管理条例》以及《公司注册资本登记管理规定》、《公司登记管理若干问题的规定》等。其二，非公司企业，其中又分为两类：一类是非公司的法人企业，其登记主要适用《企业法人登记管理条例》、《企业法人登记管理条例施行细则》；另一类是非法人企业，其登记主要适用《合伙企业法》、《个人独资企业法》、《企业集团登记管理暂行规定》等。其三，外商投资企业，其登记主要适用《中外合资经营企业法》、《中外合作经营企业法》、《外资企业法》以及《公司登记管理条例》、《企业法人登记管理条例》、《企业法人登记管理条例施行细则》以及《中外合资经营企业合营各方出资的若干规定》、《外国企业在中国境内从事生产经营活动登记管理办法》、《关于外商投资企业登记管理适用公司登记管理法规有关问题的执行意见》、《关于外商投资企业成为公司股东或者发起人登记管理的若干规定》、《关于外商投资企业实行联合年检实施方案的通知》等。此外，由国务院颁布的《企业名称登记管理规定》、由国家工商行政管理局颁布的《企业名称登记实施办法》、《企业法人法定代表人登记管理规定》、《关于企业登记若干问题的执行意见》、《关于国有企业改革中登记管理若干问题的实施意见》、《企业年度检验办法》、《企业登记程序规定》等也是上述商主体登记适用的相关法规。

三、商事登记的立法原则

1. 放任主义设立原则

在奉行这一原则时期，政府对商主体不规定任何条件和形式要求，对当事人的自由选择不予任何干涉和限制。这一原则流行于欧洲中世纪后期商业兴盛时期。这一制度完全否定政府对商事登记管理的必要性，由此产生诸多弊端，现已基本不被采用。

2. 特许主义原则

奉行这一原则时，商主体的设立和存续需经国家专门立法和君主或国王特别许可。早期欧洲国家公司设立较多奉行这一原则。这一原则对商主体设立采取遏制、禁止态度，干涉限制颇多，不利于商事交易的发展，目前基本不被采用。

3. 核准主义原则

遵循这一原则，商主体设立和存续，不仅应符合法律规定的条件，还需经行政机关许可，行政机关可以根据实际需要作出自由裁量决定。这一原则用行政特许权替代君主特许权，但对商主体的限制没有特许原则严格。

4. 准则主义原则

在这一原则下，法律预先设定商主体成立和存在的必要条件，只要符合这些条件，行为人就可以获得商主体资格，无须取得行政机关的核准。

5. 严格的准则主义原则

根据这一原则，法律不仅规定商主体成立和存在的必要条件，同时规定商主体的严格责任；登记机关对商主体设立和存续没有自由裁量权，商主体设立程序颇为宽松，但商主体在设立和存续期间对第三人、对社会的责任却加大了。目前多数国家奉行这一原则。

当今世界各国商事登记立法中，不同程度地存在核准主义原则。多数国家根据商主体种类的不同，尤其根据商主体所从事的经营业务或行业的差异，核准主义原则适用的程度不一样。通常,从事矿产业、邮政交通业、烟草业、金融保险业、证券业等的商主体的设立和存续多适用核准原则。其他行业多适用严格准则主义原则。这种立法选择表明,当代社会,各国普遍对影响国家产业政策的特殊行业或国家有意在一定程度上推行垄断的行业,实行较为严格的管理和限制,对于一般的行业尽可能放松限制,但不主张放任不管。

四、商事登记的限制

商事登记的限制,是指对于不符合法定要求的登记事项不予登记的制度。各国商事登记法多采取授权性规范和义务性规范相结合的立法模式对商事登记事项予以规定,即法律仅仅规定可以登记和必须登记的事项;一般在统一的商事登记法中,不采用禁止性规范的立法模式,即不列举不可以登记的事项;相反在其他的一些专门法中,从商事交易的内容、主体等方面规定商主体不得申请登记的事项。商事登记的限制,可以从主体限制和行为限制两方面来理解。主体限制,主要包括主体职务上的限制和主体能力上的限制。前者如公务员、国家工作人员不得登记从事商事经营活动;后者如公司未经主管部门的专门授权,不能登记从事国家专控的经营业务。行为限制,主要包括行为符合法律规定的一般要求和具体要求。前者如所登记的行为内容不得违反国家经济政策和损害社会公共利益;后者如按专门法律要求或国家授权设立的商主体,只能登记从事获得专门授权的商事经营,如保险公司只能登记与保险业务相关的经营活动。

五、商事登记的意义

作为国家调整商事交易行为的一个重要手段,商事登记是商主体公示的重要方式,对于保障商事交易的安全具有重要意义:(1) 它使商主体得以成立和存续,获得合法资格,使交易相对人的交易和国家对商事活动的管理有明确的对象;(2) 它有利于商主体公示自己的经营身份、经营状况、经营能力,确立经营信誉;(3) 它有利于交易相对人或社会公众通过合法途径在登记机关查阅到商主体的实际状况,对商主体与经营相关的情况,如商主体的类型、名称、资金状况、组织结构等有一个清晰的了解,从而更加明智地选择和决定自己的交易行为,进而保护交易相对人和社会公众的利益,维护社会交易的安全;(4) 它有利于政府、司法机构及时了解商主体的设立和经营状态,实现对商主体的经济引导和法律调整,更好地实现整个国家或地区商事活动的宏观规划,建立商事经营的法律秩序。

商事登记是否为商主体成立的必要条件,学界对此所持观点不一,各国立法亦存在颇大差异,主要有两种做法。第一种做法是,商事登记为商主体成立的必要条件,未经登记不能成立商主体。尤其商事公司和商法人,登记为其主体资格成立的不可或缺。德国、法国、美国和我国香港地区商法和公司法都有这方面的规定。这种做法在理论上被称为商主体成立要件主义。第二种做法是,将商主体的设立登记视为商主体成立后依法需进行的行为，奉行先设立后登记原则，即在履行公证和其他一些手续后，商主体被视为自动成立，其后再将商主体设立文件提交登记机关注册登记。采用这一做法的主要有荷兰、比利时等国。过种做法在理论上被称为商主体非成立要件主义。

我国采用成立要件主义。商事登记是各类商主体成立的必要要件，未经商事登记程序，行为人即使实施了商事经营活动，也不得享有商人的权利，同时也不必履行商人的义务，该行为可认定为无效行为。在我国，根据工商登记法规的规定，商事登记不仅仅是商法人取得法人资格的前提条件，也是不具备法人条件的商主体取得商事经营活动资格的前提条件。我国法律严禁未经登记的无证照经营行为。

六、商事登记的类型、对象与登记管理机关

（一）商事登记的对象

商事登记的对象为商主体，但哪些商主体必须履行商事登记，以及履行何种商事登记，各国法律的规定并不完全一样。多数国家法律规定，只要行为人从事了商事经营活动，并且符合商事登记条件，他就可以或必须履行商事登记。

我国法律对登记对象分类主要有两种方式。一种是三分法，即将商主体分为公司、非公司企业、外商投资企业三类。另一种是二分法，即将商主体分为两类：其一是具备企业法人条件的企业，如全民所有制企业、集体所有制企业、私营企业、联营企业、外商投资企业、有限责任公司、股份有限公司以及其他性质的法人企业。其二是不具备企业法人条件的企业或经营组织，它们主要有个人独资企业、联营企业、企业集团、企业法人所属的分支机构、从事经营活动的事业单位和科技性社会团体、事业单位和科技性社会团体设立的经营组织、外商投资企业设立的从事经营活动的分支机构、外国公司的分支机构、农村承包经营户、个体工商户等。

（二）商事登记的管理机关

商事登记的管理机关，是指按照商事登记法的规定，接受商事登记申请，并具体办理商事登记的国家主管机构。

在我国，商事登记的主管机关是国家工商行政管理机关。国家工商行政管理机关独立行使登记管理权，并实行分级登记管理原则，即国家工商行政管理局和地方的省、自治区、直辖市工商行政管理局及市、县、区工商行政管理局等多级管理。全国性的公司、企业在国家工商管理局办理工商登记，其他的一般都在地方工商行政管理局办理登记。公民个人，即私人企业一般在户籍所在地的市、县、区的工商行政管理局办理登记。对于外商投资企业实行特殊管理，即实行国家工商行政管理局登记管理和授权登记管理的原则。

在我国，关于登记机关管理权的行使和监督所奉行的原则是：不同级别的工商机关独立行使职权；但上级登记主管机关有权纠正下级登记主管机关不符合国家法律法规和政策规定的行为。

（三）商事登记的种类

各国商事法对商事登记种类所作的规定不尽相同。我国《企业法人登记管理条

例》规定的登记种类是：开业登记、变更登记、注销登记。《公司法》中规定的登记种类是：设立登记、变更登记、注销登记、分公司的设立登记。此外，《企业名称登记管理规定》中还规定了商号的各项登记制度。一般来说，商事登记主要有以下几种。

1. 开业登记

商主体的开业登记又称设立登记，是指商主体的创设人为设立商主体而向登记机关提出申请，并由登记机关办理登记的法律行为。在理论上它可以分为商事企业的开业登记和商个人的开业登记。在实践中，商主体设立登记主要分为公司设立登记、非公司企业设立登记和外商投资企业设立登记三种类型。

根据法律的规定，商主体开业登记通常涉及以下内容：

（1）名称登记。

（2）出资人登记。

出资人，是指向商主体投资的人。可以作为公司出资人的主体有：商法人、年满18岁的自然人、依法成立的职工持股会或其他类似组织、农村村民委员会、城市居委会、个人独资企业、合伙企业；依法成立的社会团体、事业单位及民办非企业单位、外商投资企业。可以作为非公司企业出资人的主体有：企业法人、事业法人、社会团体法人、自然人。可以作为外商投资企业出资人的主体有：外国（地区）公司、企业、外国公民、中国企业法人。

不享有出资人资格的组织和个人是：党政机关、军队、武警部队；会计、审计事务所、律师事务所、资产评估事务所；公司不得持有本公司的股份；企业法定代表人不得成为所任职企业投资设立的有限责任公司股东。

（3）住所登记。住所是商主体主要办事机构所在地。商主体可以有多个办公或经营地点，但在法律上只能有一个住所。住所可以是商主体自己拥有产权的房产，也可以是通过租赁而获得使用权的房产。

（4）法定代表人登记。法定代表人，是指依照法律或商主体章程的规定代表商主体行使权利承担义务的负责人。

（5）注册资金登记。注册资金又称注册资本，不同形式的商主体中注册资金的概念不尽相同。

（6）章程登记。章程是公司行为宪章，经登记方可生效。章程必须写明法律规定应记载的事项，同时可以根据商主体经营发展目标、内部管理要求等增加具体的内容。

（7）企业的类型和经济性质。企业类型是根据企业产权形式和责任形式所作的划分，可分为有限责任公司、股份有限公司、合伙企业、个人独资企业、联营企业、企业集团、股份合作企业、中外合资经营企业、中外合作经营企业、外商独资企业等。经济性质，是指企业的所有制性质，主要有全民所有制企业、集体所有制企业、私营企业、多种经济成分联营企业等。

（8）经营范围登记。经营范围，是指法律授权商主体可以从事经营活动的领域或行业，即商主体生产经营的主要内容、商品类别、商品品种及服务项目。经营范围登记是企业行为能力的具体体现。根据法律的要求，商主体的经营范围要与其注册资本相适应。

需要注意的是，针对公司、非公司法人企业、非法人企业这些不同的商主体，法律规定的注册登记事项有一定差异。此外，除上述内容之外，商主体开业日期、从业人数、商主体流动营业的区域范围、商主体的印章、商店的字牌、银行的账户等也是注册登记需记载的事项。在有的国家，甚至法定代表人的签字都属应登记事项。

2. 变更登记

变更登记，是指商事登记机关对已成立的商主体，因其自身情况发生变化，变更已登记事项的法律行为。通常，商主体因合并、分立、转让、出租、联营以及因名称、住所、经营场所、法定代表人、经济性质、经营范围、经营方式、注册资金、经营期限、股东人数、非公司企业上级主管部门等发生变化，都直接导致其变更登记。

3. 注销登记

注销登记，是指登记机关依法对被终止经营的商主体，收缴营业执照、公章，撤销其登记注册号，取消其商主体资格或经营权的法律行为。商主体解散、歇业、被撤销、宣告破产或者因其他原因终止营业时，必须办理注销登记，这是当代各国商事登记制度的通行做法。其目的在于保障社会交易活动的安全，方便国家对商主体的宏观管理。

商主体申请注销登记时，应依法提交必要文件。鉴于商主体类型的不同，法律规定必须提交的文件也不尽相同。

(四) 商事登记的程序

商事登记的程序，是指商主体依法向登记机关申请登记及登记机关依法审查核准、并办理登记注册的步骤和方法。各国关于商事登记的程序大同小异，主要分为下列几个阶段。

1. 申请

申请，是指由商主体创办人或商主体提出的创设、变更商主体或变更商主体已登记的有关事项的行为。申请必须以书面为之，必须按照法定要求的形式提交相关的文件、证件以及须填报的登记注册书。如果经营活动依法须经行业主管机关许可，则还须提交相应的许可证明书。只有符合法定要求，登记主管机关才予以受理。

2. 受理

受理，是指登记机关对登记申请人提交的登记文件予以初步审查，确认文件已经齐备、符合申请条件后作出的接受商主体申请登记的法律行为。受理以《受理通知书》方式向申请人作出意思表示，受理机关同时应在登记文件中签署受理时间和受理意见。

3. 审查

审查，是指受理登记申请的机关，在接到申请者所提交的申请之后，于法定期限内，对申请者所提交的申请内容，依法进行审查的活动。从商事登记的历史发展来看，审查可分为三种：其一，形式审查，即登记机关仅仅对申请者所提交的申请从是否符合法律要求的角度进行审查，而不对登记事项的真伪进行调查核实；其二，实质审查，即登记机关不仅对申请者所提交的申请从形式上审查其是否合法，而且对申请事项予以调查核实，以保证登记事项的法律效力；其三，折中审查，即登记机关对登记事项有重点的进行审查，尤其对有疑问的事项予以审查，如果发现有不符合法律规定的，则不予登记。但已登记的事项不能因此而推定为完全真实，其登记事项的真伪最终还由执行机关加以裁定。

4. 核准发照

核准，是指登记机关对登记申请人提交的文件予以审查后，作出的登记和颁发证照的批准的行为。登记机关在收到申请人的申请及相关的材料并予以审核之后，应在法定期限内将审核的结果，即核准登记或不予登记的决定及时通知申请人。对予以核准登记的商主体，应及时颁发有关证明，并及时通知法定代表人或商主体负责人领取证照，办理法定代表人签字备案手续。

5. 公告

公告，是指将登记的有关事项，通过报道或其他途径让公众周知。公告具有便于商事交易的进行、便于社会公众的监督、便于保障商主体的合法权益等作用。商事登记之后，应当及时予以公告。

第五节 商 号

一、商号概述

(一) 商号的概念

商号又称商事名称、商业名称，是指商主体在从事商行为时所使用的名称，即商主体在商事交易中为法律行为时，用以署名或让其代理人用其与他人进行商事交往的名称。[①] 在我国的法律中，商号的法律渊源主要有《民法通则》、《企业名称登记管理规定》以及工商登记的单行法规。我国商法理论和现行法律中，关于“商号”的界定不够清晰。《民法通则》中对个体工商户和个人合伙的商事名称称为“字号”，而《企业名称登记管理规定》中对工商企业的名称称为“企业名称”，与此同时，该规定第7条中将“字号”等同于“商号”。多数学者从传统习惯出发，将商主体的名称统称为“商号”。由此，“商号”的概念存在广义和狭义两种解释：在广义上，商号等同于商事名称，包括工商企业的名称，也包括个体工商户的字号；在狭义上，商号仅仅指字号。本书在广义上使用“商号”一词。

商号作为商主体从事商行为时所使用的名称，在法律上具有以下几个方面的重要特征。

(1) 商号仅仅是一个名称，这个名称本身不是法律上权利义务的承担者，不等于承担权利义务的行为人。因此，商号不等同于商主体，就像公司的名称不等于公司

① 参见范健著：《德国商法》，中国大百科全书出版社1993年版，第145页。

一样。

(2) 商号是商主体用于代表自己的名称，它依附于商主体，是商主体相互区别的重要外在标志。

(3) 商号是商主体的商事名称，也就是说，只有商主体在从事商行为时才可以使用这一名称。这一特征的意义在于，在一些国家中，商主体的商事名称可以与自然人的名称相竞合，在此情形下，区分是商行为下使用还是个人生活中使用，就具有实际价值。

(二) 商号的种类

在奉行"真实主义原则"的国家中，商号在一定程度上反映了商主体的性质、特征或经营的种类。由于商主体的性质、特征、经营种类以及取得途径多种多样，故商号的表现形式就存在着一定差异。商号通常可以被分为以下几种类型。

1. 简单商号与组合商号

在大陆法系国家中，根据商法典的规定，如果商号仅仅由一个姓名组成，这个商号便是简单商号。简单商号的内容既可以单独成为一个独立的商号，也可以成为其他形式商号的核心部分，即由这一核心部分附加其他附属物而组成的一种新形式的商号。这种由核心部分和附属部分组成的商号便是组合商号。组合商号可以有多个附属部分，在组合商号中，附属部分和核心部分具有同样的意义和地位。

2. 独资商号与公司商号

如果一个商号由经营者的姓名加经营内容组成，这个商号便是独资商号，如亨利汽车厂。从独资商号中人们可以看到独资商人的商人性质。如果商号中并不包含完整的公民的姓名，而是专有标记，常常向人们揭示商主体是某种性质的公司，这种商号则称为公司商号。

3. 人名商号、物名商号和混合商号

根据经营者的姓名来命名的商号，被称为人名商号。这类商号不仅包括独资商号，也包括一些以经营者姓名命名的公司商号。根据企业经营的标的物来命名的商号被称为物名商号。公司商号是物名商号。根据人名和企业经营标的物共同命名的商号被称为混合商号。

4. 原始商号、派生商号和继获商号

在大陆法系国家商法理论中，商主体创设时命名的商号被称为原始商号。如果商号是人名商号，该商号被继承，现有商号所有人拥有与原商号中使用的相同的姓名，如孙子从祖父那里继承一个独资企业，这个商号便被称为派生商号。于此情形，现有商号持有人需在原有商号后附加表示派生关系的标记，以便他人辨认。与派生商号相似，继获商号是指商主体的经营内容发生变化或商号持有人发生变化，商号依然可以被其共同使用。

二、商号的取得与废除

(一) 商号的选定

商号的选定，是指商主体按照法律的要求取得商号。不同的国家，在商号选定方面奉行不同原则，主要有两种。一是商号自由原则，即商人选用何种商号，一方面法律不加以限制；另一方面，商号与主体的姓名、商号经营的种类与范围没有关系，商号的内容完全由商主体任意选定。二是商号真实原则，有的又称为商号初始原则，即法律对商号选定予以严格限制，商号必须反映商主体的真实状况，具体说就是商号与商主体的营业种类、经营范围、投资状况等相一致，不可以给公众造成一种假象或者产生迷惑，否则法律将禁止使用。采用商号真实原则的国家主要有德国、法国、瑞士等。

在我国，商号制度奉行何种原则，学者们观点不一。从《企业名称登记管理规定》的内容看，我国商号制度所奉行的应属于商号真实原则。该规定对商号选定有以下几个方面的要求。

(1) 商号应依次由字号、行业或经营特点、组织形式三个部分组成。

(2) 商号应当冠以商主体所在地的省（或自治区、直辖市）或市（州）或者县（市辖区）行政区划名称。

(3) 某些商主体的名称可以不冠以所在地行政区域的名称。这主要包括：① 法律规定可以在名称中冠以“中国”、“中华”、“国际”字词的商主体；② 历史悠久、字号驰名的商主体；③ 外商投资的商主体。

(4) 商号中的字号应当由两个以上的字组成。商主体可以使用本地或异地地名作字号，但不得使用县以上行政区域名称作字号。私营企业可以使用投资人姓名作字号。在我国，商号的构成一般采用四段式结构：第一部分是主体所在地行政区域的名称；第二部分是主体的具体字号；第三部分是依照国家的行业分类标准划分的主体行业或经营特点；第四部分是主体的组织结构或责任形式。

无论奉行商号真实原则还是奉行商号自由原则，各国商法都不同程度地规定了商号选定的限制。我国《企业名称登记管理规定》对商号的选定作出了一系列限制，具体如下。

(1) 商主体原则上只允许使用一个商号，在同一工商行政管理机关辖区内，新登记的商号不得与已经登记注册的同行业的商号相同或近似，如有特殊需要，经省级以上工商行政管理机关批准，商主体可以在规定的范围内使用一个从属商号。

(2) 商号的内容和文字涉及法律所列举的不得使用的事项，这类商号将被禁止使用：① 有损于国家和社会公共利益的商号；② 可能对公众和社会造成欺骗或误解的商号；③ 以外国国家（地区）名称、国际组织名称作为内容的商号；④ 以党政名称、党政机关名称、群众组织名称、社会团体名称及部队番号作为内容的商号；⑤ 以汉语拼音字母（外文名称中使用的除外）、数字作为文字的商号；⑥ 其他法律、行政法规禁止使用的商号。

(3) 商号的选定必须遵守语言文字的统一要求，除民族自治地方的企业可以使用本民族自治地方通用的民族语言外，其他商号一般应使用汉字。如果在企业名称中需要增加外文名称的，该外文名称应该与所翻译的中文名称相一致。

(4) 设分支机构的商主体，该商主体及其分支机构的商号的选定应符合法定要求：① 在商主体的商号中使用“总”字的，必须下设 3 个以上分支机构；② 不能独立承担民事责任的分支机构，其名称应当冠以其所从属商主体的名称，缀以“分公司”、“分厂”、“分店”的字词；③ 能够独立承担民事责任的分支机构，应当使用独立的商号，并可以使用其从属的商主体商号中的字号；④ 能独立承担民事责任的分支机构再设分支机构的，所设立的分支机构不得在其名称中使用总机构的商号。

(5) 联营商事企业的名称可以使用联营的字号，但不得使用联营成员的商号。联营商事企业应当在其商号中标明“联营”或者“联合”字词。

(二) 商号的登记

商号的登记，是指商主体对其所选定的商号按照法定要求和程序，在商事登记机构办理注册手续，经审查后获得专有使用权，并实现公示的过程。在多数国家中，商号的登记是使商号获得法律保护的必要条件。我国的法律同样规定，商号的登记是商事登记的法定事项，是商主体成立的必要条件。

根据我国法律的规定，商号的登记在时间上分为两种情形：一是商号与商主体的创设同时办理，内资企业一般实行这种登记程序；二是商号可以在商主体正式登记之前办理预先登记，外资企业和有特殊情况的内资企业实行这种登记程序。

商号的登记，按登记原因和目的不同，可以分为以下几种类型。

1. 商号创设登记

商号创设登记，是指商主体创立时商号的登记。它是商主体创立的必经程序。只有履行了创立登记的商号才能成为商主体的名称，才能对外产生效力，才能用以对抗善意第三人。

2. 商号变更登记

商号变更登记，是指商主体在经营存续期内变更原登记商号的全部或一部分，而在登记机关所履行的登记。商主体若变更其商号，在未履行变更登记前使用了新商号，则该新商号的使用不可对抗善意第三人。

3. 商号转让登记

商号转让登记，是指商主体对已登记的商号所获得的专有使用权，转让给其他商主体独立享有或与自己共同享有时而必须履行的登记。一般情况下，商号必须与经营一起转让，但在经营终止的情况下，商号也可以单独转让。商号的转让只有在履行转让登记之后才生效，否则不得用以对抗善意第三人。

4. 商号废止登记

商号废止登记，是指商主体终止经营时为废止商号的继续被使用而履行的登记。未经登记，商号的废止同样不得对抗善意第三人。

5. 商号撤销登记

商号撤销登记，是指当法定事由发生时，主管机关依职权撤销商主体经营资格，于此情形，商号无所依附，则一并予以撤销，并依法进行登记。

6. 商号继承登记

商号继承登记，是指业主死亡，由继承人继承其经营，依继承事由所办理的登记。这种登记主要是业主变更所导致的产权主体变更，同时包含商号财产权主体的内容。

商号一经登记，就获得专有使用权，并在法律上获得双重效力。一是排他效力，即一经登记，他人则不得登记或使用相同或类似的商号。在排他效力中，如果发生商号相同并由此而产生争议，按申请登记的先后顺序处理。二是救济效力，即一经登记，如发生他人非法使用相同或相似商号，可以依法要求侵权者停止侵权，并可以主张损害赔偿。

（三）商号的废止

商号的废止是与商号的形成相对应的法律问题。商号的废止，是指商号因不再被使用而从法律上失去效力的事实状态。一般认为商号的废止分为三种情形：(1) 实施了商号申请登记或预先登记者，在登记之后的法定期限内不使用该商号，该商号或通过办理注销登记手续而废止，或因未办理注销登记手续而自行废止；(2) 因商主体发生变更，商号同时变更，原有商号废止；(3) 商主体未发生变更，但商号发生变更，原有商号亦废止。这方面的情况包括商主体发生继受经营，继受人使用新商号，原有商号则废止。

三、商号权

（一）商号权的概念

商号权，是指商主体依法享有的对商号的专有使用权，主要包括专有权和使用权两个方面。专有权具有排斥他人使用容易混同的商号的作用，使用权具有防止他人妨碍商主体使用其商号的作用。多数国家的法律规定，商号依法登记后商主体方可取得商号权；但也有一些国家的法律规定，在未履行登记之前，商主体使用了某一商号，它就可以获得该商号权，而履行登记只在加强这种权利的保护。在我国，根据法律的规定，商号权以登记为取得要件。商号登记是商主体工商业营业登记的必要事项。

商号权是一种名称权，属于法律上的绝对权，而非相对权。多数学者认为，商号权是兼人身权与财产权于一体的混合权利。

商号权作为一种特殊的法律权利，具有以下几个重要特点。

1. 商号权具有区域性限制

各国法律普遍规定，商号登记的效力受一定区域范围内使用的限制。除全国驰名的大企业的商号可以在全国范围内享有专有使用权外，其他的商主体，其商号只能在其所登记的某一地区，如省、自治区、直辖市、市、县等范围内享有专有使用权。

2. 商号权具有公开性

多数国家和地区的商法规定，商号必须通过登记而予以公开，为他人知晓。登记则为公开的必经程序。商号的创设、变更、废止、转让、继承等都必须通过登记程序而公开，未经此程序者，不得对抗善意第三人，不对外发生效力。

3. 商号权具有可转让性

由于商号权本身具有财产权的性质，各国商法理论和商事立法普遍肯定商号权的可转让性。多数国家立法规定，商号权作为一种依附于商主体而存在的权利，不可以单独转让，只能与商主体所从事的商事经营活动同时转让。德国、日本、瑞士、意大利等国的商事立法奉行这一原则。也有国家的商法规定，商号既可以随商事经营活动一起转让，也可以分离于商事经营活动，即分离于商主体而单独转让。法国商法奉行这一原则。在我国，根据现行立法和司法实践商号权可以转让，但一般应与商主体的经营同时转让。

合法使用的商号必须受到法律保护，这是各国法律中奉行的关于商号权的一个基本原则。商号权保护的法律渊源，在商法典之外，主要涉及民法典、反不正当竞争、商标法等。商号权保护的方法，通常主要有以下两种。

1. 商号管理机关行使商号保护权

这主要是指，当行为人使用了法律规定其无权使用的商号，如合伙人以有限责任公司的名义进行经营；有限责任公司以股份有限公司的名义进行经营等，商号主管机关则可以通过行政的或司法的途径，对其予以处罚，禁止其使用。

2. 商号权利人行使商号保护权

这主要是指，如果由于他人未经允许使用商号或妨碍商号权利人使用其商号，致使商号所有人的权利遭受侵犯，商号所有人可以通过司法途径要求他人不再使用该商号并排除妨碍，与此同时，商号所有人还享有损害赔偿请求权。

（二）商号的转让与出借

1. 商号转让

商号转让，是指商主体将其享有的商号权利全部让与受让人的行为。商号转让的效力是出让人丧失商号权，受让人成为该商号权的主体。

商号作为一种特殊的财产形式，其转让的合法性得到各国立法的肯定。但是，如何转让商号，一直存在两种学术观点并导致两种不同的立法。一种观点主张绝对转让主义，在立法上奉行不得单独转让的原则，即商号应当连同营业一起转让。也就是说，商号不得与使用此商号的营业分离而转让，它必须或者与营业一起转让，或者在营业废止时转让。奉行这一立法原则的国家主要有德国、瑞士、意大利、日本、韩国等。另一种观点主张相对主义，在立法上奉行可单独转让的原则，即商号不必连同营业一起转让，也就是说，商号可以与营业相分离而转让，商主体不仅可以单独转让商号而不转让营业，而且可以由多处营业同时使用一个商号，商号转让后，转让人仍享有商号使用权和其他权利，受让人也取得商号使用权和其他权利。奉行这一立法原则的国家不多，主要有法国。不过，为了避免商号混同而产生的误解，奉行这一原则的国家立法规定，商号转让后不得再作签名；用作签名的商号不得转让。

在我国商号是否可以转让以及如何转让，法律的规定不统一，也不十分明确。1985 年颁布的《工商企业名称管理暂行规定》中提出名称可以单独转让，也可以随同企业一起转让；而 1991 年颁布的《企业名称登记管理规定》却提出名称可以随企业的一部分转让，但这一部分的概念在法律上颇不明确。此外，商号是否可以因企业营业废止而转让，法律的规定也不甚明确。

2. 商号出借

商号出借，是指商主体将商号使用权部分或全部让与他人的行为。商号出借的效力是借用人通过出借协议依法取得对他人商号的使用权，出借人仍然保留商号的所有权，但不保留或部分保留商号的使用权。

商号出借的现象在现实生活中普遍存在。如企业“挂靠”、“连锁经营”、“特许经营”等。商号借用的原因，既有出于借助他人较好商誉的考虑，也有税收减免和突破经营范围的动因。商号出借的方式一般以合同为之，但对第三人的效力一般以履行工商登记为前提。商号出借可以是有偿的,也可以是无偿的。

多数国家法律承认商号出借的合法性,并在法律上明确规定了商号出借的法律效力和法律责任。我国现行法律对商号出借没有作出十分明确的规定。

商号出借的结果容易导致第三人对出借人与借用人的混淆并由此产生相应的法律责任。根据各国立法和我国现行《民法通则》有关规定的精神,一般认为,商号出借所导致的法律责任主要涉及以下几个方面的问题。

(1) 如果商主体将自己的商号借与他人使用,而第三人在与借用人进行交易行为时误认为该商号的使用人仍然是原商主体,于此情形,出借人与借用人对借用人在使用该商号期间所产生的债务负连带清偿责任。

(2) 商号被出借之后,即便借用人在使用该商号时增加了附加语,但这不能解除作为商号权持有人的出借人对该商号的责任,因此,如果第三人产生了与前款所述的误解,商号出借人同样要对借用人的经营行为负连带责任。

(3) 商号借用通常以明示为之。如果商号权利人非明示出借商号,但对他人使用自己的商号不提出否认,根据民事法律规定可推定为"同意",即默示为之。

(4) 构成出借人责任的前提是第三人对其误解必须无过错和过失。

第六节 商事账簿

在传统上,各国商事账簿的设置原则大致有强制原则、放任原则与折中原则三种类型。当今世界各国由于受本国法律传统、政治经济和文化状况等诸多因素的影响,商事账簿立法呈现多种形态。在我国,商事账簿立法采用独立立法模式,商事账簿制度主要由《中华人民共和国会计法》(以下简称《会计法》)调整。商事账簿,尤其大型企业的商事账簿,已经不再是商主体的私事,它直接关系社会公众的利益和他人的利益,关系社会交易的安全和经济秩序的维护。我国商事账簿的分类主要有会计凭证、会计账簿和会计报表三种。商事账簿法律关系构成了商事账簿当事人之间的权利和义务,是商事账簿法律制度的核心内容之一。符合法律规定的条件而制作的商事账簿,具有法律效力。多数国家法律规定商主体必须履行商事账簿制作的义务,否则将承担相应的法律后果。

一、商事账簿概述

(一) 商事账簿的概念

商事账簿,是指商主体为了表明其财产状况和经营状况而依法制作的账簿。传统商事账簿以书面形式为之,随着当代社会计算机普及应用和电算化会计的出现,以电子数据方式记载的会计信息已经相当普遍。因此,现代会计账簿包括书面形式和电子形式两种。

商事账簿的概念可以从形式意义和实质意义两个方面去理解。形式意义的商事账簿，是指商主体依照法律的规定而制作的账簿，即法定账簿。实质意义的商事账簿，是指商主体所备置的所有账簿，不仅包括商主体按照法律规定备置的账簿，也包括商主体根据其经营需要自行备置的账簿。它不仅包括会计凭证、会计账簿、会计报表，还包括年度决算报告和各种财产债务清册。

在我国，由于会计立法没有将政府会计和商事会计分别立法，而是统一规定在《会计法》中，由此，会计账簿是一个泛指概念，商事账簿仅是会计账簿的一种。商事账簿是相对于政府账簿、事业单位账簿、家庭理财账本的一个概念，具有以下几个方面的特征。

1. 商事账簿是由商主体制作的账簿

商事账簿将商主体在商事经营活动中所形成的权利义务通过账簿语言直接转化为会计要素，即资产、负债、所有者权益、收入、费用、利润等，并借助货币单位计量和表现。

2. 商事账簿与政府账簿的设置内容和设置目的不一样

商事账簿通常包括资产负债表、损益表和财务状况变动表，商事账簿的设置目的是营利性的；政府账簿记录国家各级政府的财政收支和财物保管情况，其上报是消耗性的。相对而言，商事账簿比政府账簿复杂。

3. 商事账簿的设置多有法定性

商主体是否必须设置商事账簿，法律常常根据商主体经营规模的大小而决定。因此，商主体是否必须设置商事账簿以及如何设置商事账簿，这些主要取决于法律的明确规定。这是因为，商主体的财务状况及其运作过程直接影响交易第三人和社会公众的利益。

（二）商事账簿设置原则

商事账簿设置原则，是指在规范和指导商事账簿设置中体现基本精神和价值取向的原理和准则，是商事账簿立法、司法和实际活动的指导思想和依据。在传统上，大致有三种做法，从而形成三种原则：

1. 强制原则

强制原则也称干预原则。法律既规定商主体必须制作商事账簿，又规定商事账簿记载的内容和记载的方法，还规定对商主体制作商事账簿的情况由国家主管部门予以监督。在大陆法系国家中，德国、法国奉行这一原则，我国的《会计法》和《公司法》及相关法律法规也奉行这一原则。强制原则是当代社会商事账簿立法的发展趋势。

2. 放任原则

放任原则又称自由原则。法律不直接规定商主体必须设置商事账簿，商主体是否设置商事账簿以及如何设置商事账簿完全由其自行选择。从历史上看，早期的商事账簿完全是商主体自由选择的结果，它是商主体为了满足自己对财产和经营状况记载和核算的需要而发展起来的，后来成为商人的习惯做法，当时并没有国家的干预。一般认为，英美法国家奉行放任原则，如《美国统一商法典》就没有像大陆法国家商法典那样对商人必须设置商事账簿作出明确规定。自由设置原则存在颇多缺陷，它不便于国家对商主体账务和税收管理，因此，当今世界极少有国家完全遵循这一原则。

3．折中原则

法律只规定商主体必须设置商事账簿，但不规定商事账簿的内容和记载方法，也不规定主管部门实行严格监督。日本和韩国等国家奉行这一原则。折中原则优缺点并存。

（三）商事账簿立法

商事账簿立法起源于欧洲大陆法系国家，最初只是在商法典中确立商事账簿设置规则，这一时期，在英美法系国家，商事账簿设置以商事惯例形式出现。当今世界各国由于受本国法律传统、政治经济和文化状况等诸多因素的影响，商事账簿立法呈现多种形态。

1．综合立法

综合立法，是指在一部综合性法典或调整某一类法律关系的法律中包含有设置商事账簿或商事会计的内容，将商事账簿法与其他法律混合在一起的立法模式。考察世界各国立法，一些国家分别在民法典、商法典、公司法、证券法、税法中规定会计制度或商事账簿制度。

2．单独立法

单独立法，是指将商事账簿制度或会计制度从综合立法状态中分离出来，制定为单独法律的立法模式，如单独制定会计法。目前，包括我国在内，有不少国家采用这一立法模式。

3．准则立法

准则立法，是指除国家对商事账簿制度进行立法规范外，由会计职业团体通过制定会计准则的方式对商事账簿、会计及其记账行为予以规范的立法模式。这一立法常常是上述两类立法的补充。目前由国际会计准则委员会颁布的《国际会计准则》对各国的商事账簿和会计制度有较大的影响。

在我国，商事账簿立法采用独立立法模式，商事账簿制度主要由《会计法》调整。但是，从广义上说，《会计法》是形式意义的商事账簿法，实质意义的商事账簿法还包括分散或集中规定在其他一系列法律法规中调整商事账簿关系的法律规范。

（四）商事账簿的意义

商事账簿的制作，对于加强商主体内部管理和外部监督，对于保障第三人的利益和维护社会交易安全都具有颇为重要的意义。

（1）对于商主体内部管理而言，制作商事账簿便于商主体及时和准确了解自身经营状况和财务状况，并以此作为计算盈余、分配利润依据；同时通过对商事账簿的分析，及时作出或调整经营决策和发展战略。

（2）对于交易相对人而言，通过商主体制作的商事账簿可以及时了解商主体的经营状况、资信能力，并据此对该商主体的经营能力和发展前景作出判断，进而可以对是否与其交易、向其投资及时作出决策，更好地维护自身的权益。

（3）对于社会管理而言，通过商主体制作的商事账簿，政府主管部门可以及时了解商主体的经营状况，并实现对其经营的年度检验，以确保其他交易主体或社会公众的安全。同时，国家税务部门也可以此作为征税的依据。

(4) 对于商主体的债权人而言，商事账簿是商主体进入破产程序后，债权人清算商主体破产债权的主要依据。

(5) 对于股份公司而言，商事账簿是股东及时了解公司经营状况，决定如何分取股息、配取红利、取回剩余财产、计算股票账面价格，从而使股东正确、及时行使权利的重要依据。与此同时，它对于股份公司简化信息程序，强化公司信息披露制度，都有十分重要的意义。

(6) 对于法律诉讼而言，商事账簿是重要的证据材料之一。根据我国法律的规定，商事账簿只要内容属实，就是具备证据效力的一种书证，而且比其他证据具有更强的证明力。

商事账簿，尤其大型企业的商事账簿，已经不再是商主体的私事，它直接关系社会公众的利益和他人的利益，关系社会交易的安全和经济秩序的维护，正因为此，不少国家的法律强制规定商主体对商事账簿的保管义务，并规定有较长的保管期限。

二、商事账簿的分类

由于当代各国商事账簿制度和会计制度存在颇大的差异，故各国商法对商事账簿的分类所作的规定亦不尽相同。有的国家商法规定，商事账簿由日记账、总账和存货明细账构成；有的国家商法规定，商事账簿由日记账、分类账和分户账构成；还有的国家商法规定，商事账簿由序时账、分类账和备查登记簿构成。我国没有制定商法典，没有关于商事账簿的专门法律。一般认为，根据会计、审计法律法规的规定，商事账簿的分类主要有会计凭证、会计账簿和财务会计报告三种。

1. 会计凭证

会计凭证，是指记录商主体日常经营活动情况并作为依据的书面证明，是登记商事账簿的依据。根据法律的规定，商主体在经营活动中所作出的货币收付、款项结算、货物进出、财产增减等都必须由经办人员取得或填制会计凭证，并在会计凭证上签字盖章，以此作为结算的依据。没有会计凭证不得收付款项、不得进出财物、不得进行财产处理。会计凭证所记载的事项必须真实、客观、可靠，商主体不得作出虚假会计凭证。

会计凭证分为原始凭证和记账凭证两类。

(1) 原始凭证

原始凭证又称单据，是指在商事交易时取得或填制的用以记录或证明交易发生和完成状况的原始书面证明。它是进行会计核算的原始资料。按照法律的规定，只有经过审核并确认无误的原始凭证，才能作为登记明细账和编制记账凭证的原始依据。

(2) 记账凭证

记账凭证又称分录凭证、记账凭单，是指根据审核后的原始凭证或原始凭证汇总表，按照交易业务内容予以分类而填制的，可以直接作为记账依据的凭证。按照不同的标准可以对记账凭证予以不同的分类：按照记账凭证编制方式的差异，可分为复式记账凭证和单式记账凭证；按照记账凭证所记录的交易内容的差异，可分为收款凭证、付款凭证和转账凭证。记账凭证的作用在于对原始凭证进行归类、整理、确定会计分录,为直接记账提供凭据。

2. 会计账簿

会计账簿是按照一定的程序和方法,全面、系统、连续和分类记载和反映商主体经营业务活动的簿册。它通常由主管部门按一定的格式统一印制,由具有专门格式并互有联系的账册组成。

会计账簿的种类很多,按其性质和用途可分为序时账簿、分类账簿和备查账簿。

序时账簿又称日记账簿,是指按照交易活动发生的时间先后逐项记载交易活动内容的账簿。序时账簿又可以分为普通日记账和特种日记账两种。分类账簿,是指按照会计科目分类记载全部交易活动内容的账簿。备查账簿,是指对一些日记账簿或分类账簿未能记载或记载不全的交易内容或项目予以补充记载的账簿。

在商事经营中,商主体都必须根据其组织形式、营业性质、收支状况等实际需要,制作适用其经营特点的会计账簿。会计账簿所记载的各项内容都是商主体编制会计报表、进行经营活动分析、进行资产审计评估以及在涉及法律诉讼时作为证据材料的重要依据。

3. 财务会计报告

财务会计报告,是指商主体依法向政府提供或向社会披露的反映其财务状况和经营成果的书面文件。财务报告按服务对象不同可分为对内报告和对外报告,按编制和报送时间不同可分为月份报告、季度报告和年度报告。

根据我国《会计法》的规定,财务报告由会计报表、会计报表附注和财务情况说明书三项内容组成。

(1) 会计报表

会计报表又称会计表册,是指用货币形式综合反映商主体在一定时期内,即一定的会计期间内的生产经营活动和财务状况的一种书面报告文件。它一般是根据会计账簿的记载,按照主管部门统一印制的格式、内容和方法要求编制而成。会计报表同样是由商主体所提供的,证明其经营状况和财产状况的、具有法律效力的书面文件。会计报表通过有重点地、简明地、全面地反映商主体的财务状况和经营状况,从而向商主体的经营管理机关、商主体的交易相对人以及政府有关部门等会计报表使用人提供必要的财务资料和会计信息。会计报告主要包括资产负债表、损益表、财务状况变动表以及其他附表。

(2) 会计报表附注

会计报表附注,是指为帮助理解会计报表内容而对报表记载的相关事项作出的解释。

(3) 财务情况说明书

财务情况说明书,是指为了方便会计报表的使用者而对商主体的财务情况作出成果的具体说明。

根据《会计法》的规定,会计凭证、会计账簿、财务会计报告和其他会计资料,必须符合国家统一的会计制度的规定。任何单位和个人不得伪造、变造会计凭证、会计账簿及其他会计资料,不得提供虚假的财务会计报告。

三、商事账簿法律关系

商事账簿法律关系，是指受商事账簿法律规范调整的，因商事账簿的设置、核算、监督、记账和保管等行为所形成的商事账簿当事人之间的权利义务关系。它是由多个主体参与的，受私法和公法共同调整的特殊法律关系。商事账簿法律关系构成了商事账簿当事人之间的权利和义务，是商事账簿法律制度的核心内容之一。

具体说来，商事账簿行为所形成的商事账簿法律关系主要表现为以下几种。

1. 商事账簿核算关系

商事账簿核算关系，是指商主体会计人员、会计机构或商事账簿代理人在办理会计核算事务的过程中与他人发生的权利义务关系。

2. 商事账簿信息披露关系

商事账簿信息披露关系，是指商主体与投资人之间因商事信息披露而产生的权利义务关系。具体说，当投资人与商主体经营权相分离的状态出现时，商主体如何向投资人提供信息以及提供何种信息便成为商主体保护投资人利益的重要内容。商事账簿是商主体记载和表明商主体财产及经营信息的载体，根据法律所确立的商主体与投资人之间的关系，商主体有义务向投资人披露商事账簿信息，使投资人能够及时了解投资风险，确认其股权收益，监督商主体经营、审查自己的投资决策等。商主体所负有的商事账簿信息披露义务也就是投资人所享有的获知商事账簿信息的权利。

3. 商事账簿管理关系

商事账簿管理关系，是指商事账簿管理机关依法对商事账簿予以管理的过程中形成的管理机关与被管理的商主体及其商事账簿制作人会计之间的法律关系。这种法律关系带有很强的行政法律关系的色彩。

4. 商事账簿监督关系

商事账簿监督关系分为商主体内部监督关系和政府监督关系两个方面。内部监督关系，是指商主体为了保障资产安全和经营活动合法，控制风险、提高经营效率，通过设置商事账簿实现内部制约，并由此而形成的法律关系。内部监督的内容包括审查记账凭证、审核财务收支、制作会计账簿、编制财务报告、提供会计信息等。内部监督的主体是商主体的会计机构和会计人员，内部监督的对象是商主体的各项经济活动，内部监督的方法是对商主体会计核算的全过程实行监督。政府监督关系，是指财政、审计、税务、证券监管等部门行使对商事账簿监督权而与被监督人商主体和会计人之间形成的法律关系。这种法律关系一定程度上重合于商事账簿管理关系。

四、商事账簿的效力与商事账簿的保管

符合法律规定的条件而制作的商事账簿，具有法律效力。一般认为，这种效力主要表现在三个方面：(1) 对于商事交易各方而言，尤其在商事交互计算中，商事账簿是进行财物清点核算的重要依据；(2) 对于商事主管部门而言，商事账簿是进行稽核审计、计算

税率、资产评估等的重要依据；(3) 在法律诉讼中，商事账簿具有重要的证据效力。

各国法律都不同程度地规定了商主体有保管商事账簿的义务。但对于不同的商主体，保管的方式和期限规定不一。在我国，根据《会计法》的规定，会计凭证、会计账簿、会计报表和其他会计资料，应当按照国家有关规定建立档案，妥善保管。根据《公司法》的规定，公司不仅应妥善保管商事账簿，而且还应按照法律或公司章程的要求及时向公司股东提供商事账簿。

五、违反商事账簿制作义务的法律后果

多数国家法律规定商主体必须履行商事账簿制作的义务。如德国商法规定，商人负有义务编制商事账簿，商事账簿的内容包括制作账簿、编造财产清册、提交年度决算报告等[1]。但是，从商法的立法动因考察，法律规定商主体必须制作商事账簿，其主要目的并不在于企业相互之间的业务交往，而在于使国家或政府以及社会及时了解企业的状况，以利于对企业的经营予以监督。由此，商主体所负有的制作商事账簿的义务具有很强的公法性特征，可以被看成是一种公法上的义务。如果商主体违反了商法所规定的义务，从民法和商法本身并不能发生权利相对人的损害赔偿请求权和其他类似的请求权。相反，从《破产法》和其他有关法律中，商主体可能招致的法律责任是行政处罚和刑事处罚责任。如《德国刑法典》第 283 条规定，如果商事账簿或者其他根据商法的规定由商人负有义务保管的资料，在账簿保管义务有效期内被丢失、隐瞒、毁灭、损坏，以及由此而给资产情况的了解增加困难的，商人可以因此而被判处 5 年以下有期徒刑或处以罚金。

从各国商事立法和司法的实践经验看，商法中的商主体制作商事账簿的义务，主要依赖于商主体对该义务的自觉履行来实现。它很少通过交易相对人的作为和不作为来监督其履行。只有在企业破产、商主体负债过重、妨碍税收或妨碍司法诉讼这样一些特殊情况之下，商事账簿制作义务履行的强制性才被充分表现出来，才可能导致颇为明显的法律后果。

同步练习

一、案例讨论

1. 案情简介[2]

力达波纹管厂与力达集团商号侵权纠纷案

上诉人(一审被告)：力达波纹管厂(简称力达厂)。

被上诉人(一审原告)：力达集团有限公司(简称力达集团)

1996 年力达集团经该省工商行政管理局核准登记成立，领取企业法人营业执照，

① 参见范健著：《德国商法》，中国大百科全书出版社 1993 年版，第 162 页。

② 此案例引自范健主编：《商法判例解读》，高等教育出版社 2004 年版。

企业名称为××省力达集团有限公司，1998 年 2 月至 1999 年 7 月先后获得了省政府及银行授予的多项荣誉，其产品波纹膨胀节于 1998 年 12 月、1999 年 11 月被评为××省名牌产品，同时被列为××市重点保护产品。

1999 年 5 月 20 日力达厂经××县工商行政管理局核准登记成立，领取个人独资企业营业执照，企业名称为××县力达波纹管厂，企业字号亦为“力达”。1999 年 7 月 19 日，业务员魏××持有由力达厂业务员交给他并加盖“××县力达波纹管厂”合同专用章的空白合同文本，以供方为“力达集团公司××力达波纹管厂”的名义与力达集团业务单位××煤气工业设备安装工程公司签订了一份波纹膨胀节的购销合同，并在供方栏内填写了力达集团的法定代表人于××的姓名。合同签订后，力达厂交付了合同规定的全部货物，并向需方提供了冠以“力达集团公司××县力达波纹管厂”的波纹膨胀节质量检验报告，同时该检验报告还加盖了力达厂质检科的印章。该批产品于 1999 年 8 月被查扣，并以冒用力达集团厂名为由被行政处罚，力达厂对此不服，向××市××区人民法院提起行政诉讼，后又申请撤回起诉并获准。但力达集团向××市中级人民法院提起了力达厂损害赔偿民事诉讼。

一审认为，力达集团经省工商行政管理局核准成立，“力达”是其企业名称核心字号，并在全省同行业中享有一定的知名度，其产品被认定为省名牌产品。力达厂与力达集团系同行企业，其利用力达集团及其产品的知名度，以力达集团注册在先的“力达”字号向××县工商行政管理局核准登记，存在主观故意，使用中造成对公众混淆、误解，易使客户误为两企业有关联，其行为侵犯了力达集团的企业名称权。

力达厂在其企业名称中，冠以“力达集团”字样对外经营，未遵守公认的商业道德，违背了市场交易中应当遵守的平等、公平、诚实信用原则，损害了力达集团的利益，构成了不正当竞争，应当承担法律责任。对于力达厂认为不存在冒用力达集团企业名称构成侵权以及签订合同系魏××的个人行为的抗辩，法院认为均无事实和法律依据，均未采信。基于此，一审判决力达厂一次性赔偿力达集团经济损失 50000 元，并责令力达厂在其企业名称中停止使用“力达”字号进行生产经营活动，在 3 个月内向工商行政管理部门办理企业名称变更登记手续。

力达厂不服一审判决，向该省高级人民法院提起上诉。上诉人认为一审认定事实不清，其一直恪守诚实信用原则，在企业成立过程中，经××县工商行政管理局核准，获得企业名称专用权，并且根据企业名称分级登记管理原则，经过了省工商行政管理局认定；上诉人与被上诉人在企业名称地域性、组成形式等方面均不存在相同或近似，客户不可能造成混淆、误解，故上诉人未侵犯被上诉人的任何权利。此外，上诉人认为，一审法院以审判权代替行政权，判决不当。依据我国有关法律规定，对企业名称的核准、登记及相关管理，应由各级工商行政管理部门行使。人民法院仅能在行政相对人对该行政部门的行政措施不服，提起行政诉讼的情况下才有权就具体行政行为是否合法作出裁决。因此，一审法院显然超越了其审判权限。基于此，上诉人请求撤销一审判决，驳回被上诉人的诉讼请求。被上诉人答辩称，上诉人使用“力达”字号构成了不正当竞争，法院有权对侵权行为作出处理，并认为一审法院认定事实清楚，适用法律正确，因而请求驳回上诉，维持原判。

二审法院认为，按照我国企业名称登记管理规定，企业由四部分组成，而字号是组成企业名称的核心要素，是一个企业区别于其他企业的主要标志。在企业名称登记中，虽然登记仅是字号相同的企业通常并不违反有关规定，但如果一个企业的名称在相关市场上具有较高的知名度，而另一个与之有竞争关系的企业因使用了字号相同的企业名称，使公众对二者之间的关系产生混淆，应当认为该企业侵犯了知名企业的名称专用权，构成了对知名企业的不正当竞争，应当承担相应的法律责任。本案中，被上诉人在成立之初就为省内知名企业。作为该地区同行业企业的上诉人，在其登记的企业名称中使用了与被上诉人相同的“力达”字号，足以造成公众对二者的关系产生误解，构成了不正当竞争，侵犯了被上诉人的企业名称权，应当承担停止使用“力达”字号、赔偿损失的侵权责任。由于魏××所持空白合同系上诉人业务员所提供且该合同已得到了实际履行，因此认为魏××以“力达集团公司××力达波纹管厂”与力达集团业务单位××煤气工业设备安装工程公司签订波纹膨胀节购销合同的行为属于上诉人的行为。因此，上诉人认为其企业名称是经合法登记取得，未侵犯被上诉人的企业名称权、未造成被上诉人经济损失等上诉理由不能成立。另外，法院认为，责令侵权人向企业名称登记机关办理变更登记手续是责令停止侵权的一种首要形式，故上诉人认为一审法院越权审判的上诉理由也不能成立。据此，二审法院作出了驳回上诉，维持原判的判决。

2. 问题梳理

本案的焦点在于，字号作为企业名称的核心组成部分，在工商登记中使用同行业知名企业的商号是否侵犯知名企业的名称权。由于商号具有地域性，因而在审判中往往难以认定侵权。在本案中，正是由于上诉人在商号中使用同行业具有竞争关系的知名企业的字号，才造成相对人认识上的混淆，进一步使得上诉人在签约时冒用被上诉人名称的行为容易取得相对人的信任，与之实施交易，构成不正当竞争，从而侵害了被上诉人的名称权。

3. 法律运用

本案中一审、二审法院创造性地适用《中华人民共和国反不正当竞争法》，对企业名称权内容进行了创造性地拓展，体现了司法的能动性，有效保护了企业的名称权，维护了市场竞争秩序。本案涉及的相关法律如下。

(1)《企业名称登记管理规定》第 25 条第 1 款：“两个以上的企业因已登记注册的企业名称相同或者近似而发生争议的，登记主管机关依照注册在先原则处理。”第 27 条：“擅自使用他人已经登记注册的企业名称或者有其他侵犯他人企业名称专用权行为的，被侵权人可以向侵权人所在地登记主管机关要求处理。登记主管机关有权责令侵权人停止侵权行为，赔偿被侵权人因该侵权行为所遭受的损失，没收非法所得并处以五千元以上、五万元以下罚款。对侵犯他人企业名称专用权的，被侵权人也可以直接向人民法院起诉。”

(2)《反不正当竞争法》第 5 条：“经营者不得采用下列不正当手段从事市场交易，损害竞争对手：……”

(3)《民法通则》第 134 条：“承担民事责任的方式主要有：(一)停止侵害；……”

《侵权责任法》第15条："承担侵权责任的方式主要有：(一)停止侵害；……"

二、分析与思考

1. 简述商事账簿的特征。

2. 试述商号权的法律性质及其主要特征。

3. 上海股民A购买甲股份有限公司股票1800股，实付金额为15744.66元。不料，由于甲股份有限公司在股票发行及上市期间，存在编造虚假利润，骗取上市资格；少报亏损，欺骗投资者；隐瞒重大事项；未履行重大事件的披露义务；挪用募集资金买卖股票等严重违法违规行为，造成股价下跌，致使A股民不得不于1997年12月22日至1998年10月16日分六次将股票尽数卖出，实收金额12608.16元，损失人民币共计3136.5元。为此，股民A向法院起诉甲股份有限公司及其董事，以及为公司出具财务审计报告和盈利预测审核意见书的乙会计师事务所。要求赔偿因甲的账目报表造假给其造成的三千多元经济损失。法院受理了该例由小股东直接要求上市公司高级管理人员及其上市中介机构承担赔偿责任的案件。

请问：本案会计师事务所的行为是否违法，是否应当承担法律责任？

4. 原告于1963年在杭州市工商行政管理局注册登记了"杭州张小泉剪刀厂"企业名称。被告于1992年8月24日在南京市×县工商行政管理局注册登记了"南京×××刀具厂"企业名称。原告杭州张小泉剪刀厂生产的菜刀商标为"张小泉"牌，1989年1月经国家工商行政管理局商标局注册登记，取得"张小泉"商标专用权。被告南京×××刀具厂开办后，未申请使用注册商标，在其菜刀产品上使用非注册商标"××"牌，同时，被告在该产品及其包装盒上刻印有"南京张小泉"和"张小泉"字样。1993年2月，原告向南京市中级人民法院起诉，要求判令被告立即停止侵权行为，并赔偿企业名称侵权损失10万元，商标侵权损失1万元。

请问：本案是否构成对商号权的侵害？

第四章　商主体形态选择

学习目标

1. 掌握个体工商户的法律地位及登记程序。
2. 掌握个人独资企业的设立条件与程序。
3. 掌握普通合伙的设立及内外部法律关系。
4. 掌握有限责任公司、股份有限公司的法律特征、设立及合并分立。
5. 掌握外商投资企业的设立及出资原则、经营期限。

学习导引

商主体是经营活动的基本载体，其形态大体上可以分为三种，一种是个体工商户和个人独资企业，一种是合伙企业，还有一种就是公司，包括外资公司。个人独资企业和合伙企业的设立没有最低注册资本金的要求，设立条件及程序较之其他形态要更为简单、灵活。公司是主要的商主体形态，包括有限责任公司与股份有限公司。与有限责任公司相比，股份有限公司设立的条件、程序都比有限责任公司要严格得多；有限责任公司的设立条件和程序则要相对简单得多。我们应根据经营目标与方式、资金规模等选择适当的商主体形态。

第一节　个体工商户、个人独资企业法律

改革开放以来，个体经营以其灵活方式让相当一部分人走上了发家致富的道路，也成为市场经济发展的重要力量。个体经营在今天主要以个体工商户和个人独资企业的形态存在，依然生机勃勃，是现代企业群体中不可或缺的力量。

一、个体工商户

（一）个体工商户的概念和特征

根据《民法通则》第 26 条的规定，个体工商户是在法律允许的范围内，依法经核准登记，从事工商业经营的自然人。

（1）个体工商户是从事工商业经营的自然人或家庭

个体工商户，可以个人经营，也可以家庭经营，此处的“户”不是户籍意义，而是作为工商管理的单位。根据《城乡个体工商户管理暂行条例》第 2 条的规定，可以申请从事个体工商业经营的主要是有经营能力的城镇待业人员、农村村民以及国家政策允许的其他人员。

（2）自然人从事个体工商业经营必须依法核准登记

个体工商户的登记机关是县以上工商行政管理机关。个体工商户经核准登记，取得营业执照后，方可营业。个体工商户变更登记事项或注销，也应办理登记手续。

（3）个体工商户只能经营法律、政策允许个体经营的行业

根据《城乡个体工商户管理暂行条例》第 3 条的规定，个体工商户可以在国家法律和政策允许的范围内，经营工业、手工业、建筑业、交通运输业、商业、饮食业、服务业、修理业及其他行业。

（二）个体工商户的法律地位

个体工商户是一种我国特有的公民参与生产经营活动的形式，也是个体经济的一种法律形式。个体工商户可比照自然人和法人享有民事主体资格，但不具有法人资格。

1. 个体工商户的权利

在依法核准登记的范围内，个体工商户享有从事个体工商业经营的民事权利能力和民事行为能力。个体工商户的合法权益，受法律保护。

（1）个体工商户的正当经营活动受法律保护，对其经营的资产和合法收益，个体工商户享有所有权。

（2）个体工商户可以凭营业执照在银行或者其他金融机构按有关规定，开立账户，申请贷款。

（3）个体工商户可以根据经营情况请一二个帮手，有技术的个体工商户可以带三五个学徒。

（4）个体工商户可以起字号。

（5）法律法规规定的其他权利。

2. 个体工商户的义务

（1）个体工商户从事生产经营活动必须遵守国家法律和政策的规定。

（2）个体工商户应当按照税务机关的规定办理税务登记、建立账簿和申报纳税。

（3）个体工商户应当服从工商行政管理，从事违法经营的，必须承担民事责任和其他法律责任。

（4）违反治安管理的，由公安机关依照有关规定处罚；触犯刑律的，依法追究刑事

责任。

(三) 个体工商户的登记程序

根据《个体工商户登记程序》的规定，分为申请、受理、审查、批准四个步骤。

1. 设立、变更、注销登记申请

申请个体工商户登记，申请人可以采取以下方式提交申请。

(1) 到经营场所所在地的工商所。

(2) 直接到登记机关的登记场所。

(3) 信函、电报、电传、传真、电子数据交换和电子邮件。以此方式提出申请的，申请人应在发出申请后5日内，向登记机关递交申请材料原件。

申请个体工商户设立登记，应当提交下列文件。

(1) 申请人签署的个体工商户设立登记申请书。

(2) 申请人身份证明。

(3) 经营场所证明。

(4) 国家法律、法规规定提交的其他文件。从事法律、行政法规规定须报经有关部门审批的业务的，应当提交有关部门的批准文件。如申请经营旅店业、刻字业、信托寄卖业、印刷业，应当经所在地公安机关审查同意。

申请个体工商户变更登记，应当提交下列文件：(1) 申请人签署的个体工商户变更登记申请书；(2) 申请经营场所变更的，应当提交新经营场所证明；(3) 国家法律、法规规定提交的其他文件。从事法律、行政法规规定须报经有关部门审批的业务的，应当提交有关部门的批准文件。

申请个体工商户注销登记，应当提交下列文件：(1) 申请人签署的个体工商户注销登记申请书；(2) 国家法律、法规规定提交的其他文件。

2. 受理

登记机关收到申请人提交的登记申请后，对于申请材料齐全、符合法定形式的，应当受理。申请材料存在可以当场更正的错误的，应当允许申请人当场更正。

申请材料不齐全或者不符合法定形式，应当当场或者在5日内一次告知申请人需要补正的全部内容；申请人按照要求提交全部补正申请材料的，登记机关应当受理。登记机关受理登记申请，应当发给申请人受理通知书。

对于不符合受理条件的登记申请，登记机关不予受理，并发给申请人不予受理通知书。申请事项依法不属于个体工商户登记范畴的，登记机关应当即时决定不予受理，并向申请人说明理由。

3. 审查

根据法定条件和程序，需要对申请材料的实质性内容进行核实的，登记机关应当指派2名以上工作人员进行核查，并填写申请材料核查情况报告书。

4. 批准

申请人提交的申请材料齐全、符合法定形式的，登记机关应当当场予以登记。除当场登记的外，登记机关应当自受理登记申请之日起15日内作出是否准予登记的决定。登记机关作出准予登记的，应当发给申请人准予个体工商户登记通知书，并在10

日内向申请人颁发、送达个体工商户营业执照。

不予登记的，应当发给申请人不予个体工商户登记通知书。

(四) 个体工商户的财产责任

个体工商户对所负债务承担的是无限清偿责任，即不以投入经营的财产为限，而应以其所有的全部财产承担责任。根据《民法通则》第29条的规定，个体工商户的债务，个人经营的，以个人财产承担；家庭经营的，以家庭财产承担。当然，无论是以个人财产还是家庭财产承担责任，都应当保留其生活必需品和必要的生产工具。即以个人名义申请登记的个体工商户，个人经营、收益也归个人者，对债务负个人责任；以家庭共同财产投资，或者收益的主要部分供家庭成员消费的，其债务由家庭共有财产清偿；在夫妻关系存续期间，一方从事个体工商户经营，其收入作为夫妻共有财产者，其债务由夫妻共有财产清偿；家庭全体成员共同出资、共同经营的，其债务由家庭共有财产清偿。

二、个人独资企业

(一) 个人独资企业的概念和特征

根据《个人独资企业法》第2条的规定，个人独资企业是依法在中国境内设立，由一个自然人投资，财产为投资人个人所有，投资人以其个人财产对企业债务承担无限责任的经营实体。

(1) 个人独资企业是由一个自然人投资的企业。个人独资企业的投资人只能是一个自然人，国家机关、国家授权投资的机构或者国家授权的部门、企业、事业单位等都不能作为个人独资企业的投资人。自然人本无国籍的含义，既包括中国公民，也应包括外国公民，但是，《个人独资企业法》第47条规定，外商独资企业不适用该法，因此自然人只是指中国公民。而《个人独资企业法》第16条又规定：法律、行政法规禁止从事营利性活动的人，不得作为投资人申请设立个人独资企业，我国现行法律、行政法规禁止从事营利性活动的人包括：① 法官；② 检察官；③ 人民警察；④ 国家公务员。所以除此以外的自然人才可以作为投资人。

(2) 企业财产为投资人个人所有，既包括企业成立时投入的出资财产，也包括企业存续期间积累的财产。基于此种情况，投资人对企业的经营与管理享有绝对的控制与支配权，不受他人干预。

(3) 个人独资企业的投资人对企业的债务承担无限责任。投资人对企业的债务承担无限责任，即个人独资企业财产不足以清偿债务的，投资人应当以其个人的其他财产予以清偿；投资人在申请企业设立登记时明确以其家庭共有财产作为个人出资的，应当依法以家庭共有财产对企业债务承担无限责任。

(4) 个人独资企业是非法人组织。虽然个人独资企业具有自己的名称，并可以对外以企业名义从事民事活动，但不具有法人资格，只是自然人进行商业活动的一种特殊形态。

(二) 个人独资企业的设立

1. 设立条件

根据《个人独资企业法》第8条的规定，设立个人独资企业必须具备以下五个方面的条件。

(1) 投资人为一个自然人。投资人为一个自然人,只能是一个自然人,而且只能是具有中华人民共和国国籍的自然人,不包括外国自然人。

(2) 有合法的企业名称。个人独资企业享有名称权,名称应当与其责任形式及从事的营业相符合,应遵守企业名称登记管理规定。如不得使用“有限”、“有限责任”字样,在登记主管机关辖区内不得与已登记注册的同行企业名称相近或近似。

(3) 有投资人申报的出资。由于个人独资企业的投资人承担的是无限责任,不以出资额为限承担责任,所以法律不要求最低注册资本,仅要求有投资人自己申报的出资即可。

(4) 有固定的生产经营场所和必要的生产经营条件。

(5) 有必要的从业人员。

2. 设立程序

个人独资企业的设立采用登记准则主义,即由投资人根据设立准则直接到工商行政管理部门申请登记。

(1) 设立申请

个人独资企业的申请人应当是投资人,投资人也可以委托其代理人向个人独资企业所在地的登记机关申请设立登记,并提交以下文件。

① 设立申请书,应当载明下列事项:企业的名称和住所;投资人的姓名和居所;投资人的出资额和出资方式;经营范围。

② 投资人身份证明。

③ 生产经营场所使用证明等文件。

委托代理人时,应当出具投资人的委托书和代理人的合法证明。

(2) 核准登记

登记机关应当在收到设立申请文件之日起 15 日内,对符合《个人独资企业法》规定条件的,予以登记,发给营业执照;对不符合《个人独资企业法》规定条件的,不予登记,并应当给予书面答复,说明理由。个人独资企业的营业执照的签发日期,为个人独资企业成立日期。

3. 分支机构的设立

个人独资企业的分支机构,是指在住所地以外设立的从事业务活动的办事机构。分支机构的设立程序与个人独资企业的设立程序大体相同。

(1) 设立申请

个人独资企业设立分支机构,应当由投资人或者其委托的代理人向分支机构所在地的登记机关申请登记,领取营业执照。

(2) 登记备案

分支机构经核准登记后,应将登记情况报该分支机构隶属的个人独资企业的登记机关备案。

(3) 责任承担

分支机构是个人独资企业的一部分,其产生的民事责任由设立该分支机构的个人独资企业承担,实际上还是由投资人承担。

(三) 个人独资企业的事务管理

个人独资企业的投资人既是企业的所有者,又是企业的经营者,个人独资企业的内部机构设置简单,经营管理方式灵活。因此,法律对企业组织结构不像公司和其他企业那样加以严格的规定,主要集中在事务管理。

1. 事务管理的方式

投资人有权选择企业事务的管理形式。根据《个人独资企业法》第 19 条的规定,个人独资企业事务管理主要有以下三种模式。

(1) 自行管理,即由投资人本人对个人独资企业的经营事务直接进行管理。

(2) 委托管理,即由投资人委托其他具有民事行为能力的人负责企业的事务管理。

(3) 聘任管理,即由投资人聘用其他具有民事行为能力的人负责企业的事务管理。

2. 受托人或被聘用人员的义务

投资人委托或者聘用他人管理个人独资企业事务,应当与受托人或者被聘用的人签订书面合同,明确委托的具体内容和授予的权利范围。受托人或者被聘用的人员应当履行诚信、勤勉义务,按照与投资人签订的合同负责个人独资企业的事务管理。投资人委托或者聘用的人员管理个人独资企业事务时违反双方订立的合同,给投资人造成损害的,承担民事赔偿责任。

3. 受托人或者被聘用的人员职权的限制

投资人对受托人或者被聘用的人员职权的限制,不得对抗善意第三人。

(四) 个人独资企业的解散与清算

1. 个人独资企业的解散

解散,是指个人独资企业因出现某些法律事由而导致民事主体资格消灭,《个人独资企业法》第 26 条的规定,个人独资企业有下列情形之一时,应当解散。

(1) 投资人决定解散。这是个人独资企业解散的任意原因,只要不违反法律,投资人有权决定在任何时候解散个人独资企业。

(2) 投资人死亡或被宣告死亡,无继承人或继承人放弃继承。在投资人死亡或被宣告死亡的情况下,如果有继承人继承了个人独资企业,只需办理变更登记即可,但是若出现无继承人或继承人放弃继承的情形,个人独资企业则失去了必备条件无法继续经营。

(3) 被依法吊销营业执照。这是个人独资企业解散的强制原因,包括:① 提交虚假文件或采取其他欺骗手段取得企业登记情节严重的;② 涂改、出租、转让营业执照情节严重的;③ 个人独资企业成立后无正当理由超过 6 个月未开业的,或者开业后自行停业连续 6 个月以上的等。

(4) 法律、行政法规规定的其他解散情形。

2. 个人独资企业的清算

解散只是个人独资企业消灭的原因,企业并未因解散的事实发生而立即消灭,清算是处理解散企业未了结法律关系的程序，清算结束，进行注销登记，企业才最后消灭。

(1) 清算人

清算人，是指清算企业中执行清算事务及对外代表者。清算企业因解散而丧失经营活动的能力，不能继续进行经营活动，只存在清算事务，因此企业的管理人代之为清算人。根据《个人独资企业法》第27条的规定，个人独资企业解散，由投资人自行清算或者由债权人申请人民法院指定清算人进行清算。投资人自行清算的，应当在清算前15日内书面通知债权人，无法通知的，应当予以公告。债权人应当在接到通知之日起30日内，未接到通知的应当在公告之日起60日内，向投资人申报其债权。

(2) 清偿顺序

清算人应在债权人申报债权后清理企业债权债务。清算期间，个人独资企业不得开展与清算目的无关的经营活动。在按前条规定清偿债务前，投资人不得转移、隐匿财产。个人独资企业解散的，财产应当按照下列顺序清偿：① 所欠职工工资和社会保险费用；② 所欠税款；③ 其他债务。

(3) 注销登记

个人独资企业清算结束后，投资人或者人民法院指定的清算人应当编制清算报告，并于15日内到登记机关办理注销登记。注销登记完成，个人独资企业即消灭。

第二节　合伙企业法

从历史上看，合伙是比公司更古老的经营形式。早在法人制度形成以前，合伙是自然人在商品经济关系中唯一的联合形式。合伙是与商品经济同步发展起来的，在现代虽然法人制度得到了充分发展，但合伙也并未走向衰落，在各国仍然是相当普遍的一种经营方式。

一、合伙企业概述

（一）合伙企业的概念特征

根据《合伙企业法》第2条的规定，合伙企业是指自然人、法人和其他组织依照该法在中国境内设立的普通合伙企业和有限合伙企业。普通合伙企业由普通合伙人组成，合伙人对合伙企业债务承担无限连带责任。有限合伙企业由普通合伙人和有限合伙人组成，普通合伙人对合伙企业债务承担无限连带责任，有限合伙人以其认缴的出资额为限对合伙企业债务承担责任。合伙企业具有以下法律特征。

1. 合伙人须符合法律规定的条件

我国法律对合伙人的人数、性质和资格都作了限制。

对合伙人的人数有最低限制，即须有2个以上合伙人，有限合伙企业还有最高限制即 50 个以下合伙人。

普通合伙企业全部为依法对合伙企业债务承担无限连带责任的普通合伙人，有限合伙企业至少应当有 1 个普通合伙人。

合伙人为自然人的，应当具有完全民事行为能力，国有独资公司、国有企业、上市公司以及公益性的事业单位、社会团体不得成为普通合伙人。

2. 以合伙协议为合伙企业成立的法律基础

合伙协议是合伙各方为了设立合伙组织，实现共同的经济目的而达成的协议。大陆法系国家一般规定合伙必须有明确的书面协议，否则不能认为存在合伙关系。合伙协议是调整合伙关系、规范合伙人之间的权利义务关系、处理合伙纠纷的法律基础。

3. 合伙人的权利和责任取决于其在合伙企业中的身份

合伙出资的形式多样，除了以货币、实物、土地使用权或者其他财产权利出资，普通合伙人还可以劳务出资，有限合伙人不得以劳务出资。

普通合伙人对合伙企业都享有平等的经营管理权利并对企业的债务承担无限连带责任，有限合伙人不执行合伙事务，对合伙企业的债务以其认缴的出资额为限承担责任。

(二) 合伙企业的类型

1. 普通合伙

普通合伙是所有合伙人都负无限连带责任的合伙。

2. 有限合伙

有限合伙是至少有 1 名普通合伙人和 1 名负有限责任的合伙人组成的合伙。在有限合伙中，普通合伙人负责合伙业务的经营，并对合伙债务负无限责任；有限合伙人则不参加合伙业务的经营，也不能以其行为约束商号或撤回其所出资本，对合伙债务仅以出资为限负有限责任。有限合伙人即使不参与合伙的经营，也有权审查合伙的账目。有限合伙人的死亡、破产不影响合伙的存续，有限合伙人也不得发出通知终止合伙。而普通合伙人死亡或退出，除合伙协议、章程另有规定外，合伙即告终止。

从对合伙债务的承担仅以出资额为限这一点看，有限合伙类似于公司的股东。有限合伙是合伙制度的重大发展，它使合伙更加具有实用性，适合从事商业活动。

二、普通合伙企业

(一) 合伙企业的设立

1. 设立条件

(1) 有符合条件的合伙人

普通合伙企业在人数上有最低限制，即须有 2 个以上合伙人，没有最高限制；在资格上，合伙人为自然人的，应当具有完全民事行为能力，国有独资公司、国有企业、上市公司以及公益性的事业单位、社会团体不得成为普通合伙人。

(2) 有书面合伙协议

合伙协议应当载明下列事项：① 合伙企业的名称和主要经营场所的地点；② 合

伙目的和合伙经营范围；③ 合伙人的姓名或者名称、住所；④ 合伙人的出资方式、数额和缴付期限；⑤ 利润分配、亏损分担方式；⑥ 合伙事务的执行；⑦ 入伙与退伙；⑧ 争议解决办法；⑨ 合伙企业的解散与清算；⑩ 违约责任。合伙协议经全体合伙人签名、盖章后生效。

(3) 有合伙人认缴或者实际缴付的出资

合伙企业具有自己的财产，这是合伙从事经营活动的物质基础，也是合伙取得法律人格的基础。合伙企业的出资灵活多样，可以用货币、实物、知识产权、土地使用权或者其他财产权利出资，也可以用劳务出资。合伙人以实物、知识产权、土地使用权或者其他财产权利出资，需要评估作价的，可以由全体合伙人协商确定，也可以由全体合伙人委托法定评估机构评估。合伙人以劳务出资的，其评估办法由全体合伙人协商确定，并在合伙协议中载明。

(4) 有合伙企业的名称和生产经营场所

合伙企业的名称是合伙企业对外从事经营的外部标志，也是合伙企业的商誉标志，合伙企业名称中应当标明"普通合伙"字样。生产经营场所是进行合伙营业的必要条件，是指合伙企业从事生产经营活动的所在地。

(5) 法律、行政法规规定的其他条件

合伙企业的经营范围中有属于法律、行政法规规定在登记前须经批准的项目的，该项经营业务应当依法经过批准，并在登记时提交批准文件。

2. 设立程序

(1) 申请设立应提交的材料

设立合伙企业，应当向企业登记机关提交登记申请书、合伙协议书、合伙人身份证明等文件。

(2) 登记

申请人提交的登记申请材料齐全、符合法定形式，企业登记机关能够当场登记的，应予当场登记，发给营业执照。除上述规定情形外，企业登记机关应当自受理申请之日起 20 日内，作出是否登记的决定。予以登记的，发给营业执照；不予登记的，应当给予书面答复，并说明理由。

合伙企业的营业执照签发日期，为合伙企业成立日期。

(二) 合伙企业财产

1. 合伙企业财产的范围

合伙人的出资，以合伙企业名义取得的收益和依法取得的其他财产，均为合伙企业的财产。合伙企业的财产来源于以下三个方面。

一是合伙人的出资。合伙人的出资既包括合伙人在设立合伙企业时所实际缴付的出资，也包括在合伙企业经营过程中合伙人增加的出资。

二是合伙企业的收益。合伙企业的收益是合伙企业的营业收入等经营收益。

三是合伙企业依法取得的其他财产，包括：合伙企业购置的财产、合伙企业受赠的财产、合伙企业获得的赔偿、以合伙企业名义获得的其他收益。

2. 合伙企业财产的管理与使用

(1) 合伙人在合伙企业清算前，不得请求分割合伙企业的财产；但是，《合伙企业法》另有规定的除外。合伙人在合伙企业清算前私自转移或者处分合伙企业财产的，合伙企业不得以此对抗善意第三人。

（2）合伙人之间转让在合伙企业中的全部或者部分财产份额时，应当通知其他合伙人。除合伙协议另有约定外，合伙人向合伙人以外的人转让其在合伙企业中的全部或者部分财产份额时，须经其他合伙人一致同意。在同等条件下，其他合伙人有优先购买权；但是，合伙协议另有约定的除外。

（3）合伙人以其在合伙企业中的财产份额出质的，须经其他合伙人一致同意；未经其他合伙人一致同意，其行为无效，由此给善意第三人造成损失的，由行为人依法承担赔偿责任。

（三）合伙企业的事务执行

1. 合伙企业内部的决策权

合伙人行使决策权的依据有两个，一是合伙企业法的规定，二是合伙协议的约定。

（1）表决办法

合伙人对合伙企业有关事项作出决议，按照合伙协议约定的表决办法办理。合伙协议未约定或者约定不明确的，实行合伙人一人一票并经全体合伙人过半数通过的表决办法。法律对合伙企业的表决办法另有规定的，从其规定。

（2）一致通过原则及其适用范围

除合伙协议另有约定外，合伙企业的下列事项应当经全体合伙人一致同意：① 改变合伙企业的名称；② 改变合伙企业的经营范围、主要经营场所的地点；③ 处分合伙企业的不动产；④ 转让或者处分合伙企业的知识产权和其他财产权利；⑤ 以合伙企业名义为他人提供担保；⑥ 聘任合伙人以外的人担任合伙企业的经营管理人员。

2. 合伙企业内部的执行权

（1）共同执行

合伙人对执行合伙事务享有同等的权利。合伙企业可以由全体合伙人共同执行。在共同执行的情况下，每个合伙人都有权执行合伙企业事务，对外均可代表合伙企业，其执行的法律后果，直接归合伙企业及全体合伙人承担。共同执行往往具有执行人意见难以统一、企业运行效率偏低等问题，在合伙人数较多、经营规模较大的情况下，难以发挥作用。

（2）委托执行

按照合伙协议的约定或者经全体合伙人决定，可以委托一个或者数个合伙人对外代表合伙企业，执行合伙事务，其他合伙人不再执行合伙事务。作为合伙人的法人、其他组织执行合伙事务的，由其委派的代表执行。执行人对外代表合伙企业，执行合伙事务所产生的收益归合伙企业，所产生的费用和亏损由合伙企业承担。

（3）分别执行

为了发挥各合伙人的特长，适应合伙企业经营活动专业化分工的需要，由合伙协议约定或者全体合伙人决定，对合伙企业事务也可以采取分别执行的方式。所谓分别执行，即各合伙人在分工协作的基础上各自负责执行其职责范围内的合伙企业事务。在分别执行的情况下，一部分合伙人执行此种事务，另一部分合伙人则执行彼种事务。

(4) 授权执行

如果合伙企业的执行事务涉及的专业性很强，而合伙人又不能完全胜任时，则可授权他人执行。所谓授权执行，是指经全体合伙人一致同意，聘任合伙人以外的人担任合伙企业的经营管理人员，由被聘任的经营管理人员在合伙企业授权范围内，对外代表合伙企业，执行合伙企业日常事务。如果被聘任的经营管理人员超越授权范围从事业务执行活动，或者因故意、重大过失给合伙企业造成损失的，则应依法承担赔偿责任。

3. 合伙企业内部的监督权

(1) 检查执行情况

不执行合伙事务的合伙人有权监督执行事务合伙人执行合伙事务的情况。

(2) 审议报告

不参与执行事务的合伙人既有权要求执行事务的合伙人提供有关业务执行情况以及合伙企业经营状况和财务状况的报告，也有权在审议该报告的基础上，提出质询或建议。

(3) 查阅账簿

合伙人为了解合伙企业的经营状况和财务状况，有权查阅合伙企业会计账簿等财务资料。

(4) 提出异议

合伙人分别执行合伙事务的，执行事务合伙人可以对其他合伙人执行的事务提出异议。

(5) 撤销委托

受委托执行合伙事务的合伙人不按照合伙协议或者全体合伙人的决定执行事务的，其他合伙人可以决定撤销该委托。

4. 合伙人的忠实义务

法律规定了合伙人对合伙企业的忠实义务，该忠实义务主要表现在竞业禁止、交易禁止以及其他损害行为的禁止。

(1) 竞业禁止

合伙人不得自营或者同他人合作经营与本合伙企业相竞争的业务。

(2) 交易禁止

除合伙协议另有约定或者经全体合伙人一致同意外，合伙人不得同本合伙企业进行交易。

(3) 其他损害行为的禁止

合伙人不得从事损害本合伙企业利益的活动。

5. 合伙企业的盈亏分配

合伙企业的利润分配、亏损分担，按照合伙协议的约定办理；合伙协议未约定或者约定不明确的，由合伙人协商决定；协商不成的，由合伙人按照实缴出资比例分配、分担；无法确定出资比例的，由合伙人平均分配、分担。合伙协议不得约定将全部利润分配给部分合伙人或者由部分合伙人承担全部亏损。

（四）合伙企业与第三人的关系

1. 合伙企业与善意第三人的关系

合伙企业对合伙人执行合伙事务以及对外代表合伙企业权利的限制，不得对抗善意第三人。善意第三人，是指特定法律关系当事人以外的任何对有关的无权交易因不知情而支付了相应对价的人。当不知情的第三人与违反合伙企业规定而突破限制的合伙人进行交易时，此第三人处于善意状态，合伙企业不得以该合伙人越权或者无权的理由对抗第三人，拒绝履行交易，承担责任。

2. 合伙企业与债权人的关系

由于合伙企业具有相对独立的财产，因此，合伙企业的债务应当先以合伙企业的财产清偿；又由于合伙企业不具有独立的法人资格，因此，如果合伙企业的财产不足以清偿债务时，合伙人要以其个人所有的财产对合伙企业债务承担清偿的连带责任。债权人可向合伙人中的任何一人或数人请求清偿全部债务，合伙人由于承担无限连带责任，清偿数额超过规定的其亏损分担比例的，有权向其他合伙人追偿。

3. 合伙人个人债务的清偿

法律将合伙企业的债权债务与合伙人个人的债权债务严格区分开来，作出以下规定。

（1）不得行使抵消权与代位权

合伙人发生与合伙企业无关的债务，相关债权人不得以其债权抵消其对合伙企业的债务；也不得代位行使合伙人在合伙企业中的权利。

（2）只能行使追索权

合伙人的自有财产不足清偿其与合伙企业无关的债务的，该合伙人可以以其从合伙企业中分取的收益用于清偿；债权人也可以依法请求人民法院强制执行该合伙人在合伙企业中的财产份额用于清偿。行使该项追索权的注意事项如下。

① 这种清偿必须通过民事诉讼法规定的强制执行程序进行，债权人不得自行接管债务人在合伙企业中的财产份额。

② 在强制执行个别合伙人在企业中的财产份额时，人民法院有通知其他合伙人的义务。

③ 其他合伙人有优先受让的权利。

④ 其他合伙人未购买，又不同意将该财产份额转让给他人的，依照相关规定为该合伙人办理退伙结算，或者办理削减该合伙人相应财产份额的结算。

（五）入伙与退伙

1. 入伙

入伙，是指合伙企业成立后，非合伙人加入合伙企业并取得合伙人的资格。

（1）入伙的条件与程序

根据《合伙企业法》第43条的规定，入伙应具备一定条件：

① 除合伙协议另有约定外，应当经全体合伙人同意；

② 订立书面入伙协议。

订立入伙协议时，原合伙人应履行告知义务，即应当向新合伙人如实告知原合伙企业的经营状况和财务状况。

(2) 入伙的法律后果

根据《合伙企业法》第44条的规定，入伙具有以下法律后果：

① 入伙人取得合伙人的资格；

② 新合伙人对入伙前合伙企业的债务承担无限连带责任；

③ 入伙的新合伙人与原合伙人享有同等权利，承担同等责任；入伙协议另有约定的，从其约定。

2. 退伙

退伙，是指在合伙企业存续期间，合伙人资格的消灭。

(1) 退伙的形式

① 声明退伙

声明退伙又称自愿退伙，是指合伙人基于自愿的意思表示而退伙。声明退伙又可以分为协议退伙和通知退伙，区分点主要在于合伙协议是否约定了经营期限。

根据《合伙企业法》第45条的规定，合伙协议约定合伙期限的，在合伙企业存续期间，有下列情形之一的，合伙人可以退伙：

a. 合伙协议约定的退伙事由出现；

b. 经全体合伙人一致同意；

c. 发生合伙人难以继续参加合伙的事由；

d. 其他合伙人严重违反合伙协议约定的义务。

根据《合伙企业法》第46条的规定，合伙协议未约定合伙期限的，合伙人在不给合伙企业事务执行造成不利影响的情况下，可以退伙，但应当提前30日通知其他合伙人。

合伙人违反上述两条规定，擅自退伙的，应当赔偿由此给其他合伙人造成的损失。

② 法定退伙

法定退伙，是指根据法律的规定而退伙。法定退伙又可以分为当然退伙和除名退伙。

根据《合伙企业法》第48条的规定，合伙人有下列情形之一的，当然退伙：

a. 作为合伙人的自然人死亡或者被依法宣告死亡；

b. 个人丧失偿债能力；

c. 作为合伙人的法人或者其他组织依法被吊销营业执照、责令关闭撤销，或者被宣告破产；

d. 法律规定或者合伙协议约定合伙人必须具有相关资格而丧失该资格；

e. 合伙人在合伙企业中的全部财产份额被人民法院强制执行。

根据《合伙企业法》第49条的规定，合伙人有下列情形之一的，经其他合伙人一致同意，可以决议将其除名：

a. 未履行出资义务；

b. 因故意或者重大过失给合伙企业造成损失；

c. 执行合伙事务时有不正当行为；

d. 发生合伙协议约定的事由。

对合伙人的除名决议应当书面通知被除名人。自被除名人接到除名通知之日起，除名生效，被除名人退伙。

(2) 退伙的效力

① 退伙人丧失合伙人身份，脱离原合伙协议约定的权利义务关系。

② 导致合伙财产的清理与结算，退还退伙人的财产份额，可以退还货币，也可以退还实物；参与分配盈余、分担亏损；退伙人对基于其退伙前的原因发生的合伙企业债务，承担无限连带责任。

③ 退伙并不必然导致合伙的解散，只有在合伙人为 2 人的情况下，其中一人退伙则导致合伙的解散。

三、有限合伙企业

有限合伙是由普通合伙人和有限合伙人共同组成的合伙组织。有限合伙企业及其合伙人适用《合伙企业法》有关规定；法律未作规定的，适用关于普通合伙企业及其合伙人的规定。

有限合伙企业的特殊法律规定如下。

1. 合伙人具有限制条件

(1) 人数限制

有限合伙企业由 2 个以上 50 个以下合伙人设立。

(2) 资格限制

有限合伙企业至少应当有 1 个普通合伙人。

2. 合伙协议的载明内容

除符合《合伙企业法》第 18 条的规定外，还应当载明下列事项：

(1) 普通合伙人和有限合伙人的姓名或者名称、住所；

(2) 执行事务合伙人应具备的条件和选择程序；

(3) 执行事务合伙人权限与违约处理办法；

(4) 执行事务合伙人的除名条件和更换程序；

(5) 有限合伙人入伙、退伙的条件、程序以及相关责任；

(6) 有限合伙人和普通合伙人相互转变程序。

3. 出资方式与期限的限制

(1) 方式限制

有限合伙人不得以劳务出资。

(2) 期限限制

有限合伙人应当按照合伙协议的约定按期足额缴纳出资；未按期足额缴纳的，应当承担补缴义务，并对其他合伙人承担违约责任。

4. 合伙企业事务的执行

有限合伙企业由普通合伙人执行合伙事务。有限合伙人不执行合伙事务，不得对外代表有限合伙企业。

5. 责任承担方式

普通合伙人对合伙债务承担无限责任，有限合伙人对合伙债务以其出资为限承担有限责任。

6. 没有竞业禁止、交易禁止、禁止出质、向合伙企业以外的人转让财产份额等的限制

(1) 有限合伙人可以同本有限合伙企业进行交易；但是，合伙协议另有约定的除外。

(2) 有限合伙人可以自营或者同他人合作经营与本有限合伙企业相竞争的业务；但是，合伙协议另有约定的除外。

(3) 有限合伙人可以将其在有限合伙企业中的财产份额出质；但是，合伙协议另有约定的除外。

(4) 有限合伙人可以按照合伙协议的约定向合伙人以外的人转让其在有限合伙企业中的财产份额，但应当提前30日通知其他合伙人。

四、合伙企业的解散与清算

(一) 合伙企业的解散

合伙的解散，是指因为某些法律事实的发生而使合伙归于消灭的行为。根据《合伙企业法》第85条的规定，解散的事由包括：

(1) 合伙期限届满，合伙人决定不再经营；

(2) 合伙协议约定的解散事由出现；

(3) 全体合伙人决定解散；

(4) 合伙人已不具备法定人数满30天；

(5) 合伙协议约定的合伙目的已经实现或者无法实现；

(6) 依法被吊销营业执照、责令关闭或者被撤销；

(7) 法律、行政法规规定的其他原因。

(二) 合伙企业的清算

合伙解散的结果是合伙的终止，但宣布解散到终止还有一个过程，就是清算债权债务、解决与债权债务人的关系以及合伙人内部的关系。

1. 清算人的确定

清算人由全体合伙人担任；经全体合伙人过半数同意，可以自合伙企业解散事由出现后15日内指定一个或者数个合伙人，或者委托第三人，担任清算人。自合伙企业解散事由出现之日起15日内未确定清算人的，合伙人或者其他利害关系人可以申请人民法院指定清算人。

2. 清算人的职责

根据《合伙企业法》第87条的规定，清算人在清算期间执行下列事务：

(1) 清理合伙企业财产，分别编制资产负债表和财产清单；

(2) 处理与清算有关的合伙企业未了结事务；

(3) 清缴所欠税款;

(4) 清理债权、债务;

(5) 处理合伙企业清偿债务后的剩余财产;

(6) 代表合伙企业参加诉讼或者仲裁活动。

3. 清偿的顺序

合伙企业财产在支付清算费用和职工工资、社会保险费用、法定补偿金以及缴纳所欠税款、清偿债务后的剩余财产,依照《合伙企业法》第 33 条第 1 款的规定进行分配。

合伙企业不能清偿到期债务的,债权人可以依法向人民法院提出破产清算申请,也可以要求普通合伙人清偿。合伙企业依法被宣告破产的,普通合伙人对合伙企业债务仍应承担无限连带责任。

4. 注销登记

清算结束,清算人应当编制清算报告,经全体合伙人签名、盖章后,在 15 日内向企业登记机关报送清算报告,申请办理合伙企业注销登记。

合伙企业注销后,原普通合伙人对合伙企业存续期间的债务仍应承担无限连带责任。

第三节 公司法

公司起源于中世纪的欧洲。中世纪时两个因素对于后来的公司制度具有重大意义:一是合伙制度的发展,出现了两个以上出资人共同经营的经济实体;二是法人制度的发展,出现了一些具有法人地位的经济实体。这二者的结合就形成了公司。最早的公司形式是无限公司,之后出现了两合公司,它们的出现在公司制度的演进中没有起什么划时代的作用;而股份公司的出现起到了极为深远的作用,公司已经成为主要的经济组织形式。

一、公司概述

(一) 公司的概念和特征

公司是依照法定条件与程序设立的、以营利为目的的企业法人。我国《公司法》第 3 条规定,公司是企业法人,有独立的法人财产,享有法人财产权。公司以其全部财产对公司的债务承担责任。公司具有以下特征。

1. 公司具有法人资格

公司的法人属性使公司财产与公司成员的个人财产完全区别开来,从而使公司能够以自己的名义独立地从事民事活动,并以自己的财产独立承担民事责任。公司法人资格的取得须符合以下条件。

(1) 必须依法成立

凡在我国境内设立的公司,必须依照我国《公司法》、《公司登记管理条例》及其他相关法律法规规定的条件和程序设立。所谓公司依法成立有以下三个含义:

① 公司成立应依据专门的法律,即公司法和其他有关的特别法律、行政法规;

② 公司成立应符合公司法规定的实质要件;

③ 公司成立须遵循公司法规定的程序,履行规定的申请和审批登记手续。

(2) 必须具备必要的财产

一定的财产是公司得以存在的物质基础,包括设备、材料、房屋、土地等有形资产,也包括企业名称、工业产权等无形资产。股东一旦履行了出资义务,其出资的标的物的所有权即转移至公司,构成公司的财产,公司的财产与股东个人的财产相分离,这是公司财产的重要特征,是公司能够独立承担民事责任而取得法人资格的基础,也是股东以出资为限对公司债务承担责任的依据。

(3) 必须有自己的名称、组织机构和场所

公司名称属于公司章程绝对必要记载事项之一,必须标明公司的种类;规范的公司治理结构是公司法人不同于其他法人组织的重要标志之一,包括权力机构、执行机构和监督机构;公司实施经营要有自己的场所。

(4) 必须能够以自己的名义独立承担民事责任

公司必须在依法自主经营的基础上,自负盈亏,以全部法人财产,对公司债务独立承担责任。这意味着股东除出资义务外,不再承担任何其他责任,即股东的有限责任。

2. 公司是社团法人

公司是由一定数量的成员,基于一定目的而共同组织并取得法人资格的团体,除特殊情况外公司是以其成员为基础而成立的人的集合体。

3. 公司是营利性社团法人

公司以营利为目的,是指设立公司的目的及公司的运作都是为了谋求经济利益。营利法人的宗旨是获取利润并分配于成员,实质上是对设立目的的反映,公司只有以营利为目的,实现利益最大化,才能让股东收回投资。

(二) 公司的种类

1. 以股东责任范围为标准划分

以此标准,分为无限责任公司、两合公司、股份两合公司、股份有限公司和有限责任公司,前三种公司目前数量已经很少,我国《公司法》未对这些公司作出规定,只规定了有限责任公司和股份有限公司。有限责任公司的股东以其认缴的出资额为限对公司承担责任,股份有限公司的股东以其认购的股份为限对公司承担责任。

2. 以股份转让方式为标准划分

以此标准,分为封闭式公司和开放式公司。封闭式公司又叫不公开公司、不上市公司。法律对股东人数有最高限制,公司的股份全部由公司设立时的股东所有,限制公司股份转让,禁止公司吸引公众购买公司股票或债券。有限责任公司属于封闭式公司。开放式公司又称公开公司、上市公司,是指可以按照法定程序公开招股,股东人数无法定限制,股份可以在证券市场公开自由转让,股份有限公司属于此类。

3. 以公司之间的关系为标准划分

依此标准，分为总公司与分公司、母公司与子公司。分公司是在业务、资金、人事等方面受总公司管辖而不具有法人资格的分支机构。当一个公司拥有一定比例以上的另一个公司的股份，足以将其控制时，为母公司，反之为子公司。母公司、子公司各有自己的公司名称和章程，是独立的法人。

4. 以公司的国籍为标准划分

以此标准，分为本国公司和外国公司。我国《公司法》允许外国公司在中国境内设立分支机构，但外国公司属于外国法人，其分支机构在中国境内进行经营活动而产生的民事责任由外国公司承担。

二、有限责任公司

(一) 有限责任公司的概念和特征

有限责任公司，是指股东以其认缴的出资额为限对公司承担责任，公司以其全部资产对公司债务承担责任的企业法人。有限责任公司的特征如下。

1. 股东人数有最高数额限制

根据我国《公司法》第 24 条的规定，有限责任公司由 50 个以下股东出资设立。我国新修改的公司法允许设立一人有限责任公司的立法政策，改变了原公司法关于有限责任公司股东必须有 2 人以上的规定。

2. 股东以出资额为限对公司承担责任

股东以出资额为限对公司承担责任，这是有限责任公司区别于无限责任公司、两合公司的本质特征，也是有限责任公司兼有资合性的表现。需要注意的是，有限责任是仅对股东而言的，不是指公司对外承担有限责任而言，公司是以其全部财产对公司债务承担责任的。

3. 设立手续和公司机关简易化

有限责任公司的设立手续与股份有限公司的设立手续相比较为简单，一般由全体设立人制定公司章程，各自认缴出资额，即可在公司登记机关登记设立。有限责任公司的公司机关也较为简单，不一定都要设置董事会和监事会。如我国《公司法》第 51 条、第 52 条就规定，股东人数较少和规模较小的有限责任公司可以不设董事会或监事会。一人有限责任公司和国有独资公司则不需要设立股东会。

4. 股东对外转让出资受到较为严格的限制

由于有限责任公司是人合兼资合性质的公司，股东之间的相互信任关系非常重要，因此法律对股东转让出资往往作出较严格的限制。根据我国《公司法》第 72 条的规定，有限责任公司股东向股东以外的人转让出资时，必须经全体股东过半数同意；不同意转让的股东应当购买该股东转让的出资，如果不购买该转让的出资，则视为同意转让；经股东同意转让的出资，在同等条件下，其他股东对该出资有优先购买权。

5. 公司的封闭性

有限责任公司一般属于中、小规模的公司，与股份有限公司相比，其在组织与经营上具有封闭性或非公开性。除严格限制股东对外转让出资这一点体现了公司的封闭性外，还体现在以下两点：其一，设立程序不公开；其二，公司的经营状况不向社会公开。

（二）有限责任公司的设立

1. 设立条件

根据《公司法》第 23 条的规定，设立有限责任公司，应当具备下列条件。

(1) 股东符合法定人数

《公司法》第 24 条规定：“有限责任公司由 50 个以下股东出资设立。”

① 有限责任公司由 50 个以下股东出资设立。有限责任公司不公开募集股份，管理上相对封闭，股东人数过多会影响公司的决策和经营。故对有限责任公司股东人数作出限制，控制股东人数必须在 50 人以下。

② 50 个以下的股东必须都要出资，才能设立有限责任公司。不出资，不能成为有限责任公司的股东，而且股东的出资必须符合法律规定的要求。

③ 除国有独资公司外，50 个以下的股东，既可以是自然人，也可以是法人。

(2) 股东出资达到法定资本最低限额

公司资本是由股东的出资组成的，没有股东出资，就没有公司资本。由于公司资本是公司开展经营活动的物质条件，是公司对外承担债务责任的保证，故对股东出资必须规定最低限额。

① 注册资本最低限额

一般公司注册资本的最低限额为人民币 3 万元，法律、行政法规对公司注册资本的最低限额规定高于 3 万元的，从其规定。

② 出资方式

股东可以用货币出资，也可以用实物、知识产权、土地使用权等可以用货币估价并可以依法转让的非货币财产作价出资；但是，法律、行政法规规定不得作为出资的财产除外。全体股东的货币出资金额不得低于有限责任公司注册资本的 30%。

③ 认缴方式

全体股东的首次出资额不得低于注册资本的 20%，也不得低于法定的注册资本最低限额，其余部分由股东自公司成立之日起 2 年内缴足；其中，投资公司可以在 5 年内缴足。

(3) 股东共同制定公司章程

① 设立有限责任公司，必须有公司章程，没有公司章程的，不能设立有限责任公司。

② 制定公司章程必须符合法律的规定，包括根据法律规定应当载明的事项，也包括公司自行决定是否记载的事项。

③ 公司章程由公司股东共同制定，如果是新设立的公司，则由参与设立的各个股东共同制定。所谓共同制定，是指在制定公司章程时，股东们取得协商一致，有共同的意思表示，体现全体股东的意志。

(4) 要有公司名称，建立符合有限责任公司要求的组织机构

① 任何公司都必须有名称，没有名称既不能取得注册登记，也不能正常开展经营，名称是公司登记的必备要件。

② 必须建立符合公司要求的组织机构，如股东会、董事会、监事会等。公司的运行是由公司的内部组织机构来进行的，没有相应的组织机构，公司就无法开展正常的生产经营活动。

(5) 有公司住所

公司以其主要办事机构所在地为住所。设立公司，必须有公司住所。没有住所的公司，不得设立。公司以其主要办事机构所在地为住所。

2. 设立程序

(1) 发起人发起并签订设立协议

发起人首先要对设立有限责任公司进行可行性分析和预测，确定设立公司的意向。其主要内容包括：公司经营的宗旨、项目、范围和生产规模、注册资本、投资总额及各方出资额、出资方式、经营管理、盈余的分配和风险分担的原则等。

(2) 订立公司章程

公司章程主要是规范公司成立后各方行为的，须严格按照法律、法规的规定订立。公司章程必须记载法定的绝对必要记载事项，也可以记载法定的全部或部分相对必要记载事项，还可以在不违反强制性规范和公序良俗的前提下，记载一些发起人协商一致的任意事项。根据我国《公司法》的规定，公司章程须经全体股东同意并签名盖章，报登记主管机关批准后，才能正式生效。

(3) 出资验资

股东必须按照章程的规定，缴纳所认缴的出资，否则还要对因此而给他人造成的损失承担相应的法律责任。以实物、工业产权、非专利技术或者土地使用权出资的，应当依法办理其财产权的转移手续。由依法设立的验资机构对股东出资的价值和真实性进行检验并出具检验证明。

(4) 申请名称预先核准

有限责任公司名称应当由行政区划、字号、行业、组织形式依次组成，且需在名称中标明有限责任公司或有限公司字样。

(5) 办理公司设立前置审批

这一程序并非所有有限责任公司的设立都要经过的程序。一般公司只直接注册登记就可，仅对于法律、行政法规规定必须报经批准的，应办理批准手续。

(6) 申请设立登记

登记机关对申请登记时提供的材料进行审查后，认为符合条件的，将予以登记并发给企业法人营业执照，有限责任公司即告成立。只有获得了公司登记机关颁发的营业执照，公司设立的程序才宣告结束。公司可凭企业法人营业执照刻制印章、开立银行账户、申请纳税登记，并以公司名义对外从事经营活动。有限责任公司成立后，应当向股东发放出资证明书，并制备股东名册。

(三) 有限责任公司的组织机构

根据我国《公司法》的规定，对有限责任公司的组织机构进行了多元的规定：一般的有限责任公司，其组织机构为股东会、董事会和监事会；人数较少、规模较小的有限责任公司，其组织机构为股东会、执行董事和监事。

1. 股东会

(1) 股东会的组成和地位

① 股东会由全体股东组成。股东会的组成人员是全体股东。股东参加股东会是股东作为投资人的所有者权益的重要体现。股东会不是公司常设机构，以会议形式存在。

② 股东会是权力机构。权力机构，是指公司的一切重大问题，需要由该机构来作出决议。权力机构既区别于执行机构，不执行日常业务，也区别于监督机构和咨询机构。

(2) 股东会的职权

股东会行使下列职权：① 决定公司的经营方针和投资计划；② 选举和更换非由职工代表担任的董事、监事，决定有关董事、监事的报酬事项；③ 审议批准董事会的报告；④ 审议批准监事会或者监事的报告；⑤ 审议批准公司的年度财务预算方案、决算方案；⑥ 审议批准公司的利润分配方案和弥补亏损方案；⑦ 对公司增加或者减少注册资本作出决议；⑧ 对发行公司债券作出决议；⑨ 对公司合并、分立、解散、清算或者变更公司形式作出决议；⑩ 修改公司章程等。

(3) 股东会的召开

股东会会议分为定期会议和临时会议。定期会议应当依照公司章程的规定按时召开。代表 1/10 以上表决权的股东，1/3 以上的董事，监事会或者不设监事会的公司的监事提议召开临时会议的，应当召开临时会议。

首次股东会会议由出资最多的股东召集和主持；有限责任公司设立董事会的，股东会会议由董事会召集，董事长主持；董事长不能履行职务或者不履行职务的，由副董事长主持；副董事长不能履行职务或者不履行职务的，由半数以上董事共同推举 1 名董事主持。

有限责任公司不设董事会的，股东会会议由执行董事召集和主持。董事会或者执行董事不能履行或者不履行召集股东会会议职责的，由监事会或者不设监事会的公司的监事召集和主持；监事会或者监事不召集和主持的，代表 1/10 以上表决权的股东可以自行召集和主持。

召开股东会会议，应当于会议召开 15 日前通知全体股东。

(4) 股东会的决议

股东会的议事方式和表决程序，除《公司法》有规定的外，由公司章程规定。一般情况下，股东会会议由股东按照出资比例行使表决权；但是，公司章程另有规定的除外。股东会会议作出修改公司章程、增加或者减少注册资本的决议，以及公司合并、分立、解散或者变更公司形式的决议，必须经代表 2/3 以上表决权的股东通过。股东会应当对所议事项的决定作成会议记录，出席会议的股东应当在会议记录上签名。

2. 董事会

(1) 董事会的组成和地位

① 董事会是公司的经营决策机构，受公司股东会的委托或者委任从事经营管理

活动。有限责任公司原则上应设董事会，负责公司的经营管理活动。如果公司的股东人数较少或者规模较小，只设 1 名执行董事即可负责经营管理的，可以不设董事会。

② 有限责任公司原则上应当设董事会，董事会由董事组成，法律根据各类公司的不同情况，规定了董事会的组成人员为“3 人至 13 人”，具体人数应由公司章程作出规定。两个以上的国有企业或者两个以上的其他国有投资主体投资设立的有限责任公司，其董事会成员中应当有公司职工代表；其他有限责任公司董事会成员中可以有公司职工代表。董事会中的职工代表由公司职工通过职工代表大会、职工大会或者其他形式民主选举产生。董事任期由公司章程规定，但每届任期不得超过 3 年。董事任期届满，连选可以连任。

（2）董事会的职权

董事会对股东会负责，行使下列职权：① 召集股东会会议，并向股东会报告工作；② 执行股东会的决议；③ 决定公司的经营计划和投资方案；④ 制订公司的年度财务预算方案、决算方案；⑤ 制订公司的利润分配方案和弥补亏损方案；⑥ 制订公司增加或者减少注册资本以及发行公司债券的方案；⑦ 制订公司合并、分立、解散或者变更公司形式的方案；⑧ 决定公司内部管理机构的设置；⑨ 决定聘任或者解聘公司经理及其报酬事项，并根据经理的提名决定聘任或者解聘公司副经理、财务负责人及其报酬事项；⑩ 制定公司的基本管理制度等。

（3）董事会的召开

董事会会议由董事长召集和主持；董事长不能履行职务或者不履行职务的，由副董事长召集和主持；副董事长不能履行职务或者不履行职务的，由半数以上董事共同推举 1 名董事召集和主持。

董事会的议事方式和表决程序，除《公司法》有规定的外，由公司章程规定。董事会决议的表决，实行一人一票制，即包括董事长、副董事长在内的董事会全体成员，每人只有一票的投票权，彼此之间不存在投票权大小的差别。

董事会应当对所议事项的决定作成会议记录，出席会议的董事应当在会议记录上签名。

（4）董事长和执行董事

董事会应设董事长 1 人，同时还可以根据需要设副董事长。董事长、副董事长应当是董事会成员，不是董事会成员的人不能成为董事长、副董事长。董事长、副董事长的产生办法，由公司章程确定。

股东人数较少或者规模较小的有限责任公司，可以设 1 名执行董事，不设董事会。执行董事和董事会的性质一样，属于公司的业务执行机构。执行董事可以兼任公司经理。

（5）经理

在现代公司治理结构中，经理是指在董事会的领导下负责公司日常生产经营管理工作的辅助性业务执行机构，是董事会的执行机构。

经理对董事会负责，行使下列职权：① 主持公司的生产经营管理工作，组织实施董事会决议；② 组织实施公司年度经营计划和投资方案；③ 拟订公司内部管理机构设置方案;④ 拟订公司的基本管理制度;⑤ 制定公司的具体规章;⑥ 提请聘任或者解聘公司副经理、财务负责人;⑦ 决定聘任或者解聘除应由董事会决定聘任或者解聘以外的负责管理人员;⑧ 董事会授予的其他职权。

经理列席董事会会议。

3. 监事会

(1) 监事会的组成和地位

① 监事会,是经营规模较大的有限责任公司的常设监督机关,对股东会负责。

② 监事会由监事组成,其成员不得少于 3 人。股东人数较少或者规模较小的有限责任公司,可以设 1 名至 2 名监事,不设监事会。

监事会由股东代表与职工代表这两类监事组成,监事会中的股东代表由股东会选举产生,监事会中的职工代表由公司职工通过职工代表大会、职工大会或者其他形式民主选举产生。同时,职工监事的比例不得低于监事会成员的 1/3,具体比例由公司章程规定。

监事会主席从监事会成员中选举产生,须经全体监事的过半数同意。监事会主席仅负责召集和主持监事会,其他权利与普通监事相同。在监事会主席不能履行或者不履行召集和主持监事会的职权时,半数以上的监事可以共同推举 1 名监事来召集和主持监事会。监事的任期为 3 年。监事任期届满,连选可以连任。

③ 监事任职的禁止性规定。我国《公司法》明确规定,董事、高级管理人员不能兼任监事。这里的高级管理人员,包括公司的经理、副经理、财务负责人,上市公司董事会秘书和公司章程规定的其他人员。

(2) 监事会的职权

监事会、不设监事会的公司的监事行使下列职权:① 检查公司财务;② 对董事、高级管理人员执行公司职务的行为进行监督,对违反法律、行政法规、公司章程或者股东会决议的董事、高级管理人员提出罢免的建议;③ 当董事、高级管理人员的行为损害公司的利益时,要求董事、高级管理人员予以纠正;④ 提议召开临时股东会会议,在董事会不履行《公司法》规定的召集和主持股东会会议职责时召集和主持股东会会议;⑤ 向股东会会议提出提案;⑥ 依照《公司法》第 152 条的规定,对董事、高级管理人员提起诉讼;⑦ 公司章程规定的其他职权。

监事可以列席董事会会议。

(3) 监事会的会议制度

监事会每年度至少召开一次会议,监事可以提议召开临时监事会会议。

监事会的议事方式和表决程序,除《公司法》有规定的外,由公司章程规定。监事会决议应当经半数以上监事通过。

监事会应当对所议事项的决定作成会议记录,出席会议的监事应当在会议记录上签名。

(四) 一人有限责任公司

1. 一人有限责任公司的概念与特征

一人有限责任公司简称一人公司、独资公司或独股公司,是指只有一个自然人股东或者一个法人股东的有限责任公司。

一人有限责任公司有两个基本法律特征：一是股东人数的唯一性；二是股东责任的有限性。

2. 一人有限责任公司的特殊规定

(1) 对投资主体的要求

一人有限责任公司的投资主体是一个自然人或者一个法人，强调股东的唯一性。自然人股东应当是完全行为能力人，至于法人股东，《公司法》并没有特别限制，只把非法人企业排除在外。同时对一个投资主体同时设立数个一人有限责任公司作出限制，明确规定一个自然人只能投资设立一个一人有限责任公司。

(2) 对注册资本最低限额的要求

采取法定资本制，规定一人有限责任公司的注册资本最低限额为10万元，由股东一次足额缴纳。

(3) 特别公示的要求

为了维护交易安全，保护债权人的利益，规定了一人有限责任公司在设立时应公开登记，记载于公司登记机关的登记簿上，以备公司债权人或其他相关人查阅。法律明确规定，一人有限责任公司应当在公司登记中注明自然人独资或者法人独资，并在公司营业执照中载明。

(4) 特殊的公司治理结构

一人有限责任公司股东的唯一性决定了其权力机构的特殊性，《公司法》明确规定了一人有限责任公司不设股东会。一人股东在行使股东会职权作出相应决定时，应当采用书面形式，由股东签名后置备于公司。对于一人有限责任公司的董事会、监事会和经理，《公司法》并没有作出特别规定，仍应适用普通有限责任公司的相关规定。

(5) 对财务的监督

一人有限责任公司的股东兼任执行董事是普遍存在的，使得股东个人交易极易与公司财务混同，应对一人有限责任公司的财务进行特别监督。根据《公司法》第63条的规定，一人有限责任公司应当在每一会计年度终了时编制财务会计报告，并经会计师事务所审计。

(6) 法律责任

在承认公司具有独立人格的前提下，为防止一人有限责任公司的股东滥用公司独立人格进行经营活动，法律明确规定，一人有限责任公司的股东不能证明公司财产独立于股东自己的财产的，应当对公司债务承担连带责任。

三、股份有限公司

(一) 股份有限公司的概念和特征

股份有限公司又称股份公司，是指其全部资本分为等额股份，股东以其所持股份为限对公司承担责任，公司以其全部资产对公司的债务承担责任的企业法人。

1. 公司资本分为等额股份

在股份有限公司中，公司资本全部分为等额股份，股份成为公司资本的计算单位，以及确定股东权利及义务大小的计算单位。

2. 设立程序较为复杂

由于股份有限公司规模较大、股东人数较多，具有较大的社会影响，因此，法律对股份有限公司的设立程序规范较为严格，干预程度也较大。

3. 资合性

股份有限公司是典型的资合公司，公司的信用在于财产。在公司内部，股东彼此之间的联合是以各自出资的财产为基础，一般不存在人身信任因素；股东所持有的股份也可以任意转让给任何人而不必经其他股东同意，任何愿意向股份有限公司出资的人，均可以成为股份有限公司的股东。

4. 开放性与社会性

股份有限公司可以通过对外公开发行股票，向社会募集资金。任何投资者都可以通过购买股票而成为股份有限公司的股东，从而使股份有限公司具有最广泛的社会性。股东可以自由转让其持有的公司股份。

(二) 股份有限公司的设立

1. 设立条件

(1) 发起人符合法定人数

设立股份有限公司，应当有 2 人以上 200 人以下为发起人，其中须有半数以上的发起人在中国境内有住所。

(2) 发起人认购和募集的股本达到法定资本最低限额

股份有限公司注册资本的最低限额为人民币 500 万元。法律、行政法规对股份有限公司注册资本的最低限额有较高规定的，从其规定。

发起人可以用货币出资，也可以用实物、知识产权、土地使用权等可以用货币估价并可以依法转让的非货币财产作价出资，且应当依法办理其财产权的转移手续，将财产权同发起人转归公司所有。但全体股东的货币出资金额不得低于有限责任公司注册资本的 30%。

(3) 股份的发行、筹办事项符合法律规定

以发起方式设立股份有限公司的，发起人应当书面认足公司章程规定其认购的股份；一次缴纳的，应即缴纳全部出资；分期缴纳的，应即缴纳首期出资，公司全体发起人的首次出资额不得低于注册资本的 20%，其余部分由发起人自公司成立之日起 2 年内缴足；其中，投资公司可以在 5 年内缴足。在缴足前，不得向他人募集股份。

以募集方式设立股份有限公司的，发起人认购的股份不得少于公司股份总数的 35%，其余股份应当向社会公开募集。发起人向社会公开募集股份时，必须依法经国务院证券管理部门批准，并公告招股说明书，制作认股书，由依法批准设立的证券经营机构承销，签订承销协议，同银行签订代收股款协议，由银行代收和保存股款，向认股人出具收款单据。招股说明书应载明下列事项：① 发起人认购的股份数；② 每股的票面金额和发行价格；③ 无记名股票的发行总数；④ 募集资金的用途；⑤ 认股人的权利、义务；⑥ 本次募股的起止期限及逾期募足时认股人可以撤回所认股份的说明。

(4) 发起人制定公司章程，并经创立大会通过

章程是公司内部的“法律”，在公司成立后对发起人、股东、公司机关及公司均有约束力。

(5) 有公司名称，建立符合公司要求的组织机构

名称是股份有限公司作为法人必须具备的条件。公司名称必须符合企业名称登记管理的有关规定，股份有限公司的名称还应标明“股份有限公司”字样。股份有限公司必须有一定的组织机构，对公司实行内部管理和对外代表公司。

(6) 有公司住所

公司住所是确定诉讼管辖地及法律文书送达的基本场所，具有重要的法律意义。

2. 设立程序

股份有限公司的设立程序因发起设立和募集设立的不同而有所区别。

(1) 发起设立的程序

① 发起人之间以书面形式订立发起人协议。发起人协议通常包括以下一些主要内容：发起人的姓名以及住所；公司拟发行的股份类别，每股的面值、发行价；每个发起人的认购数额、出资类别；发起人缴纳股款、交付现物、转让财产权利的时间和方式以及发起费用的预算、开支和每一个发起人的发起费用的负担等。

② 发起人订立书面协议以后就应该按照协议的规定缴纳出资认购股份。以现金之外的其他财产或财产权利出资的需要由有关的中介机构进行评估，并且要依法办理有关的财产权利的转移手续。

③ 发起人交付全部出资以后，应当选举董事会和监事会，并由董事会向公司登记机关报送设立公司所必需的批准文件、公司章程、验资证明等文件，申请设立登记。

(2) 募集设立的程序

① 发起人首先要做的是与前述的发起设立的程序中前两步相同的步骤。有所区别的是，在发起设立中，发起人要认购全部的股份；而在募集设立中，发起人只认购全部拟股份中的一部分，我国《公司法》规定认购数额应不少于首期发行股份数的35%。

② 制定招股说明书。招股说明书是向非特定的社会公众发出的认购股份的书面说明，该说明书在发出以前应当经过国务院证券管理部门的批准。

③ 向国务院递交募股申请。申请时，还必须同时报送《公司法》规定的一些文件，如公司章程、经营估算书、发起人的姓名、认购的股份数等。

④ 募股申请经国务院主管部门批准以后，发起人应该公告招股说明书，并制作认股书。公告招股说明书是应该根据所要募集的范围在相应的报刊上予以公告。

同时，发起人必须制作认股书。认股书应载明《公司法》所要求的内容，由认股人填写有关事项，如认购的股数、金额、认股人的住所等。

⑤ 发起人应该同依法设立的证券经营机构签订承销协议，并与银行签订代收股款的协议。发起人要募集股份，必须通过证券经营机构进行，而且必须与银行签订代收股款的协议，由银行代为收取和保存认股人缴纳的股款。

⑥ 取得验资证明。发起人在股款募足以后，必须请中立的机构或专家出具证明全部股份已经如数缴纳的文件，这一文件是申请公司注册的必备文件。

⑦ 召集由认股人组成的创立大会。创立大会的工作主要是选举董事会、监事会

成员，并审议发起人的募股情况，作出设立公司与否的决定。

⑧ 由创立大会选举的董事会向公司登记机关报送有关文件，申请设立登记。董事会应该在创立大会结束后的法定日期内向公司的登记机关报送《公司法》要求的相关文件，申请设立公司。

(三) 股份有限公司的组织机构

根据我国《公司法》的规定，股份有限公司的内部组织机构分为股东大会、董事会和监事会。

1. 股东大会

(1) 股东大会的组成和地位

股份有限公司的股东大会由全体股东组成。股东大会是公司的权力机构，为股份有限公司必须设立的机关。

(2) 股东大会的职权

有限责任公司股东会职权的规定，适用于股份有限公司股东大会，主要有两大类：一是审议批准事项；二是决定、决议事项。

(3) 股东大会的召开

股东大会可以划分为股东年会和临时股东大会。有下列情形之一的，应当在2个月内召开临时股东大会：① 董事人数不足《公司法》规定人数或者公司章程所定人数的2/3时；② 公司未弥补的亏损达实收股本总额1/3时；③ 单独或者合计持有公司10%以上股份的股东请求时；④ 董事会认为必要时；⑤ 监事会提议召开时；⑥ 公司章程规定的其他情形。

(4) 股东大会的决议

① 表决权

表决权，是指股东对股东大会决议的某一事项表示意见的权利。股东出席股东大会会议，所持每一股份有一表决权。但是，公司持有的本公司股份没有表决权。

股东大会作出决议，必须经出席会议的股东所持表决权过半数通过。但是，股东大会作出修改公司章程、增加或者减少注册资本的决议，以及公司合并、分立、解散或者变更公司形式的决议，必须经出席会议的股东所持表决权的2/3以上通过。

② 累积投票制

累积投票制，是指股东大会选举董事或者监事时，每一股份拥有与应选董事或者监事人数相同的表决权，股东拥有的表决权可以集中使用。累积投票制在一定程度上为中小股东的代言人进入董(监)事会提供了保障。

③ 出席代理

出席股东大会并行使表决权会议是股东固有的权利。但股东可能因某些特殊原因无法出席股东大会会议，为保证其能够充分地行使自己的权利，股东可以委托他人代理自己出席股东大会会议，并在授权范围内行使表决权。

2. 董事会

(1) 董事会的组成和地位

① 董事会是股份有限公司必设的业务执行和经营意思决定机构，对股东大会

负责。

② 股份有限公司设董事会，其成员为 5 人至 19 人。董事会成员中可以有公司职工代表。董事会中的职工代表由公司职工通过职工代表大会、职工大会或者其他形式民主选举产生。

董事会设董事长 1 人，可以设副董事长。董事长和副董事长由董事会以全体董事的过半数选举产生。

（2）董事会的职权

有限责任公司董事会职权的规定，适用于股份有限公司董事会。

（3）董事会的召开

董事会每年度至少召开 2 次会议，每次会议应当于会议召开 10 日前通知全体董事和监事。代表 1/10 以上表决权的股东、1/3 以上董事或者监事会，可以提议召开董事会临时会议。

董事会会议应有过半数的董事出席方可举行。董事会作出决议，必须经全体董事的过半数通过。董事会决议的表决，实行一人一票。

（4）经理

股份有限公司设经理，由董事会决定聘任或者解聘。公司董事会可以决定由董事会成员兼任经理。有限责任公司经理职权的规定，适用于股份有限公司经理。

（5）特殊规定

① 公司向高管人员借款的禁止。

公司不得直接或者通过子公司向董事、监事、高级管理人员提供借款。

② 高管人员的报酬披露

公司应当定期向股东披露董事、监事、高级管理人员从公司获得报酬的情况。

3. 监事会

（1）监事会的组成和地位

① 监事会是股份有限公司必设的监察机构，对公司的财务及业务执行情况进行监督。

② 监事会，其成员不得少于 3 人。监事会应当包括股东代表和适当比例的公司职工代表，其中职工代表的比例不得低于 1/3，具体比例由公司章程规定。监事会中的职工代表由公司职工通过职工代表大会、职工大会或者其他形式民主选举产生。

监事会设主席 1 人，可以设副主席。监事会主席和副主席由全体监事过半数选举产生。

③ 董事、高级管理人员不得兼任监事。

（2）监事会的职权

有限责任公司监事会职权的规定，适用于股份有限公司监事会。

（3）监事会的会议制度

监事会每 6 个月至少召开一次会议。监事可以提议召开临时监事会会议。

监事会的议事方式和表决程序，除《公司法》有规定的外，由公司章程规定。监事会决议应当经半数以上监事通过。

(四) 股份的发行与转让

1. 股份与股票

(1) 股份是股份有限公司特有的概念，是股份有限公司资本最基本的构成单位。股份具有以下特征：股份所代表的金额相等；股份表示股东享有权益的范围；股份通过股票这种证券形式表现出来。

股份有限公司的股份依据不同的标准，可以划分为不同的种类。

① 记名股和无记名股

记名股，是指将股东姓名记载于股票之上的股份。记名股不仅要求在股票上记载股东姓名，而且要求记载于公司的股东名册上。记名股的股东权利并不完全依附于股票。记名股转让时，应作记名背书，并在移交股票后，变更公司股东名册上的记载。

无记名股，是指发行的不将股东姓名记载于股票之上的股份。这种股份的股东权利完全依附于股票，凡持票人均可主张其股东权利。无记名股在转让时，只需在合法场所交付于受让人，即可发生股权转移的效力。无记名股票通常是向自然人股东发行的股票。

公司发行的股票可以为记名股票，也可以为无记名股票。所以，记名股票和无记名股票都是可以发行的。但公司向发起人、法人发行的股票，应当为记名股票，并应当记载该发起人、法人的名称或者姓名，不得另立户名或者以代表人姓名记名。

② 国家股、法人股、个人股和外资股

这是我国目前特有的股份种类之一。

国家股，是指由国家授权投资的机构或者国家授权的部门，以国有资产向公司投资形成的股份。

法人股，是指由一个具有法人资格的组织以其可支配的财产向公司投资形成的股份。根据投资法人的种类不同，法人股又分为企业法人股、事业单位法人股和社会团体法人股三种。

个人股，是指以个人合法取得的财产向公司投资形成的股份。个人股包括社会个人股和本公司内部职工个人股两种。

外资股，是指外国和中国港、澳、台地区的投资者，以购买人民币特种股票的形式，向公司投资形成的股份。外资股又分为法人外资股和个人外资股。

(2) 股票是股份有限公司股份证券化的形式，是股份有限公司签发的证明股东所持股份的凭证。股份有限公司的股份采取股票的形式。

2. 股份发行

(1) 股份发行的原则

股份的发行，实行公平、公正的原则。具体而言，股份有限公司发行股份时应当做到：其一，当公司向社会公开募集股份时，应就有关股份发行的信息依法公开披露，其中，包括公告招股说明书、财务会计报告等；其二，同次发行的股份，每股的发行条件和价格应当相同，任何单位或者个人所认购的股份，每股应当支付相同价额；其三，发行的同种股份，股东所享有的权利和利益应当是相同的。

(2) 股票的发行价格

股票发行价格可以按票面金额，也可以超过票面金额即股票溢价发行，但不得低于票面金额发行股票。以超过票面金额发行股票所得溢价款，应列入公司资本公积金。

3. 股份的转让

股份转让实行自由转让的原则。每个股东都有权根据《公司法》的规定，转让自己的股份。

四、公司的合并、分立、解散与清算

（一）公司的合并

1. 公司合并的概念

公司合并，是指两个或两个以上的公司通过订立合并协议，依法定程序，不经过清算程序，直接结合组成一个新的公司的法律行为。

2. 公司合并的种类

公司合并可以采取吸收合并或者新设合并。一个公司吸收其他的公司为吸收合并，被吸收的公司解散。两个以上公司合并设立一个新的公司为新设合并，合并各方解散。公司合并是公司变更的一种特殊形式。

3. 公司合并的程序

（1）须股东会或股东大会作出合并决议

公司合并是公司内部的重大问题，既涉及股东、债权人的权益，又涉及社会的稳定，属于股东会或股东大会的权力范围，应由股东会或股东大会作出决议方为有效。

（2）签订合并协议

公司合并应当由公司股东会或者股东大会作出合并决议，之后订立合并决议。需注意，公司合并协议是公司合并双方或者多方协商一致的结果，须遵守法律如《合同法》、《公司法》等法律、行政法规的规定。

（3）编制公司的资产负债表及财产清单

在签订合并协议的同时，合并双方应编制资产负债表和财产清单，以供债权人查询。资产负债表应明确公司资产的借贷情况，财产清单应将公司所有的动产、不动产、债权、债务及其他资产分别注明。

（4）通知债权人

公司股东会或股东大会等作出合并决议之日起 10 日内通知债权人，并于 30 日内在报纸上进行公告。债权人自接到通知书之日起 30 日内，未接到通知书的自公告之日起 45 日内，可以要求公司清偿债务或者提供担保，超过以上期限未向公司提出要求的，视为承认公司的合并。

（5）进行资本的合并和财产的移转

完成了催告债权的程序后，合并的公司即可进行资本的合并及财产的移转。在完成资本的融合程序后，合并后存续的公司或合并后新设的公司应召集股东会议，报告合并事宜，变更或重新订立公司章程。

（6）办理合并登记手续

① 因合并而存续的公司，须进行变更登记；② 因合并而消灭的公司，须进行注销

登记;③ 因合并而设立的公司,须进行设立登记。

4. 公司合并的法律后果

公司合并时,合并各方的债权、债务,应当由合并后存续的公司或者新设的公司承继。

① 对公司法人资格的影响

被吸收方的法人资格终止,应当办理注销登记。在吸收合并时,存续公司的股东、资本等都发生了变化,需修改公司章程并办理变更登记。在新设合并时,因合并形成了一个新的公司,故需办理设立登记。

② 产生债权债务的法定概括移转

公司合并的法律后果之一就是债权、债务的接受(即权利义务的概括承受)。债权、债务的接受,是指合并后存续的公司或者新设立的公司,必须无条件地接受因合并而消灭的公司的对外债权与债务。具体而言:在新设合并的场合,合并各方的债权债务由新的公司法人概括承受,原债权人有权请求新设公司承担债务清偿义务。在吸收合并的场合,被吸收方的原债权人有权请求吸收方(兼并方)承担债务清偿义务。

(二) 公司的分立

1. 公司分立的概念

公司分立,是指一个公司通过订立分立协议,不经过清算程序分为两个或两个以上公司的法律行为。

2. 公司分立的种类

公司分立有两种形式,即新设分立和派生分立。公司法未对公司分立形式作出规定。派生分立,是指一个公司分立成两个以上公司,本公司继续存在并设立一个以上的新公司。新设分立,是指一个公司分解为两个以上公司,本公司解散并设立两个以上的新公司。

3. 公司分立的程序

公司分立的程序与公司合并的程序基本相同。公司分立应履行以下义务。

① 进行财产分割。公司分立前分立各方(包括分立发起人之间、分立发起人与原公司法定代表人之间)应签订分立协议,对公司的债权债务等作出妥善处理,对其财产作相应分割,同时还应编制资产负债表及财产清单。

② 通知债权人。公司分立涉及债权人的利益,公司作出分立决议以后,应当自作出分立决议之日起 10 日内通知债权人,并于 30 日内在报纸上公告。债权人自得知公司分立后应立即到公司请求自己的债权。

③ 公司分立后应办理相应的登记手续。

4. 公司分立的法律后果

公司分立后,由分立各方按照公司决议规定的份额分割公司财产,并按照公司分立前与债权人达成的清偿协议承担债务。公司若没有与债权人达成清偿协议就分立的,由分立后的公司对分立前的债务承担连带责任,以保障交易安全和债权人的合法权益。

(三) 公司的解散与清算

1. 公司解散的原因

公司解散,是指已成立的公司基于一定的合法事由而使公司消失的法律行为。公司解散的原因有两大类：一类是一般解散的原因；另一类是强制解散的原因。

(1) 一般解散的原因

一般解散的原因，是指只要出现了解散公司的事由公司即可解散。我国《公司法》规定的一般解散的原因如下。

① 公司章程规定的营业期限届满或者公司章程规定的其他解散事由出现时。但在此种情形下，可以通过修改公司章程而使公司继续存在，并不意味着公司必须解散。

② 股东会或者股东大会决议解散。

③ 因公司合并或者分立需要解散。

(2) 强制解散的原因

强制解散的原因，是指由于某种情况的出现，主管机关或人民法院命令公司解散。我国《公司法》规定强制解散公司的原因如下。

① 行政强制解散，依法被吊销营业执照、责令关闭或者被撤销。

② 司法强制解散，人民法院依照《公司法》第183条的规定予以解散。

当公司经营管理发生严重困难，继续存在会使股东利益受到重大损失，通过其他途径不能解决的，持有公司全部股东表决权10%以上的股东可以请求人民法院解散公司。

2. 公司的清算

公司清算，是指公司被依法宣布解散后，依照一定程序了结公司事务，收回债权，清偿债务并分配财产，使公司归于消灭的一系列法律行为和制度的总称。我国实行"先散后算"制度。根据我国《公司法》的规定，公司除因合并或分立解散无须清算，以及因破产而解散的公司适用破产清算程序外，其他解散的公司都应当按照《公司法》的规定进行清算。清算是公司解散到公司终止前的一个必经程序，具体内容如下。

(1) 成立清算组

解散的公司，应当在解散事由出现之日起15日内成立清算组，开始清算。有限责任公司的清算组由股东组成，股份有限公司的清算组由董事或者股东大会确定的人员组成。逾期不成立清算组进行清算的，债权人可以申请人民法院指定有关人员组成清算组进行清算。

清算组在清算期间行使下列职权：① 清理公司财产，分别编制资产负债表和财产清单；② 通知、公告债权人；③ 处理与清算有关的公司未了结的业务；④ 清缴所欠税款以及清算过程中产生的税款；⑤ 清理债权、债务；⑥ 处理公司清偿债务后的剩余财产；⑦ 代表公司参与民事诉讼活动。

(2) 通知、公告债权人申报债权

清算组应当自成立之日起10日内通知债权人，并于60日内在报纸上公告。债权人应当自接到通知书之日起30日内，未接到通知书的自公告之日起45日内，向清算组申报其债权。债权人申报债权，应当说明债权的有关事项，并提供证明材料。清算组应当对债权进行登记。在申报债权期间，清算组不得对债权人进行清偿。

(3) 清理债权、债务

清算期间，公司存续，但不得开展与清算无关的经营活动。清算组在清理公司财产、编制资产负债表和财产清单后，应当制订清算方案，并报股东会、股东大会或者人民法院确认。

公司财产在分别支付清算费用、职工的工资、社会保险费用和法定补偿金，缴纳所欠税款，清偿公司债务后的剩余财产，有限责任公司按照股东的出资比例分配，股份有限公司按照股东持有的股份比例分配。

清算组在清理公司财产、编制资产负债表和财产清单后，发现公司财产不足清偿债务的，应当依法向人民法院申请宣告破产。

（4）清算终结

公司清算结束后，清算组应当制作清算报告，报股东会、股东大会或者人民法院确认，并报送公司登记机关，申请注销公司登记，公告公司终止。

第四节　外商投资企业法

1979年通过，并于1990年和2001年修改的《中外合资经营企业法》及其实施条例，是中外合资经营企业的主要法律依据。1988年通过，并于2000年修改的《中外合作经营企业法》及其实施细则，是中外合作经营企业主要的法律依据。1986年通过，并于2000年修改的《外资企业法》及其实施细则，是外资企业适用的主要依据。

《公司法》第218条规定："外商投资的有限责任公司和股份有限公司适用本法；有关外商投资的法律另有规定的，适用其规定。"可见，《公司法》的相关规定也可适用于外商投资企业。

一、外商投资企业法概述

（一）外商投资企业的概念和特征

外商投资企业，是指按照中华人民共和国的法律规定，在中国境内设立的，由中国投资者和外国投资者共同投资或者仅由外国投资者投资的企业。所称的中国投资者，包括中国的公司、企业或者其他经济组织，外国投资者包括外国的公司、企业或者其他经济组织或者个人。外商投资企业具有以下特征：

（1）外商投资企业是外国投资参与或单独投资的企业；

（2）外商投资企业是依照中国的法律，在中国境内设立的企业；

（3）外商投资企业是外国企业、其他经济组织、个人以私人直接投资在中国境内设立的企业。

（二）外商投资企业的种类

外商投资企业是一个总的概念。依据外商在企业注册资本和资产中所占股份和份额的比例不同，以及其他法律特征的不同，可将外商投资企业分为中外合资经营企业、中外合作经营企业和外商独资企业三种类型。

(三) 外商投资企业受中国法律的管辖和保护

外商投资企业必须遵守东道国的法律法规，这是国际上通行的做法。在中国境内设立的外商投资企业，都是中国的法律主体，符合中国法人条件的，依法取得中国法人资格。

二、中外合资经营企业法

(一) 中外合资经营企业的概念和特征

中外合资经营企业，是指外国合营者与中国合营者依照中华人民共和国法律的规定，在中国境内共同出资设立的由各个投资方共同经营，并按出资比例分享利润和分担风险的企业。中外合资经营企业具有以下法律特征。

(1) 中外合资经营企业是根据中国的有关法律，在我国境内设立的企业，是中国的企业。

(2) 中外合资经营企业是由中国合营方与外国合营方共同出资设立的企业。其中外国合营方包括外国的企业、其他经济组织或个人，中国的合营方包括中国的企业或其他经济组织。

(3) 中外合资经营企业的合营各方按照法律的有关规定和合同的约定共同出资，共同参与企业的经营，并且按照各自的出资比例承担风险和分享利润。

(4) 中外合资经营企业是在中国境内，按中国法律规定取得法人资格，为中国法人，组织形式为有限责任公司。

(二) 中外合资经营企业的设立

1. 设立条件

在中国境内设立的中外合资经营企业，应当能够促进中国经济的发展和科学技术水平的提高，有利于社会主义现代化建设。国家鼓励、允许、限制或禁止设立合营企业的行业，按照国家指导外商投资方向的《外商投资产业指导目录》执行。

根据法律规定，申请设立合营企业有下列情况之一的，不予批准：(1) 有损中国主权的；(2) 违反中国法律的；(3) 不符合中国国民经济发展要求的；(4) 造成环境污染的；(5) 签订的协议、合同、章程显属不公平，损害合营一方权益的。

2. 设立程序

合营企业的设立一般要经过申请、审批和登记三个阶段。

(1) 申请

申请设立合营企业，由中外合营者共同向审批机构报送下列文件：① 设立合营企业的申请书；② 合营各方共同编制的可行性研究报告；③ 由合营各方授权代表签署的合营企业协议、合同和章程④ 由合营各方委派的合营企业董事长、副董事长、董事的人选名单；⑤ 审批机构规定的其他文件。

(2) 审批

在中国境内设立合营企业，必须报国家对外经济贸易主管部门审查批准。批准后，发给批准证书。凡具备下列条件的，国务院授权省、自治区、直辖市人民政府或者国务院有关部门审批：① 投资总额在国务院规定的投资审批权限以内，中国合营者的资金来源已经落实的；② 不需要国家增拨原材料，不影响燃料、动力、交通运输、外贸出口配额等方面的全国平衡的。

审批机关自接到报送的全部文件后，于3个月内决定批准或不批准。

（3）登记

合营企业的申请者应当自收到批准证书之日起1个月内，按照国家有关规定，向工商行政管理机关办理登记手续。登记机构应当在受理申请后30天内，作出核准登记或者不予核准登记的决定。核准登记的，领取《企业法人营业执照》，取得中国法人资格。合营企业营业执照的签发日期，为合营企业的成立日期。

（三）中外合资经营企业的组织形式与注册资本

中外合资经营企业的组织形式为有限责任公司，合营企业以其全部资产对其债务承担责任，合营企业的中外合资各方以其认缴的出资额为限对企业债务承担有限责任。

1. 注册资本

（1）中外合资经营企业的注册资本，是指为设立合营企业在登记管理机构登记的资本总额，应为合营各方认缴的出资额之和。对注册资本的数额《中外合资经营企业法》没有特别的要求，因此适用我国《公司法》对有限责任公司的注册资本数额的规定。

（2）中外合资经营企业在经营期限内可以根据其经营需要按照法定的程序增加注册资本，但一般不得将注册资本减少。

（3）合营各方的出资比例，根据《中外合资经营企业法》的规定，在合资企业的注册资本中，外国合营者的投资比例一般不低于25%，但对于外资比例的上限没有规定。

2. 合营各方的出资方式

合营各方的出资方式包括现金、实物、工业产权、专有技术和场地使用权等。

3. 合营各方的出资期限

（1）根据我国法律和行政法规的规定，外商投资企业的投资应按照项目进度，在合同章程中明确规定出资期限。未作规定的，审批机关不予批准，登记机关不予登记注册。

（2）合营合同中规定一次缴清出资的，合营各方应当从营业执照签发之日起6个月缴清，合营合同中规定分期缴付出资的，合营各方第一期出资，不得低于各自认缴出资额的15%，且应当在营业执照签发之日起3个月内缴清。

（3）外商投资企业投资各方未能在规定的期限内缴付出资的，视同外商投资企业自动解散，外商投资企业批准证书自动失效。

（4）外商投资企业投资一方未按照合同的规定如期缴付或者缴清其出资的，即构成违约。

（四）中外合资经营企业的组织机构

1. 权力机构

董事会是中外合资经营企业的最高权力机构。

（1）董事会的组成

董事会的人数由合营各方协商，在合营企业合同、章程中予以确定，但不得少于3人。董事名额的分配，由合营各方参照出资比例协商确定。董事任期4年，经合营方继续委派可以连任。

董事会的董事长和副董事长由合营各方协商确定或由董事会选举产生。中外合营一方担任董事长的，由他方担任副董事长。董事长是合营企业的法定代表人，其职责包括召集和主持董事会议、监督执行董事会的决议、对外代表合营企业等，董事长因故不能执行其职责时，应当授权副董事长或其他董事代行其职责。

（2）董事会的职权

董事会的职权是按合营企业章程的规定，讨论决定合营企业的一切重大问题，包括企业发展规划、生产经营活动方案、收支预算、利润分配、劳动工资计划、停业以及总经理、副总经理、总工程师、总会计师、审计师的任命或聘请及其职权和待遇等。

（3）董事会议

董事会会议每年至少召开一次，会议地点一般应为合营企业法定地址所在地。经1/3以上董事提议，可以召开董事会临时会议。董事会应有2/3以上董事出席方能举行。董事会对下列事项作出决议须由出席董事会会议的董事一致通过方可：① 合营企业章程的修改；② 合营企业的中止、解散；③ 合营企业注册资本的增加、转让；④ 合营企业的合并、分立。其他事项可以根据合营企业章程载明的议事规则作出决议。

2. 经营管理机构

合营企业应设立经营管理机构，负责企业的日常经营管理工作。

经营管理机构设总经理一人，副总经理若干人，由董事会聘请。经董事会聘请，董事长、副董事长、董事可以兼任合营企业的总经理、副总经理或其他高级管理职务。

（五）中外合资经营企业的合营期限与解散

1. 合营企业的合营期限

合营企业的合营期限，可以约定，也可以不约定。约定合营期限的，合营各方同意延长合营期限的，应当在距合营期满6个月前向审批机关提出申请。审批机关应自接到申请之日起1个月内决定批准或不批准。

2. 合营企业的解散

合营企业在下列情形下解散：（1）合营期限届满；（2）合营企业发生严重亏损，无力继续经营；（3）合营一方不履行合营企业协议、合同、章程规定的义务，致使企业无法继续经营；（4）因自然灾害、战争等不可抗力遭受严重损失，无法继续经营；（5）合营企业未达到其经营目的，同时又无发展前途；（6）合营企业合同、章程所规定的其他解散原因已经出现。

3. 合营企业的清算

合营企业宣告解散时，应当进行清算。合营企业应当按照《外商投资企业清算办法》的规定成立清算委员会，由清算委员会负责清算事宜。清算工作结束后，由清算委员会提出清算结束报告，提请董事会会议通过后，报告审批机构，并向登记管理机构办理注销登记手续，缴销营业执照。

三、中外合作经营企业法

(一) 中外合作经营企业的概念和特征

中外合作经营企业，是指中国合作者与外国合作者依照中华人民共和国法律的规定，在中国境内共同举办的，按照合作企业合同的约定分配收益或者产品、分担风险和亏损的企业。与合营企业相比较，合作企业具有以下的特点。

1. 合营方式不同

合营企业属于股权式的合营。而合作企业属于契约式的合营，中外合作各方通过签订合同具体确定各方的权利和义务。

2. 组织形式不同

合营企业必须是依法取得中国法人资格的企业，为有限责任公司，而合作企业可以是依法取得中国法人资格的企业，为有限责任公司；也可以是不具备法人资格的企业，不具备法人资格的合作企业及其合作各方，依照中国民事法律的有关规定承担民事责任。

3. 投资回收方式不同

合营企业只有在依法终止时，外国合营者才能收回自己的资本，在合营企业存续期内，外国合营者是不能收回自己的资本的；而合作企业中的外国合作者在一定条件下可以先行回收投资。

4. 利润分配方式不同

合营企业是在毛利润扣除所得税和按规定提取的基金后，将净利润按各方的股权比例进行分配；而合作企业是按合同约定的方式和比例分配利润，可以采取净利润分成、产品分成或产值分成等分配方式。

5. 经营管理机构不同

合营企业的经营管理机构是董事会及董事会领导下的经营管理机构；而合作企业的经营管理机构具有多样性，可以采取董事会制，也可以采取联合管理委员会制，还可以采用委托管理制。

(二) 中外合作经营企业的设立

1. 设立条件

在中国境内举办中外合作经营企业，应当符合国家的发展政策和产业政策，遵守国家关于指导外商投资方向的规定。国家鼓励创办产品出口的或者技术先进的生产型合作企业。

申请设立合作企业，有下列情形之一的，不予批准：(1) 损害国家主权或者社会公共利益的；(2) 危害国家安全的；(3) 对环境造成污染损害的；(4) 有违反法律、行政法规或者国家产业政策的其他情形的。

2. 设立程序

(1) 申请和审批

申请设立中外合作经营企业，应当向审批机关报送下列文件：① 设立合作企业的项目建议书；② 合作各方共同编制的可行性研究报告；③ 由合作各方的法定代表人或其授权的代表签署的合作企业协议、合同、章程；④ 合作各方的营业执照或者注册登记证明、资信证明及法定代表人的有效证明文件，外国合作者是自然人的，应当提供有关其身份、履历和资信情况的有效证明文件；⑤ 合作各方协商确定的合作企业董事长、副董事长、董事或者联合管理委员会主任、副主任、委员的人选名单；⑥ 审查批准机关要求报送的其他文件。

设立中外合作经营企业的审批机关为对外贸易经济合作部或国务院授权的部门和地方任免政府。审批机关应当自收到规定的全部文件之日起45天内决定批准或者不批准，审查批准机关认为报送的文件不全或者有不当之处的，有权要求合作各方在指定期间内补全或者修正。对经过审查批准设立的合作企业应颁发批准证书。

(2) 登记

设立合作企业的申请经过批准后，申请者应当自接到批准证书之日起30天内向工商行政管理机关申请登记，领取营业执照。合作企业的营业执照签发之日，为该企业的成立日期。

(三) 中外合作经营企业的组织形式与投资合作条件

1. 中外合作经营企业的组织形式

中外合作经营企业可以是法人型企业，也可以是非法人型企业。

符合法定条件取得法人资格的合作企业，其组织形式为有限责任公司；合作企业以其全部资产对合作企业的债务承担责任，合作各方除合作企业合同另有约定外，以其投资或者提供的合作条件为限对合作企业承担责任。

不具有法人资格的合作企业，其合作各方是合伙关系，应根据合作合同中约定的比例承担债务，但不得影响合作各方承担连带责任。

2. 中外合作经营企业的投资、合作条件

(1) 合作企业中外合作各方向合作企业的投资或者提供的合作条件可以是货币、实物、工业产权、专有技术、土地使用权等财产权利。

(2) 在依法取得法人资格的合作企业中，外国合作者的投资一般不低于企业注册资本的25%。合作各方应当以其自有的财产或者财产权利作为投资或者合作条件，对该投资或者合作条件不得设置抵押权或者其他形式的担保。

(3) 合作各方应当根据合作企业的生产经营需要，依照有关法律、行政法规的规定，在合作企业合同中约定合作各方向合作企业投资或者提供合作条件的期限。合作各方没有按照合作企业合同的约定缴纳投资或者提供合作条件的，工商行政管理机关应当限期履行；限期届满仍未履行的，审查批准机关应当撤销合作企业的批准证书，工商行政管理机关应吊销合作企业的营业执照，并予以公告。未按照合作企业合同的约定缴纳投资或者提供合作条件的一方，应当向已按照合作企业合同约定缴纳投资或提供合作条件的合作方承担违约责任。

(4) 合作各方之间相互转让或者合作一方向合作他方以外的第三人转让属于其在合作企业合同中全部或者部分权利的，须经合作他方书面同意，并报审批机关批准。

（四）中外合作经营企业的组织机构

合作企业应当设立董事会或者联合管理机构，依照合作企业合同或者章程的规定，决定合作企业的重大问题；还可以委托中外合作者以外的他人经营管理，可见合作企业在组织机构的设置上有较大的灵活性。合作企业的管理形式主要有以下三种。

1. 董事会制

具有法人资格的合作企业，一般实行董事会制。董事会是合作企业的最高权力机构，决定合作企业的重大问题，董事长、副董事长由各合作方协商产生。合作者一方担任董事长的，由另一方担任副董事长。董事会可以决定任命或者聘任总经理负责合作企业的日常管理工作。

2. 联合管理制

不具有法人资格的合作企业，一般实行联合管理制。联合管理机构由各方代表组成，是合作企业的最高权力机构，决定合作企业的重大问题。合作一方担任联合管理机构的主任，可由另一方担任副主任。联合管理机构可以设立经营管理机构，也可以不设立经营管理机构。

3. 委托管理制

经合作各方一致同意，合作企业也可以委托中外合作一方进行经营管理，另一方不参加管理；也可以委托合作方以外的第三人管理企业。合作企业成立后委托第三方经营管理的，属于合作合同的重大变更，须经董事会或者联合管理机构一致同意，报审批机关审批，向工商行政管理机关办理登记手续。

（五）中外合作经营企业的收益分配和投资回收

1. 收益分配

合作企业的收益分配可以采取利润分成方式，也可以采用产品分配方式，还可以采取合作各方共同商定的其他方式，分配的具体比例按照合作企业合同的约定执行。

2. 投资回收

中外合作者在合同中约定合作期满时合作企业的全部固定资产无偿归中方所有的，可以在合作企业合同中约定外国合作者在合作期限内先行回收投资。外国合作者先行回收投资的方法主要有以下三种：(1) 约定扩大外国合作者的收益分配比例，即从利润中归还投资，开始时多分配，后逐年递减；(2) 经财政税务部门批准，外国合作者在企业税前回收投资；(3) 经批准的其他方式，如经税务机关批准从固定资产折旧费中回收投资，即以折旧按约定数额偿还外方合作者当年应当回收的投资本金，并列入成本摊还。

（六）中外合作经营企业的期限和解散

1. 合作期限

合作企业的期限由中外合作者协商确定，并在合作企业合同中写明。合作企业期限届满，合作各方协商同意要求延长合作期限的，应当在期限届满的180天前向审查批准机关提出申请。审查批准机关应当自接到申请之日起30天内，决定批准或者不批准。

合作企业合同约定外国合作者先行回收投资，并且投资已经回收完毕的，合作企业期限届满不得再延长；但是，外国合作者增加投资的，经合作各方协商同意，可以向审批机关申请延长合作期限。

2. 合作企业的解散

合作企业出现下列情形之一时解散：(1) 合作期限届满；(2) 合作企业发生严重亏损，或者因不可抗力遭受严重损失，无力继续经营；(3) 中外合作者一方或者数方不履行合作企业合同、章程规定的义务，致使合作企业无法继续经营；(4)合作企业合同、章程中规定的其他解散原因已经出现；(5)合作企业违反法律、行政法规，被依法责令关闭。

合作企业宣告解散以后，应当依照《外商投资企业清算办法》的规定进行清算，其具体步骤与中外合资经营企业相同。

四、外资企业法

(一) 外资企业的概念与特征

外资企业，是指依照中国有关法律在中国境内设立的全部资本由外国投资者投资的企业。外资企业具有以下特征。

(1) 外资企业的全部资本是由外国投资者投资的。

(2) 外资企业是外国投资者依照中国法律在中国境内设立的。外资企业是依照中国法律在中国境内设立的企业，是中国企业，因而必须遵守中国的法律、法规。

(3) 外资企业由外国投资者独立经营、自负盈亏。外资企业能以自己的名义从事生产经营活动，并对自己的行为负责，是一个利益自享、风险自担的经济实体。

(二) 外资企业的设立

1. 设立条件

国家鼓励外资企业采用先进技术和设备，从事新产品开发，实现产品升级换代，节约能源和原材料，并鼓励举办产品出口的外资企业。禁止或者限制设立外资企业的行业，按照国家指导外商投资方向的规定及《外商投资产业指导目录》执行。

2. 设立程序

设立外资企业的程序包括申请、审批和登记三个阶段。

(1) 申请

外国投资者设立外资企业，应当通过拟设立外资企业所在地的县级或者县级以上地方人民政府向审批机关提出申请，并报送下列条件：① 设立外资企业申请书；② 可行性研究报告；③ 外资企业章程；④ 外资企业法定代表人(或者董事会人选)名单；⑤ 外国投资者的法律证明文件和资信证明文件；⑥ 拟设立外资企业所在地的县级或者县级以上地方人民政府的书面答复；⑦ 需要进口的物资清单；⑧ 其他需要报送的文件。

(2) 审批

设立外资企业的申请，由国家对外贸易经济主管部门或者国务院授权的机关审查批准。审查机关在收到申请之日起 90 日内决定批准或者不批准。

(3) 登记

设立申请得到批准后,外国投资者自接到批准证书之日起30天内,向国家工商行政管理局或授权的地方工商行政管理局省申请开业登记。登记机关应当在受理申请后30天内,作出核准登记或者不批准登记的决定。经过核准,领取营业执照后,企业即告成立。企业成立后的30天内在税务机关办理税务登记。

(三) 外资企业的组织形式

外资企业的组织形式为有限责任公司,经批准也可以为其他责任形式。

采用有限责任公司形式的外资企业,外国投资者以其认缴的出资额为限对企业承担有限责任,企业以其全部资本对外承担责任。

采用其他组织形式的外资企业,外国投资者对企业的责任适用法律的相关规定。

(四) 外资企业的资本

1. 外资企业的注册资本

外资企业的注册资本,是指为设立外资企业而在工商行政管理机关登记的资本总额,即外国投资者认缴的全部出资额。外资企业的投资总额,是指开办外资企业所需资金总额,即按其生产规模需要投入的基本建设资金和生产流动资金的总和。外资企业的注册资本要与其经营规模相适应,注册资本与投资总额的比例应当符合法律有关规定。

外资企业注册资本的增加、转让,须经审批机关批准,并向工商行政管理机关办理变更登记手续。

2. 出资方式

外国投资者可以用可自由兑换的外币、机器设备、工业产权、专有技术等作价出资。经审批机关批准,外国投资者还可以用其从中国境内举办的其他外商投资企业获得的人民币利润出资。

外国投资者以工业产权、专有技术作价出资时,该工业产权、专有技术应当为外国投资者自己所有。其作价金额不得超过外资企业注册资本的20%。

3. 出资期限

出资可以分期缴付,但其中第一期出资不得少于外国投资者认缴出资额的15%,并应当在外资企业营业执照签发之日起90天内缴清,最后一期出资应当在营业执照签发之日起3年内缴清。外国投资者未能在上述规定的期限内缴付第一期出资的,外资企业批准证书即自动失效,应当向工商行政管理机关办理注销登记手续,缴销营业执照;不办理注销登记手续和缴销营业执照的,由工商行政管理机关吊销其营业执照,并予以公告。

4. 外资企业的土地使用

外资企业的用地,由外资企业所在地的县级或者县级以上地方人民政府根据本地区的情况进行审核后,予以安排。外资企业应当在营业执照签发之日起30天内,持批准证书和营业执照到外资企业所在地县级或者县级以上地方人民政府的土地管理部门办理土地使用手续,领取土地证书。土地证书是外资企业使用土地的法律凭证,在经营期限内未经批准,其土地使用权不得转让。外资企业在领取土地证书时,应当向其所在地土地管理部门缴纳土地使用费。外资企业使用经过开发的土地,还应当缴付土地开发费。外资企业的土地使用年限,与经批准的该外资企业的经营期限相同。

(五) 外资企业的经营管理

1. 物资采购管理

关于外资企业的物资购买,外资企业有权自行决定购买本企业自用的机器设备、原材料、燃料、零部件、配套件、元器件、运输工具和办公用品等。同时依照 WTO 的精神,给予外资企业国民待遇,如外资企业在中国购买物资,在同等条件下,享受与中国企业同等的待遇。

2. 产品销售管理

关于外资企业的产品销售,企业有权自行出口本企业生产的产品,也可以委托中国的外贸公司代销或者委托中国境外的公司代销;可以自行在中国销售本企业生产的产品,也可以委托商业机构代销其产品。出口的产品,依照中国规定需要领取出口许可证的,应当编制年度出口计划,每半年向发证机关申领一次。

3. 财务会计管理

关于外资企业的财务和会计,除了企业应当依照中国法律、法规和财政机关的规定,建立财务会计制度并报其所在地财政部门,相关文件和报表,除用中文书写和独立核算之外,外资企业的年度会计报表和清算会计报表,应当依照中国财政、税务机关的规定编制,聘请中国的注册会计师进行验证并出具报告并同时编制外币折合为人民币的会计报表,在规定的时间内报送财政、税务机关,并报审批机关和工商行政管理机关备案。

4. 劳动用工管理

关于企业职工的劳动管理,应当在中国境内雇佣职工,并且依照中国法律法规签订劳动合同。合同中注明雇佣、辞退、报酬、福利、劳动保护、劳动保险等事项。

(六) 外资企业的经营期限、终止与清算

1. 外资企业的经营期限

外资企业的经营期限,根据不同行业和企业的具体情况,由外国投资者在设立外资企业的申请书中拟订,并经审批机关批准。经营期满需要延长经营期限的,应当在距经营期满 180 天前向审批机关报送延长经营期限的申请书。审批机关应当在收到申请书之日起 30 天内决定批准或者不批准。

外资企业经批准延长经营期限的,应当自收到批准延长期限文件之日 30 天内,向工商行政管理机关办理变更登记手续。

2. 外资企业的终止

外资企业有下列情形之一的,应予终止:(1) 经营期限届满;(2) 经营不善,严重亏损,外国投资者决定解散;(3) 因自然灾害、战争等不可抗力而遭受严重损失,无法继续经营;(4) 破产;(5) 违反中国法律、法规,危害社会公共利益被依法撤销;(6) 外资企业章程规定的其他解散事由已经出现。

3. 清算

外资企业终止后应当依法进行清算。外资企业清算结束,应当向工商行政管理机关办理注销登记手续,缴销营业执照。

第五节 商主体形态选择

一、不同商主体形态的比较

（一）公司、合伙和个人独资企业

公司、合伙和个人独资企业是当今市场经济中最典型的三种企业形式，它们虽然都是以营利为目的的经济组织，但是三者的法律形态却有以下几点区别。

1. 存在的法律依据不同

公司制企业依据《公司法》设立，受《公司法》调整。合伙制企业依据《合伙企业法》设立，受《合伙企业法》调整。个人独资企业依据《个人独资企业法》设立，受《个人独资企业法》调整。

2. 法律地位不同

公司是企业法人，合伙企业和个人独资企业是非法人。

3. 组建方式不同

公司一般由两个以上投资人共同出资设立，投资人可以是自然人，也可以是法人。合伙企业由两个以上合伙人共同出资设立，合伙人一般为自然人。个人独资企业由一个自然人投资设立。在出资方式上，合伙企业更为灵活，甚至可以劳务出资。

4. 投资人与企业(公司)的财产关系不同、责任形式不同

公司股东的个人财产与其投入公司的财产彻底分离，股东以其出资额为限，对公司承担责任，即负有限责任。合伙企业合伙人的财产与合伙企业的财产相对分离，当合伙企业财产不足以清偿合伙企业债务时，合伙人以其投入合伙企业的财产以外的其他财产对合伙企业债务负连带清偿责任，即负无限责任。个人独资企业投资人的个人财产与企业财产不分离，投资人以其个人财产对企业债务承担无限责任。

5. 内部事务管理结构不同

公司设股东会、董事会、监事会，依照法定职权和公司章程的约定管理公司事务。合伙企业的合伙人依照《合伙企业法》的规定和合伙协议的约定管理合伙企业事务，合伙人对执行合伙企业事务享有同等的权利，可以由全体合伙人执行合伙企业事务，也可以由合伙协议约定或者全体合伙人决定，委托一名或者数名合伙人执行合伙企业事务，不参加执行合伙企业事务的合伙人有权监督执行合伙企业事务的合伙人，检查他们执行合伙企业事务的情况。个人独资企业的出资人可以自行管理企业事务，也可以委托或者聘用其他具有民事行为能力的人负责企业事务管理。

6. 设立灵活性和经营风险不同

另外，个人独资企业与公司和合伙企业相比，一般规模较小，设立条件较宽松，设立程序较简便，进入或者退出市场也较灵活；但是其公示性(主要指财务公开程度)不

如公司和合伙企业，投资者的经营风险大于公司和合伙企业。

（二）个体工商户、个人独资企业和一人有限责任公司

个体工商户、个人独资企业和一人有限责任公司是个人投资可供选择的三种不同形态，具体区别如下。

1. 名称

个体工商户可以起字号，也可以不起字号。设立个人独资企业必须有合法的企业名称。一人有限责任公司应当具有公司名称。

2. 法律地位

个体工商户不具有法人资格，甚至不是企业。个人独资企业也不具有法人资格，虽然可以对外以企业名义从事民事活动，但也只是自然人进行商业活动的一种特殊形态。一人有限责任公司符合公司设立条件，是具有完全法人资格的经济实体。

3. 出资人

个体工商户既可以由一个自然人设立，也可以由家庭共同设立。个人独资企业的出资人只能是一个自然人。一人有限责任公司则可以由一名自然人股东或一名法人股东投资设立。

4. 承担责任的财产范围

个体工商户对所负债务承担的是无限清偿责任，即不以投入经营的财产为限，而应以其所有的全部财产承担责任。是个人经营的，以个人财产承担；是家庭经营的，以家庭财产承担。

个人独资企业的出资人在一般情况下仅以其个人财产对企业债务承担无限责任，只是在企业设立登记时明确以家庭共有财产作为个人出资的，才依法以家庭共有财产对企业债务承担无限责任。

一人有限责任公司的股东仅以其投资为限对公司债务承担有限责任。这也是一人公司作为独立法人实体的一个主要特点。但当一人有限责任公司的股东不能证明公司财产独立于股东自己的财产的，应当对公司债务承担连带责任。

5. 税收

税务机关对个体工商户和个人独资企业的税收管理相对宽松，对建账要求较低，在税款征收方式上主要采用定额或定率征收。对于一人有限责任公司，要求则严格得多，在税款征收方式上主要采用定率或查账征收。此外，根据《国务院关于个人独资企业和合伙企业征收个人所得税问题的通知》的规定，个人独资企业和合伙企业从2000年1月1日起，停止征收企业所得税，比照个体工商户生产经营所得征收个人所得税。所以个体工商户或个人独资企业只需缴纳个人所得税，不用缴纳企业所得税。而一人有限责任公司必须缴纳企业所得税，对股东进行利润分配时还要缴纳个人所得税。

6. 适用法律

个人独资企业依照《个人独资企业法》设立，个体工商户依照《民法通则》、《城乡个体工商户管理暂行条例》的规定设立；而一人有限公司则依据《公司法》设立，并受其调整。

（三）有限责任公司和股份有限公司

有限责任公司和股份有限公司都是公司，具有公司的一些共性特征，二者的区别

主要表现在以下几个方面。

1．是人合还是资合

有限责任公司是在对无限公司和股份有限公司二者的优点兼收并蓄的基础上产生的。它将人合性和资合性统一起来：一方面，它的股东以出资为限，享受权利，承担责任，具有资合的性质，与无限公司不同；另一方面，因其不公开招股，股东之间关系较密切，具有一定的人合性质，因而与股份有限公司又有区别。股份有限公司是彻底的资合公司，其本身的组成和信用基础是公司的资本，与股东的个人人身性（信誉、地位、声望）没有联系，股东个人也不得以个人信用和劳务投资，这种完全的资合性与无限公司和有限责任公司均不同。

2．股份是否为等额

有限责任公司的全部资产不必分为等额股份，股东只需按协议确定的出资比例出资，并以此比例享受权利，承担义务。一般来说，股份有限公司必须将股份化作等额股份，这不同于有限责任公司。这一特性也保证了股份有限公司的广泛性、公开性和平等性。

3．股东数额

有限责任公司因其具有一定的人合性，以股东之间一定的信任为基础，所以其股东数额不宜过多，股东人数有最高数额限制，我国《公司法》规定为 50 人以下。股份有限公司则人数较多，股东人数既有上限也有下限规定，发起人为 2 人以上 200 人以下。

4．募股集资是公开还是封闭

有限责任公司只能在出资者范围内募股集资，公司不得向社会公开招股集资，公司为出资人所发的出资证明亦不同于股票，不得在市场上流通转让。募股集资的封闭性决定了有限责任公司的财务会计无须向社会公开。与有限责任公司的封闭性不同，股份有限公司募股集资的方式是开放的，无论是发起设立或是募集设立，都须向社会公开或在一定范围内公开募集资本，招股公开，财务经营状况亦公开。

5．股份转让的自由度

有限责任公司的出资证明不能转让流通。股东的出资可以在股东之间相互转让，也可以向股东以外的人转让；但由于人合性质，决定了其转让要受到严格限制。按照《公司法》的规定，转让必须经全体股东过半数同意；在同等条件下，其他股东有优先购买权。股份有限公司的股份的表现形式为股票。这种在经济上代表一定价值，在法律上体现一定资格和权利义务的有价证券，一般来说，与持有者人身并无特定联系，法律允许其自由转让，这就必然加强股份有限公司的活跃性和竞争性，同时也必然招致其盲目性和投机性。

6．设立的宽严不同

股份有限公司因其经济地位和组织、活动的特性，使得国家必须以法律手段对其进行管理和监督，并对其设立规定了一系列必须具备的法定条件，履行严格的法定程序。在我国，股份有限公司的设立必须经有关部门批准。有限责任公司多为中小型企业，还因其封闭性、人合性，所以法律要求不如股份有限公司严格，有的可以简化，并有一定的任意性选择。

二、商主体的形态选择

从以上分析的特点与区别可以看出，从最低级的市场竞争主体个体工商户开始，个人独资企业、合伙企业、有限责任公司、股份有限公司，是一个由小到大、企业治理制度由任意到严格、承担责任由无限到有限的进化链。独资企业和合伙企业都是企业的低级形态。随着资本的积累，企业类型和组织形式都在向规模化方向和更高层次发展。所以，选择企业设立形态的要点如下。

1. 要考虑个人投资还是与他人合作投资

个人投资的，可以选择个体工商户、个人独资企业、一人有限责任公司；合作投资的，可以选择合伙企业、公司等。

2. 要考虑企业规模的大小

规模小的，可以考虑个体工商户、个人独资企业、合伙企业；规模大的，应当考虑有限责任公司甚至股份有限公司，中小企业经营者一般选择有限公司形式。

3. 要考虑企业经营风险的评估以及投资人承担风险的能力或预期

风险大或投资人承担风险的能力较差的，宜选用公司；风险小的，可以选择个体工商户、个人独资企业、合伙企业等。

4. 要考虑企业管理与控制能力的差异

对企业的管理与控制能力强的，可以选择风险较大的个体工商户、个人独资企业、合伙企业等；否则，应当选择公司。

5. 要考虑出资方式的灵活性要求

一般而言，个体工商户、个人独资企业、合伙企业对出资方式的要求较为灵活，公司则要求较高。

同步练习

一、案例讨论

1. 案情简介

某市甲、乙、丙三企业经协商决定共同投资设立一从事生产经营的公司。设立协议主要包括以下内容：公司的组织形式为股份有限公司，为了吸引外资，开发国际市场，吸收 4 个境外的发起人；公司注册资本 1 亿元，其中发起人认购 3000 万元，其余向社会公开募集；如果公司不能设立，由缴足股款的全部认股人共同承担法律责任。发起人递交了募股申请，经批准后公开募集了股份，全部股款齐备后 1 个月内召开了创立大会，并申请设立登记。结果公司不能设立，认股人诉至法院要求退还股本并赔偿，经审理法院判决：发起人对认股人已缴纳的股款，负返还股款并加算银行同期存款利息的连带责任，并负担设立过程中所产生的费用。

2. 问题梳理

本案的焦点主要是公司设立的条件以及发起人的法律责任问题。

3. 法律运用

根据《公司法》的相关规定，发起人应当有2人以上，其中须有半数以上的发起人在中国境内有住所，本案的发起人为7人，只有3人在中国境内有住所，没有超过半数。另外，以募集设立方式设立股份有限公司的，发起人认购的股份不得少于公司股份总数的35％，本案的公司注册资本为1亿元，发起人认购的股份应不少于3500万元，认购的数额没有达到比例。因此该公司不符合设立的条件。公司不能设立，发起人应当承担下列责任：(1) 公司不能成立时，对设立行为所产生的债务和费用负连带责任；(2) 公司不能成立时，对认股人已缴纳的股款，负返还股款并加算银行同期存款利息的连带责任；(3) 在公司设立过程中，由于发起人的过失致使公司利益受到损害的，应当对公司承担赔偿责任。

二、分析与思考

1. 试比较普通合伙与有限合伙。

2. 股份有限公司的董事会与中外合资经营企业的董事会有什么区别？

3. 2000年1月，甲、乙、丙三人合伙开办了合伙企业，合伙协议订立得比较简单，甲出资10万元，负责联系业务；乙、丙各出资5万元，负责技术，未约定利润分配和亏损分担比例。2000年6月，乙想把自己的一半财产份额转让给丁，甲同意但丙不同意，丙便提出退伙，甲、乙表示同意丙退伙，但丙只能将入伙时的投资带走；因多数合伙人同意丁入伙成为新的合伙人。此时合伙企业经营出现问题，之前欠某公司货款4万元一直未还。该公司要求4人赔偿，诉至法院，乙称对外事务都是甲负责自己不应承担责任，丙称自己已经退伙并没有分享收益也不应承担责任，丁表示自己刚刚入伙对之前的债务不应承担责任。

请问：他们是否应当承担责任？

4. 中外双方经过多次协商，准备签署一项中外合资经营企业的合同，主要有以下条款：(1) 中外合营企业设立董事会，中方担任董事长，外方担任副董事长，董事会每届任期5年，董事长和董事均不得连任；(2) 合营企业投资的注册资本为400万美元，中方以土地使用权、厂房和流动资金合计300万美元出资，外方出资100万美元，其中有价值50万元的机器设备，50万元现金自营业执照核发之日起一年半内全部缴齐。合营企业领取执照后，外方的机器设备运抵我国，经有关部门认定，该批设备实际价值仅有20万元。双方就此事协商，决定以实际价值出资，减少注册资本。

请问：以上做法是否符合法律规定？

第五章　证 券 法

学习目标

1. 了解我国证券市场状况和证券法立法状况。

2. 了解我国法律规定的证券发行的类型，掌握股票、公司债券公开发行的条件和程序，掌握证券承销和保荐的基本原理。

3. 了解证券交易的方式，掌握证券交易的规则、股票及公司债券上市的条件和程序、上市交易竞价方式、投资者委托交易程序、信息披露的具体内容和禁止的交易行为等。

4. 掌握上市公司收购的含义、要约收购和协议收购的具体规则。

5. 了解我国现行证券中介服务机构的状况，掌握证券交易所、证券公司、证券登记结算机构等证券中介服务机构的职能和业务规则。

6. 了解我国证券监管制度的现状，掌握国务院证券监督管理机构和证券业协会的具体监管职责。

学习导引

证券法意义上的证券是指资本证券，其中最主要的是股票、债券。证券市场包括发行市场与交易市场，已呈现出技术多样化、现代化、国际化的特征。证券法的任务就是规范证券募集、发行、交易、服务、监督管理等活动。证券市场包括证券发行市场和证券交易市场，发行市场是证券法律关系产生的一级市场，交易市场是已发行证券进行交易的二级市场。证券法规定了证券发行的类型及发行的承销、保荐等严格程序，以确保证券发行的规范性，同时证券法还规定了已发行证券上市交易的规则，以确保证券交易市场的有序性。为了保证证券市场的正常运行，证券法通过规范证券交易所、证券公司、证券登记结算机构等中介服务机构的行为对证券中介服务行为进行规制，通过规定国务院证券监督管理机构和证券业协会的监管职责，对证券监管行为进行规制。

第一节　证券市场与证券法

一、证券法概述

证券法是调整证券发行、交易及证券监管过程中发生的各种社会关系的法律规范的总称。证券法有广义和狭义之分。广义的证券法，即实质意义上的证券法，是指所有调整证券关系的法律规范的总称，包括专门的证券法及公司法等相关证券法律规范。狭义的证券法，即形式意义上的证券法，专指以证券法命名的法律。

我国既有形式意义上的证券法，也有实质意义上的证券法。形式意义上的证券法，是指 1998 年 12 月 29 日第九届全国人民代表大会常务委员会第六次会议通过并经 2004 年、2005 年两次修改的《证券法》，是现行有效的调整证券关系的主要法律。实质意义上的证券法，除专门的证券法外，还包括《公司法》、《中华人民共和国证券投资基金法》、股票发行与管理暂行条例、国库券条例、企业债券管理条例、期货交易管理条例等证券法律法规。

根据《证券法》的规定，证券法的调整对象主要是证券发行关系、证券交易关系、证券服务关系和证券监管关系。

二、证券基本知识

在民事法律中，以纸张或其他载体体现，用以表彰某种民事权利的凭证，称为书证，如结婚证、存款单、股票、支票、提单等。从广义上讲，证券属于民事法律中书证的范畴。由于证券本身的专业性、技术性、多样性，证券具有不同于普通书证的特性。

有价证券是记载并表明特定财产权利的证券，持券人可凭该证券取得一定量的财产利益，有价证券具有收益性、流通性、风险性等。广义的有价证券包括货币证券（如票据）、商品证券（如提单）和资本证券（如股票、债券），狭义的有价证券指资本证券。证券法上的证券限于狭义的有价证券，即资本证券，是指由金融投资或与金融投资有直接联系的活动产生的证券，证券持有人根据其证券享有收益请求权等权利。资本证券反映发行人与持有人之间的投资关系，按照标准化格式制作，在功能上属于证权证券。根据我国《证券法》第 2 条的规定，适用证券法调整的证券包括股票、公司债券、国务院依法认定的其他证券、政府债券和证券投资基金份额。

（一）股票

股票是股份有限公司发行的，证明股东所持股份并行使相应权利的凭证。根据《公司法》的规定，股份公司资本划分为等额股份，股份采用股票的形式，投资者通过认购公司股份持有股票成为公司的股东，股票代表股东对公司享有资产受益、重大决策等股东权利。

公司法上，根据不同标准可以对股票进行不同分类。根据股票是否记载股东姓名或名称，可以分为记名股和不记名股；根据股东权利的行使，分为普通股和特别股；根据股票是否有表决权，分为表决权股和无表决权股；根据股票持有人是否为发起人，分为发起人股和非发起人股；根据股票是否标明票面金额，分为额面股和无额面股（我国公司法要求股票应当标明面额）。

证券法上，根据股票的流通性，分为流通股和非流通股。流通股是指公开发行并只能通过证券交易所公开交易的股票；非流通股是指非公开发行，只能按照协议方式转让的股票。根据票面和交易币种，我国股票还分为 A 股、B 股等在中国境内证券交易所上市的股份以及H股(中国境内注册、香港联交所上市)、S股(中国境内注册、新加坡证交所上市)、N股(中国境内注册、纽约证交所上市)等在境外证券市场上市的股份。A股股票也称为人民币普通股股票,是指以人民币标明面额,由投资者以人民币买卖并在境内证券交易所上市交易的股票。B股股票也称为人民币特别股股票,是指以人民币标明票面金额,以外币买卖并在境内证券交易所挂牌交易的股票。H股及其他境外上市股统称为境外上市外资股股票,是指境内股份有限公司在境外发行、上市交易的股票。

(二) 公司债券

根据《公司法》第154条的规定,该法所称的公司债券,是指公司依照法定程序发行,约定在一定期限内还本付息的有价证券。与股票相比,债券具有偿还性、安全性和收益性。公司债券按照发行方式不同,分为公募公司债券和私募公司债券;按照债券是否可以转换为股票,分为普通公司债券和可转换公司债券;按照是否存在担保,分为附担保公司债券和无担保公司债券;按照是否上市,分为上市债券和非上市债券。

(三) 政府债券

政府债券,是指中央政府或地方政府依据法定程序发行的,以政府信誉为担保,在一定期限内还本付息的有价证券。政府债券分为中央政府债券和地方政府债券。政府债券以政府信誉为担保,偿还信誉度高,故被称为金边证券。政府债券的上市交易,适用证券法。

(四) 证券投资基金份额

证券投资基金,是指通过发售基金份额,将众多投资者的资金集中起来,形成独立财产,由基金托管人托管,基金管理人管理,以投资组合的方法进行证券投资的一种利益共享、风险共担的集合投资方式。投资者通过购买基金份额成为基金持有人,享有基金收益权、基金份额转让权、经营决策参与权等。证券基金份额的上市交易,适用证券法和证券投资基金法。

(五) 证券衍生品种

衍生产品,是指从传统的基础金融工具,如货币、利率、股票等交易过程中,衍生发展出来的新金融产品。衍生产品分为契约型衍生产品和证券型衍生产品,前者如股指期货,后者如认股权证。

除上述五类证券外,我国《证券法》还规定了"国务院依法认定的其他证券",有学者称为"认定证券"。其立法的旨意在于防止证券法列举的不周延性,从而为证券市场的发展留有余地,由国务院根据证券市场的发展依法认定其他证券。

三、证券市场

(一) 证券市场的概念

证券市场是证券募集、发行、交易的场所,以及服务于证券发行和交易的交易系统和证券公司的营业柜台等。证券市场不仅应当有固定的场所、设备、设施和人员,还应当有专门的交易规则。

1. 证券市场是证券投资关系发生的场所

证券关系的发生基于投资行为而发生，通过证券市场，投资者认购证券，发行者交付证券，完成了投资关系。

2. 证券市场是证券交易关系发生的市场

投资者持有证券后，可以稳定持有获得固定利益，也可以通过证券市场的交易实现流动的投资收益，证券市场也是证券交易关系发生的场所。

3. 证券市场适用证券法的特殊交易规则

证券法属于商事特别法，证券市场上的交易规则，首先适用证券法的特殊规定，如证券承销规则、保荐规则、集合竞价交易规则等，在证券法没有特殊规定时，适用民商事一般法规定。

4. 国家对证券市场进行专门的监管

证券市场属于金融市场的一部分，证券市场的运行关系金融市场的稳定，各国都对证券市场适用专门的监管规则进行监管。

（二）证券市场的类型

根据证券市场功能，证券市场分为证券发行市场和证券交易市场。

1. 证券发行市场

证券发行市场又称为“一级市场”或“初级市场”，是发行人首次将证券发售给投资者的市场。在发行市场上，发行人按照证券法规则发行并向投资者交付证券，完成证券的发行，在双方之间产生证券权利义务关系。

2. 证券交易市场

证券交易市场又称为“二级市场”，是证券买卖和交易的市场，在交易市场实现证券的转让，促进证券的流通。证券交易市场分为证券交易所和场外交易市场。证券交易所是依法设立的，专门提供证券集中交易服务的场所，在我国特指上海证券交易所和深圳证券交易所。场外交易市场，是指证券交易所之外的，提供证券交易服务的中介机构营业柜台与证券交易和结算系统等。目前我国的场外交易市场主要包括中国证券业协会举办的代办股份转让系统、中国证券登记结算有限责任公司的登记结算系统等。

（三）证券市场的参与者

证券市场的参与者包括证券市场主体、证券市场中介机构、证券市场监管机构和证券市场监管机构和自律机构等。

1. 证券市场主体

证券市场主体包括证券发行人和证券投资者。证券发行人是为了筹措资金发行证券的主体，不同证券的发行主体不同，在我国证券发行主体包括政府、金融机构、企业、公司等。证券投资者是证券的购买者，是证券市场的资金供应者，通常将证券投资者分为机构投资者和个人投资者。

2. 证券市场中介机构

证券市场中介机构是为证券市场运行提供服务的机构，是证券市场正常运行必不可少的要素。我国目前证券市场中介机构包括：证券公司、中国证券登记结算有限责任公司、证券投资咨询公司、律师事务所、会计师事务所、资产评估机构等。

3. 证券市场监管机构和自律机构

证券市场监管机构和自律机构是证券市场的重要参与者，对于保障证券市场的健康运行意义重大。在我国，证券市场监管机构主要指中国证券监督管理委员会（以下简称证监会）及国务院其他授权机构，自律机构主要是证券交易所和证券业协会。

第二节 证券发行制度

一、证券发行概述

（一）证券发行的概念

证券发行有广义和狭义之分。广义的证券发行，是指证券发行人为募集资金或调整股权结构，依据法定条件和程序进行证券募集、证券分派、收取资金和交付证券的一系列完整过程。狭义的证券发行，仅指证券发行人在募集证券后，制作并交付证券或以账簿划拨方式交付证券的行为。

广义的证券发行和狭义的证券发行，其区别在于证券募集是独立行为还是包含在证券发行中的一个环节。实务中的做法是：发行人向投资者披露发行文件，向投资者发出招募，投资者认购并填写认购文书，发行人予以确认，双方达成合意。之后投资者按照合意交付资金，发行人确认投资者认购数量并交付证券，完成发行过程。我们认为，证券募集是证券发行的一个环节，证券发行是包含证券募集的完整过程。

（二）证券发行的分类

1. 公开发行和非公开发行

根据发行对象范围的不同，可以将证券发行分为公开发行和非公开发行，有时也称为公募发行和私募发行、公开发行和定向发行。

对于公开发行，我国证券法专门规定了认定标准。根据《证券法》第10条的规定，有下列情形之一的，为公开发行：(1) 向不特定对象发行证券的；(2) 向特定对象发行证券累计超过200人的；(3) 法律、行政法规规定的其他发行行为。以及“非公开发行证券，不得采用广告、公开劝诱和变相公开的方式”。

对于非公开发行，原国家体改委1992年颁布的《股份公司规范意见》采用“定向募集”的概念，实践中主要表现为原国有企业改制成职工持股的股份有限公司。该种形式于1993年被国务院叫停，此后一段时间曾经存在公司职工股。目前，非公开发行仅包括以下两种情况：(1) 非上市的股份有限公司向特定对象发行股份（发行后应当不超过200人）；(2) 上市公司向不超过10名对象发行股份。实践中非公开发行依然是证券发行的常见方式。

2. 直接发行和间接发行

根据发行是否借助证券中介机构，将证券发行分为直接发行和间接发行。直接发行是不通过证券承销机构，由发行人直接向投资者发行证券的方式；间接发行是通过证券承销机构发行证券的方式。根据《证券法》的规定，向不特定对象发行证券，法律、行政法规规定应当由证券公司承销的，发行人应当与证券公司签订承销协议，采用间接发行的方式。

（三）证券发行审核制度

证券发行审核是证券市场监管的重要内容，立法上有注册制和核准制两种体例。注册制，是指发行人在发行证券时，发行人需全面、准确向投资者披露发行的重要信息，并向证券监管机构申报，证券监管机构只对相关材料进行形式审查，符合条件后依法注册，发行人即可发行证券。核准制，是指证券监管机构要对证券发行人申报的材料进行实质审查，发行人必须符合法定实质条件才可发行。我国现行《证券法》规定证券发行实行核准制，这对于保护投资者利益、维护证券市场稳定运行具有重要意义。

二、股票公开发行

（一）股票公开发行的条件

根据证券法律法规，股票公开发行的情形包括募集设立股份有限公司公开发行、股份有限公司首次公开发行新股(IPO)、上市公司再融资方式之一的公开增发新股，《证券法》上规定了前两种公开发行的条件，上市公司再融资发行新股，适用《上市公司证券发行管理办法》规定。

1. 募集设立股份有限公司公开发行股票的条件

(1) 2人以上200人以下的发起人，半数以上在中国境内有住所；(2) 发起人出资方式符合法律规定，即以货币、实物、知识产权和土地使用权出资；(3) 注册资本最低500万，发起人认购的股份不少于35%；(4) 发起人制定公司章程，有公司的名称、组织机构、住所等；(5) 必要的行政审批；(6) 制作招股说明书并保证其真实、准确、完整。

2. 股份有限公司公开发行新股条件

(1) 具备健全且运行良好的组织机构；(2) 具有持续营利能力，财务状况良好；(3) 最近3年财务会计文件无虚假记载，无其他重大违法行为；(4) 经国务院批准的国务院证券监督管理机构规定的其他条件。

（二）股票公开发行的审核程序

1. 申请人向国务院证券监督管理机构报送募集申请文件

在募集设立和发行新股时，申请人向证监会报送的申请文件不同。

(1) 募集设立时报送的申请文件

设立股份有限公司公开发行股票，应当符合《公司法》规定的条件和经国务院批准的国务院证券监督管理机构规定的其他条件，向国务院证券监督管理机构报送募股申请和下列文件：① 公司章程；② 发起人协议；③ 发起人姓名或者名称，发起人认购的股份数、出资种类和验资证明；④ 招股说明书；⑤ 代收股款银行的名称和地址；⑥ 承销机构名称及有关的协议；⑦ 依法应聘请保荐人的，还应报送保荐人出具的发行保荐书;⑧ 其他设立批准文件。

(2) 新股发行时报送的文件

公司公开发行新股,应当向国务院证券监督管理机构报送募股申请和下列文件:① 公司的营业执照;② 公司章程;③ 股东大会决议;④ 招股说明书;⑤ 财务会计报告;⑥ 代收股款银行的名称和地址;⑦ 承销机构名称及有关协议;⑧ 应聘请保荐人的,还应当报送保荐人出具的发行保荐书。

发行人发行股票除了应当按照规定报送相关文件外,还应当保证该文件真实、准确、完整,不得有虚假记载、误导性陈述等。

2. 保荐程序

《证券法》第 11 条要求发行人申请公开发行股票时,应当聘请具有保荐资格的机构担任保荐人。保荐程序,是指保荐机构根据发行人委托,按照法律、行政法规和证监会的规定,对发行人及其发起人、大股东、实际控制人进行尽职调查、审慎核查,根据发行人委托,组织编制申请文件并出具推荐文件。

3. 预先披露

发行人申请公开发行股票的,在提交申请文件后,应当按照证监会规定预先披露有关申请文件。具体是指:发行人在申请文件受理后、发行审核委员会审核前,在证监会网站上预先披露招股说明书的申报稿,预先披露的招股说明书必须真实、准确、完整,但不得含有价格信息。

4. 初审和复审程序

证监会在受理发行人申请文件后,先由发行部进行初审;初审通过后,由发行审核委员会复审,出具复审意见书,并由证监会主席或副主席签发。国务院证券监督管理机构或国务院授权部门应当在受理发行申请之日起 3 个月内作出予以核准或者不予核准的决定。发行申请未被核准的,发行人接到书面决定之日起 60 日内,可提出复议申请,证监会收到复议申请后 60 日内,对复议申请作出决定。发行申请未被核准的,在决定作出 6 个月之内不得再提出申请。

三、公开发行公司债券

我国《公司法》和《证券法》规定了公司债券的概念,是指股份有限公司和有限责任公司依法发行的债券。1993 年 8 月 2 日国务院发布的《企业债券管理条例》适用于我国境内企业法人发行的企业债券,在立法上出现公司债券和企业债券并存的局面。在法律层面,公司是具有法人资格的企业,公司发行的公司债券也属于企业债券的范畴,公司债券发行适用的法律规定就包括《公司法》、《证券法》、《企业债券管理条例》及国家发展改革委员会发布的相关规范性文件;非公司制企业发行的债券属于企业债券,仅受《企业债券管理条例》及国家发展改革委员会发布的相关规范性文件的调整。

1. 公开发行公司债券条件

证券法规定了公司债券公开发行的一般条件,特别法对债券发行有特别规定的,适用特别法规定,如《证券公司债券管理办法》特别规定了证券公司发行债券的条件,上市公司发行可转换公司债券适用证监会《上市公司证券发行管理办法》(简称为《再融资管理办法》)。

《证券法》第16条规定了公开发行公司债券的一般条件。(1) 净资产条件。股份有限公司净资产不低于人民币3000万元,有限责任公司净资产不低于人民币6000万元。(2) 债券余额条件。公司累计债券余额不超过公司净资产的40%。(3) 可分配利润条件。公司最近3年平均可分配利润足以支付公司债券1年的利息。(4) 筹集资金的投向条件。筹集资金投向符合国家产业政策。(5) 债券利率条件。公司债券利率不得超过国务院限定的利率水平。(6) 筹集资金的用途。公司发行债券筹集的资金,必须用于核准的用途,不得用于弥补亏损和非生产性支出。(7) 再次发行债券的禁止条件。如前一次发行的公司债券尚未募足,或已公开发行的公司债券或其他债务有违约或迟延支付本息的事实等,不得再次发行公司债券。

2. 公司债券公开发行审核程序

(1) 报送文件

公开发行公司债券,发行人应当向国务院授权部门和证监会报送申请文件。报送的申请文件包括:(1) 公司营业执照;(2) 公司章程;(3) 公司债券募集办法;(4) 资产评估报告和验资报告;(5) 国务院授权部门或者证监会规定的其他文件。

(2) 核准程序

国务院授权部门和证监会应当自受理证券发行申请文件之日起3个月内,依法作出予以核准或者不予以核准的决定;不予以核准的,应当说明理由。证券法中所指的"国务院授权部门",根据《企业债券管理条例》应当是国家发改委和中国人民银行。

四、证券发行的承销

(一) 证券承销的概念和分类

证券承销是证券间接发行的方式,是指证券经营机构根据其与发行人签订的证券承销协议,向证券投资者销售、促成销售或代为销售拟发行证券,并收取一定比例承销费用的行为。在证券承销法律关系中,发行人是委托方,证券承销机构为受托方,双方通过签订和履行承销协议,完成证券发行事务。

1. 证券承销方式

按照发行人和承销商之间承销权利义务的内容,证券承销可分为证券包销和证券代销。《证券法》第28条第1款规定"证券承销业务采取代销或者包销方式"。

(1) 证券代销

证券代销,是指证券承销商代发行人发售证券,在承销期结束时,将未售出的证券全部退还给发行人的承销方式。在代销法律关系中,证券承销商与发行人之间是委托代理关系,证券发行的法律后果和风险由发行人承担,证券承销商风险较小,收取的承销费用相对较低。

在实务中,证券代销主要适用于公司债券的发行,以及上市公司非公开发行股票未采用自行销售方式或者上市公司配股的情形。

(2) 证券包销

证券包销是证券承销商按照协议全部购入发行人的证券，或者在承销期结束时全部自行购入发行人剩余证券的承销方式，证券包销分为全额包销和余额包销。全额包销是证券承销商以自有资金一次性全部购入发行人发行的全部证券，再以自己的名义向投资者出售证券的承销方式。余额包销是证券承销商在承销期满后，将剩余未售出证券以自有资金购入的承销方式。证券包销情况下，证券发行的风险由证券承销商承担，承销费用相对较高。

2. 证券承销类型

按照参与承销的承销商的数量，证券承销分为单独承销和承销团承销。单独承销是一家证券承销商单独进行承销，承销团承销是两个或两个以上承销商共同进行承销。《证券法》第 32 条规定了强制承销团制度，即向不特定对象发行的证券票面总值超过人民币 5000 万元的，应当由承销团承销。在承销团承销情况下，主承销商代表承销团与发行人签订承销协议，由主承销商负责组织承销事务，承销团成员与主承销商签订分销协议，分销商按照分销协议，承担部分承销事务。

(二) 证券承销商的特殊义务

证券承销商在承销活动中，除了服务职能外，其本身也是市场主体，具有追求利益的动机。为了有效规制证券承销行为，证券法规定了证券承销商的特殊义务。

1. 禁止以不正当竞争手段招揽业务

为了防止证券承销商通过不正当手段招揽承销业务，《证券法》第 29 条规定："公开发行证券的发行人有权依法自主选择承销的证券公司。证券公司不得以不正当竞争手段招揽证券承销业务"。实践中常见的不正当竞争行为包括：不合理高溢价发行证券；贬损同行；行政手段干预；支付回扣等。

2. 审核发行文件的义务

发行文件是投资者进行投资选择的重要判断依据，证券承销商在协助发行人编制发行文件时，应当认真核查发行文件的真实性、准确性、完整性，以免误导投资者。《证券法》第 31 条规定："证券公司承销证券，应当对公开发行募集文件的真实性、准确性、完整性进行核查；发现有虚假记载、误导性陈述或者重大遗漏的，不得进行销售活动；已经销售的，必须立即停止销售活动，并采取纠正措施。"

3. 禁止为本公司预留承销的证券

证券发行实务中，证券承销商为了谋求自己的利益，往往采用限制认购申请书发放数量等预留证券的情形，违反了证券法的公平原则，侵害了投资者公平认购权。为此，证券法专门规定禁止证券承销商为自己预留证券。《证券法》第 33 条第 2 款规定："证券公司在代销、包销期内，对所代销、包销的证券应当保证先行出售给认购人，证券公司不得为本公司预留所代销的证券和预先购入并留存所包销的证券。"

(三) 证券发行方式和发行价格

1. 证券发行方式

证券发行方式，是指证券发行人依法披露证券公开募集文件后，确认有效申购人与有效申购数额的行为方式。本书以股票公开发行为例阐述证券发行方式。依据现行立法规定，我国股票发行主要实行资金申购上网定价发行和网下配售相结合的方式。

资金申购上网定价发行方式，是指证券发行人利用证券交易所的交易系统发行所承销的股票，投资者在指定的时间内以确定的发行价格通过与证券交易所联网的各证券营业网点进行委托申购股票的一种发行方式，投资者在进行委托申购时应全额缴纳申购款项。资金申购上网定价发行适用的法律依据是2006年5月20日上海证券交易所与深圳证券交易所分别与中国证券登记结算有限责任公司联合发布的《沪市股票上网发行资金申购实施办法》和《资金申购上网定价公开发行股票实施办法》。2009年6月11日，证监会制定了《关于进一步改革和完善新股发行体制的指导意见》，进一步改革和完善了发行机制。

网下配售方式是证券发行人与战略投资者事先签订配售协议，报证监会备案，按照配售协议配售股票的发行方式。适用的法律依据是《证券发行与承销管理办法》，该办法规定"首次公开发行股票在4亿元以上的，可以向战略投资者配售股票"。

2. 证券发行价格

证券发行价格的确定方法，主要有市盈率法定倍数法、竞价确定法和市场询价确定法。目前我国采用的是市场询价确定法，主要适用于股票的公开发行。

市场询价确定法，是指发行人及承销商根据向投资者询价得到的反馈意见，确定发行价格的方法，适用的法律是《证券发行与承销管理办法》。根据该办法第13条第2款的规定，询价分为初步询价和累计投标询价，通过初步询价确定发行价格区间，在发行价格区间内通过累计投标询价确定发行价格。初步询价是发行人和主承销商向符合规定的证券投资基金管理公司、合格境外机构投资者、证券公司、财务公司、信托投资公司等询价，以确定发行价格区间。累计投标询价是在初步询价结束后的有效申购确定发行价格的方式，如果投资者的有效申购总量大于本次股票发行量，但超额认购倍数小于5倍时，以询价下限为发行价；如果超额认购倍数大于5倍时，则从申购价格最高的有效申购开始逐笔向下累计计算，直至超额认购倍数首次超过5倍为止，以此时的价格为发行价。

五、证券发行上市保荐制度

保荐制度，是指由具有保荐资格的保荐人负责公开发行和上市证券的推荐和辅导，并对所推荐的发行人披露的信息质量和所作承诺依法进行审慎审查并承担信用担保责任，以督促发行人规范运行的制度。

(一) 保荐机构和保荐代表人

根据《证券发行上市保荐制度暂行办法》(以下简称《暂行办法》)的规定，经证监会注册登记并列入保荐机构、保荐代表人名单的证券经营机构、个人，可依照规定从事保荐工作。保荐机构负责证券发行的主承销工作，依法对公开发行募集文件进行核查，并向证监会出具保荐意见。

(二) 保荐机构职责

1. 首次公开发行股票前的辅导

保荐机构在推荐发行人首次发行股票前，应当按照证监会的规定对发行人进行辅导。

2. 尽职推荐发行人证券发行、上市

保荐机构应当依法对发行人及其发起人、股东、实际控制人进行尽职调查、审慎核查，根据发行人的委托，组织编制申请文件并出具推荐文件。

3. 独立、审慎的核查和判断职责

保荐人应当遵守业务规则和行业规范，诚实守信，勤勉尽责，对发行人的申请文件和信息披露资料进行审慎核查，督导发行人规范运作。

4. 承诺和担保义务

为督促保荐人认真履行职责，《暂行办法》特别要求保荐人应当对发行相关文件的真实性、准确性、完整性作出承诺，并承担虚假记载、误导性陈述或重大遗漏对投资者造成损失的连带责任。

5. 持续督导发行人履行法定义务

发行人的证券上市后，保荐机构应当持续督导发行人履行规范运作、信守承诺、信息披露等义务。如完善内控制度、规范关联交易、依法使用募集资金等。

第三节　证券交易制度

一、证券交易基本理论

(一) 证券交易的含义

作为有价值的凭证，持券人通过证券流通实现预期利益是证券的应有功能。一方面，证券可以通过买卖、赠与、继承、质押等普通民事行为进行流转，另一方面，证券可以通过证券法上的特殊规则进行流转。证券法上的证券交易侧重后者，特指证券交易当事人按照证券交易规则，在证券市场上买卖证券。我国证券市场上买卖的证券，特指依法发行并交付的证券。如不符合法定条件和程序发行的证券，不能成为证券市场交易的对象。

证券交易是在投资者之间进行的，一般不会影响发行人实际资产的变化，所以证券交易对于发行人是“体外循环”。但有时候发行人也会参加到证券交易中，如股份公司购回其股份、基金管理公司赎回基金份额、债券发行人到期还本付息收回证券等。

(二) 证券交易方式

《证券法》第 42 条规定：“证券交易以现货交易和国务院规定的其他方式进行交易”。现货交易是证券交易的主要方式，期货交易、期权交易、信用交易是证券交易的其他方式。

1. 现货交易

现货交易是证券交易当事人以实际拥有的证券进行交易，成交后短期内进行交割的交易方式。现货交易强调交易标的的现实性，即证券出卖人在交易时应当实际拥有证券，成交后即时清算和交割。当日买进并在成交当日交割过户就可以卖出的制度，称为“T＋0”交易；当日买进在成交次日交割过户后方可卖出的，称为“T＋1”交易。深圳证券交易所曾于 1993 年推出“T＋0”制度，1995 年起为防止股市的过度投机，国家证券监督管理机构实行“T＋1”制度并沿用至今。

2. 期货交易

期货交易，是指投资者向期货经营者缴纳一定保证金后，在期货交易所买卖各种标准化期货合约的交易方式。按照交易品种划分，期货交易包括商品期货交易、金融期货交易和期权合约交易；按照交易方式划分，期货交易包括套期保值和投机。期货交易的对象是期货合约，是期货交易所统一制定的、规定买方有权在将来某一时间以特定价格买入或者卖出约定标的物的标准化合约。期货合约期限一般比较长，在合约期限到来之前，合约持有人可以转让期货合约以避免实物交割，也可以在合约到期前通过反向的交易行为（对冲或平仓）来解除。

3. 期权交易

期权交易又称选择权交易，是指证券交易当事人为了保障或获得证券价格波动利益，约定在一定时间内，以特定价格买进或卖出指定证券，或者放弃买进或卖出指定证券的交易。期权交易依其交易过程分为看涨期权和看跌期权。根据看涨期权，期权持有人有权在未来确定时间、以确定价格购买一定数量的指定证券，期权出卖方应当在到期日出卖该证券。根据看跌期权，期权持有人有权在未来确定时间、以确定价格出售指定证券，期权买入方有义务买入该证券。

4. 信用交易

信用交易又称保证金交易，是投资者向证券经营者缴纳一定保证金后，可以向证券经营者融资买进证券或者融券卖出的交易方式。我国现行规范信用交易的法律是证监会 2006 年 8 月 1 日发布施行的《证券公司融资融券业务试点管理办法》。

（三）证券交易场所

证券交易场所是具有专业的设备、设施、相应的专业服务人员，制定统一规范的交易规则的，为投资者从事证券交易提供媒介的场所。《证券法》第 39 条规定：“依法公开发行的股票、公司债券及其他证券，应当在依法设立的证券交易所上市交易或者在国务院批准的其他证券交易所转让。”据此，我国的证券交易场所包括证券交易所和国务院批准的其他证券交易场所。

1. 证券交易所

证券交易所也称场内交易市场或场内市场，是依法设立的按照事先制定的交易规则、固定地提供证券交易服务的场所。我国的证券交易所包括上海证券交易所和深圳证券交易所，主要为上市证券场内交易提供服务。

2. 场外交易场所

场外交易场所也称场外交易市场，是证券交易所之外的从事证券交易的场所，主要为非上市证券交易提供服务。我国的场外市场原为 STAQ 和 NET 两个交易系统，现为中国证券业协会举办的股份转让代办系统、中国证券登记结算有限责任公司的登记结算系统等。

(四) 证券交易的限制规则

为了规范证券交易，切实维护投资者权益，维护正常证券交易秩序，我国的《公司法》、《证券法》规定了证券交易的相关限制规则，证券市场参与者应当遵守。

1. 限定主体在限定期限内禁止买卖、出售证券

《证券法》第 38 条规定："依法发行的股票、公司债券及其他证券，法律对其转让期限有限制性规定的，在限定的期限内不得买卖"。《公司法》第 142 条规定发起人、董事、监事及高级管理人员转让股份的限制。《公司法》第 142 条第 1 款规定发起人持有本公司的股份，自公司成立之日起 1 年内不得转让；第 142 条第 2 款规定公司董事、监事、高级管理人员应当向公司申报所持有的本公司股份及变动情况，在任职期间每年转让的股份不得超过其所持本公司股份总数的 25%，所持本公司股份自公司股票上市交易之日 1 年内不得转让。上述人员离职后半年内，不得转让其所持有的本公司的股份。公司章程可以对公司董事、监事、高级管理人员转让其持有的本公司股份作出其他限制性规定。

根据我国证监会的相关规定，首次公开发行股票的公司上市前的股东在股票上市后 1 年内不得转让其持股，控股股东、实际控制人直接或间接持有的公司股份在上市后 36 个月内不得转让。

2. 限定主体在限定期限内禁止持有、买卖股票

证券交易所、证券公司和证券登记结算机构的从业人员、证券监督管理机构的工作人员以及法律、行政法规禁止参与股票交易的其他人员，在任期或者法定期限内，不得直接或者以化名、借用他人名义持有、买卖股票，也不得收受他人赠送的股票。任何人在成为前面所列人员时，其原已持有的股票，必须依法转让。

3. 保守客户账户秘密

证券交易所、证券公司、证券登记结算机构必须依法为客户开立的账户保密。

4. 证券服务机构和人员买卖股票限制

为股票发行出具审计报告、资产评估报告或者法律意见书等文件的证券服务机构和人员，在该股票承销期内和期满 6 个月内，不得买卖该种股票。除上述规定外，为上市公司出具审计报告、资产评估报告或者法律意见书等文件的证券服务机构和人员，自接受上市公司委托之日起至上述文件公开后 5 日内，不得买卖该种股票。

5. 合理收费

证券交易收费，是指有权的收费机构应当依照法律、行政法规规定的收费项目、收费标准和收费办法进行收费，具体按照国务院主管部门统一规定进行。

(五) 短线交易与归入权规则

1. 短线交易的概念和构成要件

短线交易，是指上市公司的董事、监事、高级管理人员及主要股东，在法定期限内，买入本公司股票再行卖出，或者卖出本公司股票后再行买入的行为。归入权是指上述行为所得收益归公司所有。

短线交易的主体是上市公司董事、监事、高级管理人员和持有上市公司股份 5%

以上的股东,短线交易的行为表现是将其持有的该公司的股票买入后 6 个月内卖出,或者卖出后 6 个月内买进。短线交易的认定不以行为人主观是否存在营利为目的,只要客观上存在上述行为,就成立短线交易行为。

2. 归入权的行使

短线交易所得收益应当归公司所有。归入权的行使主体应当由公司董事会代表公司行使;如果董事会不行使的,股东可以要求董事会在 30 日内行使;董事会未在 30 日内行使的,股东可以以自己的名义直接向法院起诉,在公司法理论上属于股东派生诉讼。在股东派生诉讼时,行使诉权的股东是原告,短线交易的行为人是被告,此时公司可以列为第三人。公司董事会未按规定行使归入权的,负有责任的董事依法承担连带责任。

二、证券上市交易

(一) 证券上市的概念、分类

证券上市,是指经证券交易所审核,已公开发行的证券在证券交易所挂牌交易。获准上市的证券称为上市证券,包括股票、债券、基金及证券衍生品种。证券上市以股票上市为核心,股票上市的公司称为上市公司。

1. 证券交易所上市和场外市场挂牌

《证券法》第 39 条规定:"依法公开发行的股票、公司债券和其他证券,应当在依法设立的证券交易所上市交易或者在国务院批准的其他证券交易场所转让。"依此规定,在上海证券交易所和深圳证券交易所上市交易的证券,称为证券交易所上市,在其他场所挂牌的,为场外市场挂牌。

2. 核准上市和安排上市

《证券法》48 条规定证券交易所上市分为核准上市和安排上市。核准上市,是指证券交易所根据发行人申请,依照法定程序核准证券上市。核准上市的申请人主要是股份有限公司,申请上市的主要是股票和公司债券。安排上市是证券交易所根据国务院授权的部门的决定,安排政府债券的上市交易。

3. 股票上市和公司债券上市

根据上市的证券类型,分为股票上市和公司债券上市。股票上市可以分为股票境内上市和境外上市。在股票境内上市中,又分为 A 股股票上市和 B 股股票上市。股票境外上市,因上市地不同有不同称谓,如 H 股股票上市,是指股票在香港联合证券交易所上市;N 股股票上市,是指股票在纽约证券交易所上市。公司债券上市,分为普通公司债券上市和可转换公司债券上市。

(二) 证券上市的条件

按照现行证券法的规定,证券上市是申请人和证券交易所的民事合同关系,在理论上应当遵守契约自由的原则,由于证券上市涉及不特定投资者的利益,证券法规定了上市的法定条件。

1. 股票上市的条件

(1) 股票经国务院证券监督管理机构核准已经公开发行。(2) 公司股本总额最低条件。《证券法》第50条规定股本总额不少于人民币3000万元，上海证券交易所、深圳证券交易所规定股本总额不少于人民币5000万元，实际执行两家交易所的标准。(3) 公开发行的股份达到公司股份总数的25%以上，公司股本总额超过人民币4亿元的，公开发行股份的比例为10%以上。(4) 公司最近3年无重大违法行为，财务会计报告无虚假记载。(5) 证券交易所要求的其他条件。

2. 公司债券上市的条件

(1) 公司债券的期限为1年以上。(2) 公司债券实际发行额不少于人民币5000万元。(3) 公司申请债券上市时仍符合法定的公司债券发行条件。

(三) 证券上市的程序

1. 上市保荐人保荐

申请股票、可转换为股票的公司债券或者法律、行政法规规定实行保荐制度的其他证券上市交易，应当聘请具有保荐资格的机构担任保荐人。保荐人的资格和义务等适用《证券法》第11条的相关规定。

2. 证券上市申请

证券上市申请，是指申请人依法向证券交易所报送文件，提出上市申请。

(1) 股票上市申请报送文件

① 上市报告书。② 申请股票上市的股东大会决议。③ 公司章程。④ 公司营业执照。⑤ 依法经会计师事务所审计的公司最近3年的财务会计报告。⑥ 法律意见书和上市保荐书。⑦ 最近一次的招股说明书。⑧ 证券交易所上市规则规定的其他文件。

(2) 债券上市申请报送文件

① 上市报告书。② 申请公司债券上市的董事会决议。③ 公司章程。④ 公司营业执照。⑤ 公司债券募集办法。⑥ 公司债券的实际发行数额。⑦ 证券交易所上市规则规定的其他条件；申请可转换股票的公司债券上市交易，还应当报送保荐人出具的上市保荐书。

3. 证券交易所审核

上市审核是证券交易所根据法律规定和上市规则，对申请人上市申请进行审核，决定是否同意上市。实践中，交易所内设上市审核委员会，负责具体审核工作；上市审核委员会审核合格后，再由证券交易所作出同意上市的决定。

4. 签订上市协议

上市申请经证券交易所同意后，申请人与证券交易所签订上市协议，明确双方的权利和义务。上市协议是申请人和证券交易所证券上市交易服务的民事协议，具体内容包括：上市公司名称及法定代表人；上市费用的项目和数额；双方的权利与义务；上市公司董事会秘书和证券事务代表；上市公司定期公告、临时报告程序及回复交易所质询的规定；证券停牌事宜；违反上市协议的处理方式；仲裁条款；证券交易所认为应当规定的其他内容。

5. 上市公告

签订上市协议后，申请人应当依据证券法和证券交易所的要求，在指定期限内以指定方式公告上市的相关文件，并将该文件置备于指定场所供公众查阅。根据《证券法》的规定，股票或者公司债券上市申请获得证券交易所同意后，证券发行人应当在上市交易的5日前进行公告。公告的文件包括上市公告书和简要上市公告书，公告的方式包括报刊刊登方式、置备查询方式等。

6. 挂牌交易

证券获准上市并依法履行上市公告等手续后，即可在证券交易所指定的日期挂牌交易，上市程序完成。在证券交易所挂牌上市的证券，称为上市证券，上市证券的发行人称为上市公司。上市证券只能在证券交易所按照证券交易所的规则进行交易。

(四) 上市交易方式

《证券法》第40条规定："证券在交易所上市交易，应当采用公开集中交易方式或者国务院证券监督管理机构批准的其他方式。"依此规定，证券上市交易方式分为集中竞价交易方式和非集中竞价交易方式。

1. 集中竞价交易方式

集中竞价包括集合竞价和连续竞价两种方式，我国上海证券交易所、深圳证券交易所均规定了电脑集合竞价与连续竞价两种竞价方式。

集合竞价，是指对一段时间内接受的买卖申报一次性撮合的竞价方式。集合竞价分为开盘集合竞价和收盘集合竞价。上海证券交易所和深圳证券交易所都确认了开盘集合竞价，每个交易日的上午9：15—9：25为集合竞价时间，深圳证券交易所还确认了收盘集合竞价，14：57—15：00为收盘集合竞价时间。根据交易规则，在集合竞价时间段内，证券交易所主机只接受买卖申报而不成交，在正式开市前一瞬间，将所有买卖价格进行处理，产生该证券的当日开盘价。

在集合竞价时，成交价格的确定原则为：(1) 成交量最大的单位；(2) 高于成交价格的买进申报和低于成交价格的卖出申报全部成交；(3) 与成交价格相同的买方或卖方至少有一方全部成交。集合竞价的所有申报都以同一价格成交。

连续竞价，是指集合竞价结束后，交易所开始当日正式的交易，证券交易所在当日交易时间内(9：30—11：30以及13：00—15：00)对买卖申报逐笔连续撮合。证券交易所在撮合时，按照价格优先和时间优先的原则进行，每一时点的证券买进申报如高于或等于卖出申报时，按照价格顺序撮合成交；在申报价格相同情况下，按照时间顺序先申报者成交。不能成交者，等待机会成交；部分成交的，剩余部分处于等待成交状态。

2. 非集中竞价交易方式

按照现行证券法律法规的规定，非集中竞价交易方式包括协议转让、裁判转让、大宗交易和回购交易等。协议转让是买卖双方按照协商一致原则转让证券，我国《证券法》规定上市公司收购时可以采用协议收购方式。裁判转让是根据人民法院生效裁判发生转让，目前的法律依据是最高人民法院2001年8月发布的《关于冻结、拍卖上市公司国有股和社会法人股若干问题的规定》和财政部发布的《关于上市公司国有股质押有关问题的通知》。大宗交易，是指证券单笔买卖申报达到证券交易所规定的某一数额或规模时，证券交易所按特殊交易方式成交。大宗交易适用上海证券交易所和深圳证券交易所大宗交易实施细则的规定。回购交易，是指证券买卖双方在成交同时，约定于未来某一时间以某一价格再行反向成交的交易方式。证券回购主要适用证监会 2005 年《上市公司回购社会公众股份管理办法》及交易所的相关业务指引性规定。

(五) 上市证券委托交易程序

根据证券交易所交易规则，只有具有证券交易所会员资格的证券公司才可以参与交易所组织的集中交易，投资者必须通过具有证券经纪资格的证券公司才能进行证券交易。投资者委托证券公司买卖证券的程序，分为开户、委托、成交、结算、交割和过户等步骤。

1. 开立账户

开立账户是投资者在相关机构开立证券账户和资金账户。开立证券账户时，投资者必须向中国证券登记结算有限公司的分支机构提出开立账户的申请。实践中为便于投资者开户，中国证券登记结算有限责任公司可以委托证券公司受理开户申请。证券账户是用于存储和管理投资者所持证券的专门账户，用来记载投资者所持证券的种类、名称、数量及权益变动情况。证券账户开立后，投资者应当选择具有证券业务资格的证券公司，申请开立资金账户并办理全面指定交易委托。资金账户是用于存储投资者的存款和卖出证券的价金。

2. 委托指令

开立账户，投资者需要买卖证券时，应当在营业时间向证券公司发出委托买卖的指令，证券公司接受指令依法审查后进行场内竞价交易。投资者在发出委托指令时，应当详细说明账户和密码、委托序号和时间、证券名称和代码、委托买进或卖出数量、委托价格和委托期限等。证券公司接受指令后，要对委托内容的真实性、合法性和同一性进行审查。

3. 竞价与成交

投资者发出有效指令后，证券公司即刻通知场内交易员申报竞价，参与证券交易所场内的集中交易。场内集中交易时，通过集合竞价和连续竞价撮合成交。

4. 交易结算

证券交易结算，是指买卖成交后，买卖双方通过交易清算系统进行资金和证券的交付和收讫，分为清算和交收。清算时，我国采用"二级清算"规则，即中国证券登记结算有限责任公司负责办理与证券公司之间的集中清算交收，证券公司负责办理与客户之间的清算交收。交收也称交割，是中国证券登记结算有限责任公司根据清算结果，转移证券和划拨资金。

5. 证券登记过户

证券登记过户，是指证券交易完成后，买卖双方通过证券公司以及证券登记结算有限责任公司进行证券权利的转移与过户登记。

(六) 暂停上市、恢复上市与终止上市

证券交易所认为上市公司发生《证券法》第 55 条规定情形的，有权决定暂停其股票上市，证券交易所在作出决定后 2 个交易日内通知上市公司并发布公告，同时报证监会备案。上市公司收到决定后应及时披露股票暂停上市公告。暂停上市的原因消除后，可以恢复上市。如果上市公司发生《证券法》第 56 条规定情形的，证券交易所有

权决定其股票终止上市。《证券法》第60条、第61条规定了公司债券暂停上市、终止上市的情形。

三、持续信息披露

信息披露制度，是指证券发行人在证券发行和交易过程中，应当依法真实、准确、完整和及时地将相关信息向证券管理部门、投资者予以公开，以便于证券管理部门管理和投资者作出投资判断的法律制度。

为了保护投资者利益，维护证券市场的有序发展，需要政府进行干预，通过公权力强制要求证券发行人进行信息披露。在发行阶段的信息披露称为初始信息披露，在证券上市交易之后的信息披露称为持续信息披露。

（一）持续信息披露的形式

持续信息披露，是指发行人证券上市之后，依法真实、准确、完整、及时披露有关信息的制度。持续信息披露的主要内容为定期报告和临时报告。

1. 定期报告

《证券法》规定的定期报告包括中期报告和年度报告，证监会还要求季度报告。根据报告主体，定期报告分为股票上市公司的定期报告和公司债券上市的定期报告。

（1）中期报告

《证券法》第65条规定了中期报告的内容。上市公司和公司债券上市交易的公司，应当在每一会计年度的上半年结束之日起2个月内向国务院证券监督管理机构和证券交易所报告，并予以公告。中期报告应记载的内容包括：① 公司财务会计报告和经营情况；② 涉及公司的重大诉讼事项；③ 已发行的股票、公司债券变动情况；④ 提交股东大会审议的重要事项；⑤ 国务院证券监督管理机构规定的其他事项。

季度报告是证监会要求上市公司在会计年度的前3个月、前9个月结束后的30日内编制和公布的信息公开文件。证监会规定将其确定为中期报告的特殊形式，报告内容及格式由简化、修改中期报告而来，并使其编制和公布活动遵守中期报告的一般规则，也可称为简式中期报告。

（2）年度报告

《证券法》第66条规定了年度报告的内容。上市公司和公司债券上市交易的公司，应当在每一会计年度结束之日起4个月内，向国务院证券监督管理机构和证券交易所报告，并予以公告。年度报告应记载的内容包括：① 公司概况；② 公司财务会计报告和经营情况；③ 董事、监事、高级管理人员简介及其持股情况；④ 已发行的股票、公司债券情况，包括持有公司股份最多的前十名股东的名单和持股数额；⑤ 公司的实际控制人；⑥ 国务院证券监督管理机构规定的其他事项。

此外，《证券法》要求上市公司董事、高级管理人员应当对公司定期报告签署书面确认意见，监事会应当对定期报告提出书面的审核意见，董事、监事、高级管理人员应当保证信息的真实、准确、完整。

2. 临时报告

临时报告也称重大事件临时报告，是指上市公司就发生的可能对上市公司股票交易价格产生较大影响、投资者尚未得知的重大事件，为了说明事件实质而出具的临时性报告。临时报告的义务人是股票上市公司，公司债券发行人无此义务。《证券法》第67条规定了临时报告的内容。当发生符合临时报告要求的重大事件时，上市公司应当立即向国务院证券监督管理机构和证券交易所报送临时报告，并予公告。需要临时报告的“重大事件”包括：(1) 公司的经营方针和经营范围的重大变化；(2) 公司的重大投资行为和重大的购置财产的决定；(3) 公司订立重要合同，可能对公司的资产、负债、权益和经营成果产生重要影响；(4) 公司发生重大债务和未能清偿到期重大债务的违约情况；(5) 公司发生重大亏损或者重大损失；(6) 公司生产经营的外部条件发生的重大变化；(7) 公司的董事、1/3以上的监事或者经理发生变动；(8) 持有公司5%以上股份的股东或者实际控制人，其持有股份或者控制公司的情况发生较大变化；(9) 公司减资、合并、分立、解散及申请破产的决定；(10) 涉及公司的重大诉讼，股东大会、董事会决议被依法撤销或者宣告无效；(11) 公司涉嫌犯罪被司法机关立案调查，公司董事、监事、高级管理人员涉嫌犯罪被司法机关采取强制措施；(12) 国务院证券监督管理机构规定的其他事项。

如在上述披露文件中有虚假记载、误导性陈述或者重大遗漏，致使投资者在证券交易中遭受损失的，上市公司应当承担赔偿责任。上市公司的董事、监事、高级管理人员和其他直接责任人员以及保荐人，应当与上市公司承担连带赔偿责任，但是能够证明自己没有过错的除外。上市公司的控股股东、实际控制人有过错的，应当与上市公司承担连带赔偿责任。

(二) 持续信息披露的方式

信息披露的方式有证监会指定的媒体发布和置备文件两种方式。具体是指将应当披露的信息在证监会指定的报刊和网站上发布，以及将文件置备于公司住所和证券交易所，供公众查阅。

四、禁止的交易行为

证券交易市场是由证券发行人、证券公司、证券投资者等参与的市场，市场主体的参与目的通常在于营利。依据证券交易原则，各市场主体应当遵循市场规则，获取正当利益。当部分市场参与者利用本身的信息优势、资金优势、机会优势等进行非正当操作时，就可能获得非正当利益，损害其他投资者的利益，故而需要国家对非正当的证券交易行为进行规制，维护正常的证券交易秩序。我国《证券法》立法采用“禁止的交易行为”概念，具体包括内幕交易、操纵市场、欺诈客户等。

(一) 内幕交易

内幕交易，是指内幕信息的知情人或者非法获取内幕信息的人，在内幕信息公开前买卖该特定的证券，或者泄漏内幕信息，或者建议他人买卖特定证券的行为。内幕交易的构成要件，一般包括内幕交易行为人、主观方面、行为表现和危害后果等。

1. 内幕交易行为人

根据《证券法》的规定，内幕交易的行为人是内幕信息的知情人和非法获取内幕信息的人。

《证券法》第74条规定："证券交易内幕信息的知情人包括：(1) 发行人的董事、监事、高级管理人员；(2) 持有公司5%以上股份的股东及其董事、监事、高级管理人员，公司的实际控制人及其董事、监事、高级管理人员；(3) 发行人控股的公司及其董事、监事、高级管理人员；(4) 由于所任公司职务可以获取公司有关内部信息的人员；(5) 证券监督管理机构工作人员以及由于法定职责对证券的发行、交易进行管理的人员；(6) 保荐人、承销的证券公司、证券交易所、证券登记结算机构、证券服务机构的有关人员；(7) 国务院证券监督管理机构规定的其他人。"

非法获取内幕信息的人，是指采用盗窃、窃听、欺诈等非法方式取得内幕信息的人。

对于已经知晓内幕信息的行为人，《证券法》要求在内幕信息公开前，不得买卖该公司的证券，或者泄露该信息，或者建议他人买卖该证券。

2. *主观方面*

《证券法》未规定内幕交易行为人的主观方面，实践中一般以获取利益或减少损失为目的。具体分析，利用内幕信息直接买卖证券的，一般主观为直接故意；泄露内幕信息的，可以为故意或过失；建议他人买卖证券的，主观为间接故意。

3. *行为表现*

内幕交易的行为表现为在内幕信息公开前，买卖该公司的证券，或者泄露该信息，或者建议他人买卖该证券。内幕信息的界定，理论标准是涉及公司经营、财务或者对公司证券价格有重大影响的尚未公开的信息。《证券法》第75条列举了内幕信息的法定范围：(1) 属于《证券法》67条重大事件公告中的重大事件；(2) 公司分配股利或者增资的计划；(3) 公司股权结构的重大变化；(4) 公司债务担保的重大变更；(5) 公司营业用主要资产的抵押、出售或者报废一次超过该资产的30%；(6) 公司的董事、监事、高级管理人员的行为可能依法承担重大损害赔偿责任；(7) 上市公司收购的有关方案；(8)国务院证券监督管理机构认定的对证券交易价格有显著影响的其他重要信息。

4. *危害后果和法律责任*

内幕交易的危害后果是造成其他投资者的损失，影响证券市场功能的正常发挥，破坏正常的证券交易秩序。

内幕交易行为给投资者造成损失的，应当赔偿损失。其行政责任是由证券监督管理机构责令处理非法持有的证券、没收违法所得、罚款等；构成犯罪的，按照《刑法》第180条相关规定承担刑事责任。

(二) 操纵市场行为

操纵市场行为，是指行为人为获取不正当利益或者转嫁风险，利用资金、信息等优势，以各种不正当的手段，影响证券市场价格或者证券交易量，制造证券市场假象，以引诱他人参与证券交易，为自己谋取不正当利益或者转嫁风险的行为。

《证券法》第77条规定了操纵市场的四种情形。第一，单独或者连续买卖，是指单独或者通过合谋，集中资金优势、持股优势或者利用信息优势联合或者连续买卖，操纵证券交易价格或者证券交易量。第二，串通相互买卖，是指与他人串通，以事先约定的时间、价格和方式相互进行证券交易，影响证券交易价格或者交易量；第三，冲洗买卖或者自买自卖，是指在自己实际控制的账户之间进行证券交易，影响证券交易价格或者交易量。第四，以其他手段操纵证券市场。

操纵市场行为给投资者造成损失的，应当承担赔偿责任。其行政责任是由证券监督管理机构责令处理非法持有的证券、没收违法所得、罚款等，构成犯罪的，按照《刑法》第182条相关规定承担刑事责任。

（三）欺诈客户行为

欺诈客户行为，是指证券公司及其从业人员在证券交易及相关活动中，为了谋取不法利益而违背客户的真实意思进行代理的行为，以及诱导客户进行不必要的证券交易的行为。

在证券交易中，禁止证券公司及其从业人员从事下列损害客户利益的欺诈行为：(1) 违背客户的委托为其买卖证券；(2) 不在规定时间内向客户提供交易的书面确认文件；(3) 挪用客户所委托买卖的证券或者客户账户上的资金；(4) 未经客户的委托，擅自为客户买卖证券，或者假借客户的名义买卖证券；(5) 为牟取佣金收入，诱使客户进行不必要的证券买卖；(6) 利用传播媒介或者通过其他方式提供、传播虚假或者误导投资者的信息；(7) 其他违背客户真实意思表示，损害客户利益的行为。

欺诈客户行为给客户造成损失的，行为人应当依法承担赔偿责任。其行政责任是由证券监督管理机构责令改正、没收违法所得、罚款、责令关闭、撤销相关业务许可等。

（四）其他的禁止行为

1. 禁止编造、传播虚假信息

《证券法》第78条规定："禁止国家工作人员、新闻媒介从业人员和有关人员编造、传播虚假信息，扰乱证券市场。禁止证券交易所、证券公司、证券登记结算机构、证券服务机构及其从业人员，证券业协会、证券监督管理机构及其工作人员，在证券交易活动中作出虚假陈述或者信息误导。各种传播媒介传播证券市场信息必须真实、客观，禁止误导。"

2. 禁止非法利用和出借账户

《证券法》第80条规定："禁止法人非法利用他人账户从事证券交易；禁止法人出借自己或者他人的证券账户。"《证券法》还禁止资金违规流入股市，禁止挪用公款买卖证券等。

第四节　上市公司收购制度

一、上市公司收购概述

（一）上市公司收购的概念和特征

一般认为，上市公司收购是投资者依法取得上市公司已发行股份，从而获得该上市公司控制权的行为。

1. 上市公司收购的主体是投资者或收购人

关于收购主体，证券法使用了“投资者”和“收购人”两个概念。根据《证券法》第88条的规定，在持有上市公司的股份达到30%之前，称为投资者，在达到30%之后继续收购的，称为收购人。其法律意义在于：一旦确定其属于收购人，即应当遵循上市公司收购的法律规则而行为；而在此之前，只遵循法定的报告义务，如持股5%的报告规则或增减5%的报告规则。

2. 收购客体是上市公司发行在外的股票

上市公司收购的客体是上市公司发行在外的股票，包括上市公司发行在外的各种股票，但不包括库存股和公司持有的本公司的股票，以及不包括公司债券。

3. 收购后果是取得上市公司控制权

新《证券法》和《上市公司收购管理办法》均未规定上市公司收购的主观目的，即不再以取得目标公司的控制权为收购的主观要件。从相关立法表述和实践情况来看，上市公司收购的后果一般是取得目标公司的控制权。

4. 收购方式包括要约收购、协议收购及其他合法方式

《证券法》规定了要约收购和协议收购方式，除此之外，还可以采用间接收购、集中竞价交易、裁决转让、大宗交易、行政划拨、继承、受赠等方式。

5. 上市公司收购应当遵循特殊的收购规则

上市公司收购涉及被收购公司主体资格变化、股权结构变动、股东权益等，需要遵循特殊的交易规则。我国现行《证券法》和《上市公司收购管理办法》规定了上市公司收购的具体规则，实践中应按照这两部法律规定的规则进行。

(二) 上市公司收购的分类

1. 要约收购、协议收购和其他方式收购

《证券法》第85条规定投资者可以采取要约收购、协议收购和其他合法方式收购。

要约收购，是指已经获得或者计划获得上市公司股份达到发行在外的股份30%以上的投资者，依法向目标公司所有股东发出收购要约进行收购的方式。协议收购，是指收购人通过与上市公司股东签订收购协议或者股份转让协议取得上市公司股份的收购方式。其他合法收购方式包括间接收购、集中竞价交易、裁决转让、大宗交易、行政划拨、继承、受赠等方式。

2. 自愿收购和强制收购

根据法律对收购人收购意思是否进行强制性规范，收购可分为自愿收购和强制收购。自愿收购是收购人按照自己的意愿，按照自己确定的计划进行收购。强制收购是法律强制性规定收购人必须收购。强制收购的情形，《证券法》第88条规定了收购人的强制要约，即投资者已经持有上市公司已发行股份30%时，继续进行收购的，应当依法向该上市公司所有股东发出收购要约。另外，《证券法》第97条规定了收购人强制受让，即收购期限届满，被收购公司不符合上市条件终止上市的，其余仍持有被收购公司股票的股东，有权向收购人以收购要约的同等条件出售其股票，收购人应当收购。

除此之外，根据收购是否得到被收购公司管理层的配合，分为友好收购和敌意收

购;根据预定收购的股票数量,分为部分收购和全部收购等。

(三) 股东持股信息披露

股东持股信息披露,是指投资者及其一致行动人拥有权益的股份达到一个上市公司已发行股份的法定比例或达到法定比例后发生法定的增减变化时,必须依法进行信息披露的制度。股东持股信息披露是《证券法》公开原则的要求,也是防止内幕交易、操纵市场等行为的制度设计。

根据《证券法》第 86 条的规定,通过证券交易所的证券交易,投资者持有或者通过协议、其他安排与他人共同持有一个上市公司已发行股份达到 5%时,或者达到 5%后,其所持该上市公司的股份比例每增加或减少 5%,应当依法进行披露。披露的要求是,在上述事实发生之日起 3 日内,向国务院证券监督管理机构、证券交易所书面报告,通知该上市公司并予以公告。另外,在报告期限内和作出报告、公告后 2 日内,不得再行买卖该上市公司的股票。

二、要约收购

(一) 要约收购的概念

要约收购,是指符合一定条件时,收购人向目标公司全体股东发出要约,收购其全部或部分股份的收购方式。

1. 收购主体的特定性

发出要约收购的主体应当是已经单独或共同持有上市公司已发行股份 30%的投资者。

2. 收购条件的统一性

在要约收购的情况下,收购条件由收购人单方确定,对目标公司全体股东统一适用。受要约的股东只有承诺或不承诺的权利,而不能进行反要约。

3. 收购规则的法定性

要约收购涉及目标公司全部股东的利益,故《证券法》对要约收购的规则通过强行法进行规定,收购人必须按照收购规则进行收购。

(二) 要约收购的具体规则

1. 启动要约收购条件法定

通过证券交易所的证券交易,投资者持有或者通过协议、其他安排与他人共同持有一个上市公司已发行股份达到 30%时,继续进行收购的,应当依法发出收购要约。

2. 进行要约收购程序法定

在要约收购时,应当事先向证券监督管理机构报送收购报告书,报送之日起 15 日后,公告收购要约,并遵循收购期限等程序规定。

3. 要约收购期限法定

要约收购期限不得少于 30 日,不得超过 60 日。

4. 撤销要约的禁止

在收购要约确定的承诺期限内,收购人不得撤销收购要约。

5. 不得任意变更收购要约

在收购要约确定的承诺期限内，收购人需要变更收购要约的，必须事先向国务院证券监督管理机构及证券交易所提出报告，经批准后方可变更。

6. 目标公司股东同等对待

收购要约提出的各项条件，适用于被收购公司的所有股东。以要约方式进行上市公司收购的，收购人应当公平对待被收购公司的所有股东，持有同一种类股份的股东应当得到同等对待。

7. 收购期限内买卖目标公司股票的禁止

采取要约收购方式的，收购人在收购期限内，不得卖出被收购公司的股票，也不得采取要约规定以外的形式和超出要约的条件买入被收购公司的股票。

8. 收购价格不得低于法定标准

收购人进行要约收购的，对同一种类股票的要约价格，不得低于要约收购提示性公告日前6个月内收购人取得该种股票所支付的最高价格。

9. 聘请财务顾问的义务

收购人进行上市公司的收购，应当聘请在中国注册的具有从事财务顾问业务资格的专业机构担任财务顾问。收购人未按照《上市公司收购管理办法》规定聘请财务顾问的，不得收购上市公司。

（三）要约收购的程序

1. 作出收购决定

在要约收购时，收购人首先要作出收购决定，并确定收购的具体事项，如被收购公司的名称、收购目的、收购股份的详细名称和预定收购的股份数额、收购期限、收购价格等。

2. 制作并报送收购报告书

收购人在发出收购要约之前，必须事先向国务院证券监督管理机构报送上市公司收购报告书，同时提交证券交易所。

3. 公告收购要约

收购人在向证监会和证券交易所报送收购报告书15日后，公告收购要约。如在上述期限内证监会发现收购报告书不符合法律、行政法规规定的，应当及时告知收购人，收购人不得公告收购要约。

4. 要约收购的履行

在收购要约有效期限内，被收购公司股东同意接受要约的初步意思表示称为预受，收购期限届满，收购人应当按比例收购或者购买预受的全部股份。收购期限届满，被收购公司不符合上市条件时，该被收购公司股票应当终止上市交易。企业仍持有被收购公司的股东，有权向收购人以收购要约的同等条件出卖其股票，收购人应当收购。收购行为完成后，被收购公司不再具备股份有限公司条件的，应当变更公司形式。收购人持有的被收购公司的股票，在收购行为完成后的12个月内不得转让。

三、协议收购

协议收购，是指收购人通过与目标公司股东达成股份转让协议的方式来取得上市公司股份的行为。

1. 协议收购的要件

协议收购以收购人与目标公司股东合意为要件，是"一对一"的协议，收购价格等内容由当事人协商确定。

2. 协议收购应当履行报告和公告义务

以协议方式收购上市公司时，达成协议后，收购人必须在3日内将该收购协议向国务院证券监督管理机构及证券交易所作出书面报告，并予公告。在公告前不得履行收购协议。

3. 股票的临时托管

为了保证收购协议的履行，根据《证券法》第95条的规定，采取协议收购方式的，协议双方可以临时委托证券登记结算机构保管协议转让的股票，并将资金存放于指定银行。本条立法使用了"可以"一词，说明临时托管并不是当事人的强制性义务。

4. 发出收购要约

协议收购的股份数量超过目标公司已发行股份的30％时，继续进行收购的，应当向目标公司全体股东发出收购要约。《证券法》和《上市公司收购管理办法》均规定了协议收购超过30％时，超过30％的部分，应当改以要约方式进行。但收购人可以向证监会申请免除发出要约的豁免，未取得豁免或者不申请豁免的，在履行收购协议之前，应当发出全面要约。发出要约收购后，按照要约收购的规则进行收购。

5. 收购协议的履行

以协议方式收购，达成协议后，收购人依法进行报告和公告收购报告书。公告收购报告书后，当事人应当按照证券交易所和证券登记结算机构的业务规则，在证券交易所就本次股份转让予以确认后，凭全部转让款项存放于银行账户的证明，向证券登记结算机构申请解除协议转让股票的临时托管，并办理过户登记手续。

6. 收购人提交收购完成的报告，并予以公告

收购行为完成后，收购人应当在15日内将收购情况报告国务院证券监督管理机构和证券交易所，并予公告。收购完成后，收购人也应当遵守在12个月内不得转让股份的限制等。

第五节　证券中介服务机构

一、证券交易所

（一）证券交易所的概念

证券交易所是为证券集中交易提供场所和设施，组织和监督证券交易，实行自律管理的法人。对于证券交易所，应当从不同角度领会其含义。

1. 在物理属性上,证券交易所是提供证券场内交易的固定场所

证券交易市场分为场内交易市场和场外交易市场,其中场内交易是证券交易的核心。证券交易所在其物理属性上是提供证券场内交易的固定场所。证券交易所具有完备的交易设施、固定的交易场点、通常的交易服务网络、专业的管理人员和从业人员,以及进行证券交易的管理规则、交易规则和各项组织制度等。

2. 在主体资格属性上,证券交易所是具备法人资格的社会组织

证券交易所不单纯是证券交易的场所,在证券交易中证券交易所还需要与其他市场主体发生民事法律关系,如上市的公司要与证券交易所签订上市协议,证券交易所有时候需要以自己的名义独立作出民事行为,故《证券法》规定证券交易所是具备法人资格的社会组织,并且规定了证券交易所的章程、名称、组织机构等内容。

3. 在功能属性上,证券交易所是证券集中交易的服务者,又是证券交易的监管者

就证券交易而言,证券交易所的功能主要是两个方面,即证券交易服务和证券交易监管。一方面,证券交易所提供交易设施、制定交易规则等交易服务,另一方面证券交易所要对证券公司、证券服务机构、证券交易参与人等进行自律监管,维护正常的交易秩序。

(二) 证券交易所的组织形式

按照组织形式,证券交易所分为公司制证券交易所和会员制证券交易所。

公司制证券交易所是依法设立的,为证券集中交易提供场所和服务的,以营利为目的的法人。公司制证券交易所按照《公司法》的规则设立和运行,由股东投资设立,组织机构是股东会(或股东大会)、董事会、监事会、经理等,目的是为了营利。

会员制证券交易所是不以营利为目的,由会员自愿组成的社会团体法人。会员制证券交易所由证券公司以会员身份共同组成,只有取得会员资格的证券公司才能参与证券交易所的集中交易。会员制证券交易所的组织机构是会员大会、理事会、总经理等,自行制定组织规则、交易规则等,实行会员自律管理。

目前规范证券交易所的法律主要是《证券法》和《证券交易所管理办法》。根据这两部法律,我国的证券交易所采用会员制,是不以营利为目的的事业单位法人。我国现行的证券交易所是 1990 年 11 月 26 日设立的上海证券交易所和 1991 年 4 月 11 日设立的深圳证券交易所,为证券集中竞价交易提供场所和服务。

(三) 证券交易所的职能

1. 对证券交易的监管

根据《证券法》第 114 条、第 115 条、第 118 条的规定,证券交易所对证券交易的监管包括技术性停牌和临时停市、证券交易实时监控、公开证券交易信息、重大异常交易的证券账户限制交易、制定证券交易规则等。

2. 对证券公司的监管

根据证券法律法规,证券交易所对证券公司的监管表现在制定会员管理规则,建立市场准入制度,监督财务和业务执行情况,查处违法行为等。

3. 对上市公司的监管

证券交易所对上市公司的监管体现在:签订上市协议、复核信息披露文件、督促

上市公司披露定期报告和临时报告、依法暂停上市等。

(四) 证券交易所的特殊义务

1. 存续期间不得分配积累财产

证券交易所可以自行支配的各项费用收入，应当首先用于保证其证券交易所和设施的正常运行并逐步改善。实行会员制的证券交易所的财产积累归会员所有，其权益由会员共同享有，在其存续期间，不得将其财产积累分配给会员。

2. 设立风险基金

证券交易所应当从其收取的交易费用和会员费、席位费中提取一定比例的金额设立风险基金，由证券交易所理事会管理。证券交易所应当将收取的风险基金存入开户银行专门账户，不得擅自使用。

3. 从业人员回避制度

证券交易所的负责人和其他从业人员在执行与证券交易有关的职务时，与其本人或者其亲属有利害关系的，应当回避。

4. 交易结果的保护义务

依照交易规则进行的交易，不得改变其交易结果；对交易中违规交易者应负的民事责任不得免除，在违规交易中所获利益，依照有关规定处理。

5. 报告及报批义务

证券交易所对其采取的技术性停牌和临时停市以及实时监控中出现的异常情况，应当及时向证券监督管理机构报告。对其制定的具体交易规则、会员管理制度和从业人员业务规则等，应报请证券监督管理机构批准后实施。

二、证券公司

(一) 证券公司的概念和特征

证券公司是依据《公司法》和《证券法》设立的经营证券业务的有限责任公司和股份有限公司。证券公司除符合《公司法》的一般规定外，要符合《证券法》的特殊规定。

1. 设立条件严格

《公司法》中公司的设立，一般要求有限公司注册资本最低人民币 3 万元，股份有限公司注册资本最低人民币 500 万元。《证券法》中要求证券公司的设立注册资本最低人民币 5000 万元，而且采用实缴资本制。另外，《证券法》要求证券公司的主要股东具有持续营利能力，信誉良好，最近 3 年无重大违法违规记录，净资产不低于人民币 2 亿元。

2. 设立程序严格

《公司法》中对普通公司的设立实行核准制，但证券公司的设立实行审批制，除符合《公司法》要求的程序外，须事先经过国务院证券监督管理机构审查批准，以及设立后应当向国务院证券监督管理机构申请取得证券经营业务的许可证。

3. 经营范围特殊

与普通公司相比，证券公司经营业务是证券业务，具有较强的专业性，如证券经纪业务、证券投资咨询业务、证券承销与保荐业务等。

4. 管理严格

《公司法》中公司管理以公司自治为原则，但《证券法》对证券公司管理作出更多强制性规定，如完善的风险管理和内部控制制度，公司财务和风险控制指标必须符合证监会要求，应当缴纳投资者保护基金等。

（二）证券公司分类

我国原《证券法》第119条规定了证券公司的分类，即国家对证券公司实行分类管理，分为综合类证券公司和经纪类证券公司，并由国务院证券监督管理机构按照其分类颁发业务许可证。经纪类证券公司是从事证券经纪业务的证券公司，综合类证券公司是从事证券经纪业务以及证券自营业务、证券承销业务或其他业务的证券公司。

现行《证券法》取消了证券公司分类管理的条款，但从相关条款规定的内容来看，依然采用了分类管理的制度，如《证券法》第125条规定："经国务院证券监督管理机构批准，证券公司可以经营下列部分或者全部业务：……"，第127条规定经营不同业务的证券公司注册资本不同，基本延续了原《证券公司管理办法》分类管理的内容。

（三）证券公司的业务范围

《证券法》第125条规定了证券公司的七类证券业务，分别为证券经纪、证券投资咨询、与证券交易和证券投资活动有关的财务顾问、证券承销与保荐、证券自营、证券资产管理及其他证券业务。

1. 证券经纪业务

证券经纪业务是证券公司通过其设立的证券营业部，接受客户委托，按照客户要求，代理客户买卖证券的业务。在证券经纪业务中，证券公司不赚取买卖差价，只收取一定的佣金作为业务收入。

2. 证券投资咨询业务

证券投资咨询业务，是指取得证券监督管理机构颁发的相关资格的机构及其咨询人员为证券投资者或者客户提供证券投资的相关信息、分析、预测或建议，并直接或间接收取服务费用的活动。

3. 与证券交易和证券投资活动有关的财务顾问业务

一般来讲，财务顾问是指专业的财务咨询机构根据客户需要，为客户的投融资、资本运作、资产及债务重组、财务管理、发展战略等活动提供的咨询、分析、方案设计等服务。现行《上市公司收购管理办法》规定收购人发出收购要约的，应当聘请财务顾问，财务顾问的职责是对收购人进行尽职调查，对收购人进行证券市场规范化运作的辅导，对收购人申报文件内容的真实性、准确性、完整性进行充分核查和验证，对收购事项客观、公正地发表专业意见等。

4. 证券承销与保荐业务

证券承销是证券公司按照承销协议，代发行人发行证券的业务。证券保荐是证券公司根据保荐协议作为保荐人，对证券发行上市进行辅导、对相关文件核查、判断、推荐发行上市的业务。

5. 证券自营业务

证券自营业务是证券公司以自有资金和名义，通过证券市场从事证券买卖并获取利润的业务。

6. 证券资产管理业务

证券资产管理业务，是指证券公司接受客户委托，为客户提供资产估价、管理、运用、处置、变现、买卖等事务。

7. 其他证券业务

除上述证券业务外，证券市场的发展将有新的证券业务的出现，立法上采用了“其他证券业务”的兜底条款，为新业务的出现留下必要的法律空间。

（四）证券公司内部控制

证券公司内部控制是引导证券公司规范经营，增强证券公司自我约束能力，推动证券公司现代企业制度建设，防范和化解金融风险的制度。现行《证券法》要求证券公司应当建立内部控制制度，国务院证券监督管理机构应当对主要风险控制指标作出规定。

对证券公司内部控制作出详细规定的是2003年12月15日证监会发布施行的《证券公司内部控制指引》，根据该指引，证券公司内部控制是指证券公司为实现经营目标，根据经营环境变化，对证券公司经营与管理过程中的风险进行识别、评价和管理的制度安排、组织体系和控制措施。《证券法》第136条对证券公司内部控制作了两方面规定。

第一，内部隔离制度，即证券公司应当建立健全内部控制制度，采取有效隔离措施，防范公司与客户之间、不同客户之间的利益冲突。

第二，禁止混业操作，即证券公司必须将其证券经纪业务、证券承销业务、证券自营业务和证券资产管理业务分开办理，不得混合操作。

（五）证券公司风险管理制度

现行《证券法》将完善的风险管理作为证券公司设立的条件之一，并以多个条款作出具体要求。

1. 风险控制指标

根据《证券法》第130条第1款的规定，国务院证券监督管理机构应当对证券公司的净资本，净资本与负债的比例，净资本与净资产的比例，净资本与自营、承销、资产管理等业务规模的比例，负债与净资产的比例，以及流动资产与流动负债的比例等风险控制指标作出规定，从而确立了以公司净资本为核心控制指标的监控体系。另外，《证券法》第150条规定了证券公司净资本和风险控制指标不符合规定时，国务院证券监督管理机构应当责令其改正，逾期未改正的或其行为严重损害证券公司稳健运行、损害客户利益的，证券监督管理机构有权采取限制业务活动、责令暂停部分业务等措施。

2. 交易风险准备金制度

证券公司从每年的税后利润中提取交易风险准备金，用于弥补证券交易的损失，其提取的具体比例由国务院证券监督管理机构规定。

3. 证券投资者保护基金

国家设立证券投资者保护基金。证券投资者保护基金由证券公司缴纳的资金及其他依法筹集的资金组成，其筹集、管理和使用的具体办法由国务院规定。

4．客户资金管理制度

为保护客户资金，《证券法》第139条规定：“证券公司客户的交易结算资金应当存放在商业银行，以每个客户的名义单独立户管理。具体办法和实施步骤由国务院规定。证券公司不得将客户的交易结算资金和证券归入其自有财产。禁止任何单位或者个人以任何形式挪用客户的交易结算资金和证券。证券公司破产或者清算时，客户的交易结算资金和证券不属于破产财产或者清算财产。非因客户本身的债务或者法律规定的情形，不得查封、冻结、扣划或者强制执行客户的交易结算资金和证券。”

（六）证券公司业务规则

《证券法》以证券公司经纪业务为主体，对证券公司的主要业务规则作了框架性规定。

1．风险告知义务

在投资者办理客户手续时，证券公司应当根据法律法规以及证券交易业务规则，提供风险揭示书，向投资者告知和解释相关风险，并在此基础上由投资者在风险揭示书上签字或盖章。

2．委托书置备和保存义务

投资者在委托证券公司代理买卖证券时，应当填写证券买卖委托书。《证券法》要求，证券公司办理经纪业务，应当置备统一制定的证券买卖委托书，供委托人使用。采用其他委托方式的，必须作出委托记录。客户的证券买卖委托，不论是否成交，其委托记录应当按照规定的期限，保存于证券公司。

3．委托指令执行和报告义务

在证券买卖委托关系中，证券公司作为受托人，应当履行谨慎管理人的注意义务，严格执行投资者委托指令，如实进行交易；买卖成交后，应当按照规定制作买卖成交报告单交付客户。如果违背客户的委托买卖证券的，责令改正，处以罚款，给客户造成损失的，应承担赔偿责任。

4．禁止接受客户全权委托

证券公司办理经纪业务，不得接受客户的全权委托而决定证券买卖、选择证券种类、决定买卖数量或者买卖价格，此为禁止接受全权委托规则，如果证券公司接受客户全权委托买卖证券的，责令改正，没收违法所得，并处以一定数额罚款，暂停或撤销相关业务许可等。

5．禁止证券公司承诺交易后果

证券公司不得以任何形式对客户买卖的收益或者赔偿证券买卖的损失作出承诺，此为禁止利益承诺规则。如违反此规则的，责令改正，没收违法所得，并处以一定数额罚款，暂停或者撤销相关业务许可等。

6．禁止私下接受客户委托

证券公司及其从业人员不得未经过其依法设立的营业场所私下接受客户委托买卖证券，如违反此规则，责令改正，给予警告，没收违法所得，并处以违法所得1倍以上5倍以下罚款等。

7．自营业务规则

证券公司自营业务必须以自己的名义进行，不得假借他人名义或者以个人名义进行。证券公司不得将其自营账户借给他人使用。证券公司的自营业务必须使用自有资金和依法筹集的资金。违反此规定的，责令改正，没收违法所得，处以违法所得1倍以上5倍以下罚款，情节严重的，暂停或者撤销证券自营业务许可等。

8. 融资融券业务规则

证券公司为客户买卖证券提供融资融券服务，应当按照国务院的规定并经国务院证券监督管理机构批准，这是新《证券法》允许信用交易的原则性规定，具体适用2006年6月30日证监会发布的《证券公司融资融券业务试点管理办法》的规定。

（七）对证券公司的监管规则

除了规定证券公司的业务规则外，《证券法》还原则性规定了对证券公司的监管规则。

1. 证券公司承担其从业人员违规责任的义务

证券公司的从业人员在证券交易活动中，执行所属的证券公司的指令或者利用职务违反交易规则的，由所属的证券公司承担全部责任。此规定有利于保护客户的利益，促进证券公司内部严格纪律，加强对从业人员的教育与监管。

2. 证券公司依法保存相关资料的义务

证券公司应当妥善保存客户开户资料、委托记录、交易记录和内部管理、业务经营有关的任何资料，任何人不得隐匿、伪造、篡改或者毁损。上述资料的保存期限不得少于20年。

3. 依法报送或提供有关信息、资料的义务

证券公司应当按照规定向国务院证券监督管理机构报送业务、财务等经营管理信息和资料。国务院证券监督管理机构有权要求证券公司及其股东、实际控制人在指定的期限内提供有关信息、资料。证券公司及其股东、实际控制人向国务院证券监督管理机构报送或者提供的信息、资料，必须真实、准确、完整。

4. 证券监督管理机构有权对证券公司审计或者评估的规则

国务院证券监督管理机构认为有必要时，可以委托会计师事务所、资产评估机构对证券公司的财务状况、内部控制状况、资产价值进行审计或者评估。具体办法由国务院证券监督管理机构会同有关主管部门制定。

三、证券登记结算机构

（一）概述

根据《证券法》第155条的规定，证券登记结算机构是为证券交易提供集中的登记、存管与结算服务，不以营利为目的的法人。《证券法》第158条要求，证券登记结算采取全国集中统一的运营方式。建立统一的证券结算系统，目的在于维护证券市场稳定，提高证券交易效率，消除证券市场风险。

我国证券登记结算机构原为分散模式，由两大证券交易所设立的原上海证券中央登记结算公司和深圳证券登记结算公司负责各自的证券登记结算业务。为统一证券登记结算业务，2001年3月31日，中国证券登记结算有限责任公司成立，公司总部设

在北京，下设上海、深圳两个分公司，中国证监会是其主管部门。

《证券法》第157条规定了证券登记机构的具体职能：(1)证券账户、结算账户的设立；(2)证券的存管和过户；(3)证券持有人名册登记；(4)证券交易所上市证券交易的清算和交收；(5)受发行人的委托派发证券权益；(6)办理与上述业务有关的查询；(7)国务院证券监督管理机构批准的其他业务。

(二)证券登记结算机构业务规则

证券登记结算机构业务规则，是指证券登记结算机构进行证券账户管理、证券登记、证券存管、证券结算、管理结算参与人等与证券登记结算业务时遵循的规则。在法律适用时，除了适用《证券法》的规定外，还需适用《证券登记结算管理办法》、《中国证券登记结算有限责任公司证券账户管理规则》等。

1. 存管证券

证券持有人持有的证券，在上市交易时，应当全部存管在证券登记结算机构。证券登记结算机构不得挪用客户的证券。

2. 证券资料的提供

证券登记结算机构应当向证券发行人提供证券持有人名册及其有关资料。证券登记结算机构应当根据证券登记结算的结果，确认证券持有人持有证券的事实，提供证券持有人登记资料。证券登记结算机构应当保证证券持有人名册和登记过户记录真实、准确、完整，不得隐匿、伪造、篡改或者毁损。

3. 业务保障措施

证券登记结算机构应当采取下列措施保证业务的正常运行：(1)具有必备的服务设备和完善的数据安全保护措施；(2)建立完善的业务、财务和安全防范等管理制度；(3)建立完善的风险管理系统。

4. 原始凭证及有关文件和资料的保管

证券登记结算机构应当妥善保存登记、存管和结算的原始凭证及有关文件和资料。其保存期限不得少于20年。

5. 设立证券结算风险基金

《证券法》第163条要求证券登记结算机构应当设立证券结算风险基金，其目的是用于垫付或者弥补因违约交收、技术故障、操作失误、不可抗力造成的证券登记结算机构的损失。证券结算风险基金从证券登记结算机构的业务收入和收益中提取，并可以由结算参与人按照证券交易业务量的一定比例缴纳。证券结算风险基金的筹集、管理办法，由国务院证券监督管理机构会同国务院财政部门规定。

证券结算风险基金应当存入指定银行的专门账户，实行专项管理。证券登记结算机构以证券结算风险基金赔偿后，应当向有关责任人追偿。

6. 结算规则

结算包括清算和交收两层含义。

清算，是指证券登记结算机构按照确定的规则计算证券和资金的应收应付数额的行为。我国目前采取多边净额结算的技术方法，即证券登记结算机构将每个结算参与人所有达成交易的应收应付证券或资金予以冲抵轧差，计算出相对每个结算参与人的应收应付证券或资金的净额，再按照应收应付证券或资金的净额与每个结算参与人进行交收。

交收，是指证券登记结算机构根据确定的清算结果，通过转移证券和资金履行相关债权债务的行为。我国采取货银对付的交收方法，即证券登记结算机构与结算参与人在交收过程中，资金交付时给付证券、证券交付时给付资金。

具体来讲，登记结算分为一级登记结算和二级登记结算。一级登记结算是投资者与证券登记结算机构直接办理结算事务的体系。二级登记结算是指证券登记结算机构与证券公司办理结算事务，证券公司再与投资者办理结算事务。在我国，投资者进行上市证券交易时，只能委托具有证券交易所会员资格的证券公司进行，所以采取二级登记结算模式。投资者买卖证券时，首先与证券公司签订证券交易、托管与结算的协议，证券公司向证券登记结算机构申请取得结算参与人资格，与证券登记结算机构签订结算协议。交易完成后，证券登记结算机构负责办理与结算参与人之间的集中清算交收，结算参与人再办理与客户之间的清算交收，实现证券和资金结算的分级结算。

四、证券服务机构

（一）概述

证券服务机构，是指依法设立的从事证券服务业务的机构。我国《证券法》规定的证券服务机构包括：投资咨询机构、财务顾问机构、资信评估机构、资产评估机构、会计师事务所及律师事务所。

证券服务机构是商主体，依法有权收取服务费用，从事有偿服务。根据《证券法》第 172 条的规定，从事证券服务业务的投资咨询和资信评估机构，应当按照规定标准和收费办法收取服务费用，从而明确了证券服务机构收取服务费用的权利。由于证券交易所和证券登记结算机构不以营利为目的，不属于此处所讲的证券服务机构。

证券服务机构从事证券服务业务应当经过依法批准，具备相应资质。上述证券服务机构，除了律师事务所外，其他从事证券服务的机构，必须经过国务院证券监督管理机构和有关部门批准，其从事证券服务业务的人员，也应当具备证券专业知识和相应的服务经验，具体的从业资格标准和管理办法，由国务院证券监督管理机构制定。

（二）证券投资咨询机构的行为禁止

证券投资咨询机构，是指向投资者提供证券投资分析、预测、建议等咨询服务的机构。《证券法》第 171 条专门规定了证券投资咨询机构及其从业人员不得有下列行为：(1) 代理委托人从事证券投资；(2) 与委托人约定分享证券收益或者分担证券投资损失；(3) 买卖本咨询机构提供服务的上市公司股票；(4) 利用传播媒介或者通过其他方式提供、传播虚假或者误导投资者的信息；(5) 法律、法规禁止的其他行为。

（三）证券服务机构的勤勉义务与法律责任

证券服务机构应当勤勉尽责提供服务，证券服务机构为证券的发行、上市、交易等证券业务活动制作、出具审计报告、资产评估报告、财务顾问报告、资信评级报告或者法律意见书等文件，应当勤勉尽责，对所依据的文件资料内容的真实性、准确性、完整性进行核查和验证。

证券服务机构出具的文件有虚假记载、误导性陈述或者重大遗漏，给他人造成损失的，应当与发行人、上市公司承担连带赔偿责任，但是能够证明自己没有过错的除外。

第六节　证券监管制度

一、证券监管制度概述

（一）证券监管的概念和特征

证券监管即证券监督管理，是指证券监督管理主体依据法律、法规和规章，对证券市场参与人在证券发行、上市、交易、登记、存管、结算等活动中的行为进行监督管理的总称。

证券监管的目的在于保护投资者的利益，保证证券市场的公平、有效、透明，防范和减少市场风险，正确引导证券市场行为，维护证券市场良好运行。

证券监管的主体包括政府监管主体和行业自律监管主体。政府监管主体，是指具有行政管理权的政府部门在其职责范围内的监管，如审计机关的审计监管、证券监督管理委员会的监管；行业自律监管主体是证券业自我组织、自我管理的监管主体，如证券业协会。

证券监管的对象是证券市场参与人的证券市场行为。如证券发行人发行证券行为，证券公司证券承销、保荐行为，证券登记结算机构证券登记结算行为，证券服务机构咨询服务行为，证券投资者证券交易行为等。

证券监管的手段包括经济手段、法律手段、行政手段等。经济手段，是指政府以管理和调控证券市场为目的，采用金融、信贷、税收等手段进行监管。法律手段是通过立法和执法，以法律规范形式将证券市场运行中的各种行为纳入法制轨道，证券发行与交易过程中的各参与主体按法律要求规范其行为。行政手段，是指政府监管部门采用计划、政策、制度、办法等对证券市场进行直接的行政干预和管理。

（二）证券监督管理体制

证券监督管理体制，是指一个国家对该国证券市场进行监督、管理、控制与协调的有机体系和职责权限划分的制度。以监管主体进行划分，监管体制一般分为政府主导型监管体制、自律型监管体制和中间型监管体制。

我国现行的证券监管体制是政府统一监管为主、证券业自律监管为辅的监管体制。国务院证券监督管理机构依法对全国证券市场实行集中统一监督管理，依法设立的证券业协会实行自律管理。

二、国务院证券监督管理机构

(一)国务院证券监督管理机构的性质

1998年9月30日,国务院办公厅发布《中国证券监督管理委员会职能配置、内设机构和人员编制的规定》(简称"中国证监会三定方案")。据此规定,中国证券监督管理委员会是国务院直属事业单位,是全国证券期货市场的主管部门。

国务院证券监督管理机构依法对全国证券市场实行集中统一管理。国务院证券监督管理机构依法对证券市场实行监督管理,维护证券市场秩序,保障其合法运行。

从我国证券监管体制运行实践来看,《证券法》所称"国务院证券监督管理机构"即为中国证券监督管理委员会,是国务院直属事业单位。

(二)国务院证券监督管理机构职责

国务院证券监督管理机构在对证券市场实施监督管理中履行下列职责:(1)依法制定有关证券市场监督管理的规章、规则,并依法行使审批或者核准权;(2)依法对证券的发行、上市、交易、登记、存管、结算,进行监督管理;(3)依法对证券发行人、上市公司、证券交易所、证券公司、证券登记结算机构、证券投资基金管理公司、证券服务机构的证券业务活动,进行监督管理;(4)依法制定从事证券业务人员的资格标准和行为准则,并监督实施;(5)依法监督检查证券发行、上市和交易的信息公开情况;(6)依法对证券业协会的活动进行指导和监督;(7)依法对违反证券市场监督管理法律、行政法规的行为进行查处;(8)法律、行政法规规定的其他职责。

(三)监管执法措施

为保证国务院证券监督管理机构职责的行使,《证券法》第180条规定了证券监督管理机构在履行职责时有权采取下列措施:(1)对证券发行人、上市公司、证券公司、证券投资基金管理公司、证券服务机构、证券交易所、证券登记结算机构进行现场检查;(2)进入涉嫌违法行为发生场所调查取证;(3)询问当事人和与被调查事件有关的单位和个人,要求其对与被调查事件有关的事项作出说明;(4)查阅、复制与被调查事件有关的财产权登记、通讯记录等资料;(5)查阅、复制当事人和与被调查事件有关的单位和个人的证券交易记录、登记过户记录、财务会计资料及其他相关文件和资料;对可能被转移、隐匿或者毁损的文件和资料,可以予以封存;(6)查询当事人和与被调查事件有关的单位和个人的资金账户、证券账户和银行账户;对有证据证明已经或者可能转移或者隐匿违法资金、证券等涉案财产或者隐匿、伪造、毁损重要证据的,经国务院证券监督管理机构主要负责人批准,可以冻结或者查封;(7)在调查操纵证券市场、内幕交易等重大证券违法行为时,经国务院证券监督管理机构主要负责人批准,可以限制被调查事件当事人的证券买卖,但限制的期限不得超过15个交易日;案情复杂的,可以延长15个交易日。

另外,《证券法》第183条规定了相关单位和人员的协助义务,即国务院证券监督管理机构依法履行职责时,被检查、调查的单位和个人应当配合,如实提供有关文件和资料,不得拒绝、阻碍和隐瞒。

（四）国务院证券监督管理机构及其工作人员的特别义务

1. 忠于职守义务

国务院证券监督管理机构的工作人员必须忠于职守，依法办事，公正廉洁，不得利用职务牟取不正当利益，不得泄露所知悉的有关单位和个人的商业秘密。

2. 依据法定程序行使权利并履行义务

国务院证券监督管理机构依法履行职责，进行监督检查或者调查，其监督检查、调查人员不得少于2人，并应当出示合法证件和监督检查、调查通知书。不符合法律程序的，被检查、调查的单位有权拒绝。

3. 兼职禁止义务

国务院证券监督管理机构的人员不得在被监管的机构中任职。

4. 涉嫌犯罪的移送义务

国务院证券监督管理机构依法履行职责，发现证券违法行为涉嫌犯罪的，应当将案件移送司法机关处理。

5. 监督公开义务

国务院证券监督管理机构依法制定的规章、规则和监督管理工作制度应当公开，依据调查结果，对证券违法行为作出的处罚决定，应当公开。

三、证券业协会

（一）证券业协会的概念和地位

证券业协会是依法设立的对证券业进行自律管理的社会团体法人。我国《证券法》第8条明确了证券业协会实行自律管理的法律地位，以及要求证券公司应当加入证券业协会成为其会员。

我国现行的证券业协会是中国证券业协会，成立于1991年8月28日。协会的宗旨是：在国家对证券业实行集中统一监督管理的前提下，进行证券业自律管理；发挥政府与证券行业间的桥梁和纽带作用；为会员服务，维护会员的合法权益；维持证券业的正当竞争秩序，促进证券市场的公开、公平、公正，推动证券市场的健康稳定发展。

（二）证券业协会的职责

证券业协会履行下列职责：(1) 教育和组织会员遵守证券法律、行政法规；(2) 依法维护会员的合法权益，向证券监督管理机构反映会员的建议和要求；(3) 收集整理证券信息，为会员提供服务；(4) 制定会员应遵守的规则，组织会员单位的从业人员的业务培训，开展会员间的业务交流；(5) 对会员之间、会员与客户之间发生的证券业务纠纷进行调解；(6) 组织会员就证券业的发展、运作及有关内容进行研究；(7) 监督、检查会员行为，对违反法律、行政法规或者协会章程的，按照规定给予纪律处分；(8) 证券业协会章程规定的其他职责。

同步练习

一、案例讨论

1. 案情简介

2002 年 6 月 14 日一汽集团公司总经理竺延风和天津汽车工业(集团)有限公司董事长张世堂在北京人民大会堂签订了联合重组协议书。协议规定天津汽车工业(集团)有限公司将其持有的天津汽车夏利股份有限公司国有法人股中的 739294920 股,协议转让给一汽集团,每股转让价格以 2002 年 3 月 31 日为基准日经评估的每股净资产值为准。收购完成后一汽集团持有天津汽车 50.98%的股权,天汽集团继续持有 33.99%。与此同时,天汽集团公司还将其子公司华利公司 75%的中方股权全部一次性转让给一汽集团公司。

通过此次重组,中国最大的汽车生产企业一汽集团将中国最大的经济型轿车生产企业天津汽车(000927)收入囊中,这是目前中国汽车工业发展史上最大、最具影响力的重组。

2. 问题梳理

本案是上市公司协议收购的典型案例,结合《证券法》学习协议收购的规则。

3. 法律运用

在本案中,在 2002 年一汽集团和天津汽车工业(集团)有限公司通过签订联合重组协议书的形式收购天津汽车工业(集团)有限公司持有天津汽车夏利股份有限公司的股票,拥有 50.98%的股权,并且天汽集团公司还将其子公司华利公司 75%的中方股权全部一次性转让给一汽集团公司,实现了一汽对天津汽车夏利股份公司的收购。

对本案需要说明的是,上述收购发生在《证券法》修正之前,适用 1998 年《证券法》的规定,当时的《证券法》并未规定协议收购达到一定股份比例后发出收购要约的要求。如按照修正后的《证券法》要求,一汽集团通过协议的方式预计持有天津汽车夏利股份公司 30%以上股份,应当依法发出收购要约。

二、分析与思考

1. 我国《证券法》中的证券有哪些,如何进行法律适用?

2. 国务院证券监督管理机构有哪些监管职权和执法措施?

3. 如何理解上市证券的集中竞价交易方式。我国《证券法》规定了哪些禁止的证券交易行为?

4. 某上市公司 2006 年信息披露时,2005 年年度报告在 2006 年 7 月才披露,以及该公司发生的以下事实未予披露:

第一,该上市公司在 2005 年为其他公司向银行借款 1000 万元提供担保,被法院判决承担连带责任;

第二,该公司董事会研究决定出资 5000 万元投资房地产开发,并且与某村委会签订了土地使用的意向书,由于该公司相关手续不健全,被当地土地部门处罚;

第三,该公司与其第一大股东×公司发生 10 笔 500 万元以上的往来;

第四，该公司一名董事因涉嫌犯罪被公安机关采取了强制措施。

请问，该上市公司信息披露是否合法，信息披露的条件和程序是什么？

5. 设股票A在开盘前分别有6笔买入委托和5笔卖出委托，根据价格优先的原则，按买入价格由高至低和卖出价格由低至高的顺序将其分别排列如下：

备注：股票数量，1手＝100股，分列出委托买入价和委托卖出价。

序　号	委托买入价	数量(手)	序　号	委托卖出价	数量(手)
1	3.80元	2	1	3.52元	5
2	3.76元	6	2	3.57元	1
3	3.65元	4	3	3.60元	2
4	3.60元	7	4	3.65元	6
5	3.54元	6	5	3.70元	6
6	3.45元	3			

按不高于申报的最高买价3.80元和不低于申报的最低卖价3.52元的原则，首先可成交第一笔，即3.80元买入委托和3.52元的卖出委托成交第一笔共2手，若要同时符合申买者和申卖者的意愿，其成交价格必须是在3.52—3.80元，即最低申卖价3.52元到最高申买价之间，具体价格要视以后的成交情况而定。

第一笔这对委托成交后其他的委托排序如下：

序　号	委托买入价	数量(手)	序　号	委托卖出价	数量(手)
1			1	3.52元	3
2	3.76元	6	2	3.57元	1
3	3.65元	4	3	3.60元	2
4	3.60元	7	4	3.65元	6
5	3.54元	6	5	3.70元	6
6	3.45元	3			

在第一笔成交中，由于卖出委托的数量5手多于买入委托数量2手，按交易规则，买入委托序号1的2手全部成交，而卖出委托量序号1的还剩余3手。

第二笔成交情况：序号2的买入委托价格为3.76元，数量为6手。在卖出委托中，序号1—3的委托的数量正好为6手，其价格意愿也符合要求，正好成交，其成交价格在3.60—3.76元的范围内，即3.52元成交3手，3.57元成交1手，3.60元成交2手，三笔成交总数量为6手。

应注意的是，第二笔成交价格的范围(3.52—3.60元)是在第一笔成交价格的范围(3.52—3.80元)之内，且比第一笔成交价格的范围区间要小一些。

请根据以上规则，分析该股票第三笔成交情况。

第六章　破 产 法

学习目标

1. 了解企业破产的原因。

2. 掌握债务人和债权人申请破产的不同条件和程序，掌握人民法院受理破产案件导致的法律效果。

3. 掌握债权申报的范围。

4. 掌握管理人的地位与职权。

5. 掌握债权人会议的地位、职权、召开程序和议事规则。

6. 理解与把握重整期间和重整计划的制订、通过与执行，了解重整制度与和解制度的区别。

7. 掌握破产债权的概念及范围，理解破产抵消权、别除权、追回权、撤销权等相关内容。

8. 掌握破产财产的范围及分配规则。

学习导引

竞争是市场永远的主题，优胜劣汰是必然的结果。在市场竞争中，难免会有部分企业因经营管理不善等原因产生资不抵债，不能清偿到期债务的情况。在此情况下，建立一个能够平衡债权人、债务人、出资人等多方利益群体诉求的破产法律制度，规范和完善企业的市场退出机制是非常必要的。我国的破产法通过制定严格的债权申报制度、债权人会议制度、破产清算程序等法律制度，建立了债权人表达意愿的法律平台，保障了债权人的债权能够得到最大限度的公平清偿。通过制定重整、和解等法定程序，使濒临倒闭的企业有机会得到债务的减免延缓或生产经营的重大变化，从而给这些企业一个起死回生的机会。通过破产法律制度的优胜劣汰机制，可以最大限度地实现资源的优化配置，促进经济的发展。

第一节 破产法概述

一、破产的概念和特征

（一）破产的概念

“破产”一词源于拉丁语“Falletur”，意思为失败。在经济生活中，破产一般用来描绘经营上的失败，即资不抵债，无力清偿到期债务。法律意义上的破产，是指企业法人不能清偿到期债务，并且资产不足以清偿全部债务或明显缺乏清偿能力的，法院根据相关当事人的申请，或通过和解、重整等挽救制度重新调整债权债务关系，或通过破产清算将债务人的全部财产公平清偿给全体债权人的制度。可见，“破产”包含有两层含义：其一，是指债务人经营失败，无力清偿到期债务的客观状态；其二，是指为解决债务人的债务纠纷，或通过和解协议或重整计划使债权债务关系重新调整，或将债务人的财产作为偿债基础对所有的债权人进行公平清偿，从而使债务人企业终止的一种法律程序。

（二）破产制度的特征

（1）破产是一种特殊的偿债程序。当债务人财产不足以清偿债务的时候，如何分配有限的债务人财产满足多个债权人的清偿要求，普通的民事诉讼程序无法解决这一问题。而通过破产程序，可以将债务人全部财产一次性地公平分配给所有的债权人，从而清偿债务，终结全部的债权债务关系。

（2）破产以债务人不能清偿到期债务为前提。债务人负有到期债务未清偿是破产程序开始的前提条件，也就是说即使债务人已经严重资不抵债，但只要其有能力清偿到期债务，债权人也不得申请债务人破产。

（3）破产的目的主要是使债权人的债权得到公平清偿，并在可能的情况下尽力挽救濒临破产的企业。早期破产制度的设计目的主要是“穷尽债务人的一切偿债手段最大限度地满足债权人的偿债需求”[①]，随着社会发展，各国在完善破产清算制度的同时，纷纷在原有的破产制度中构建了诸如重整、和解等破产挽救制度，使那些仍有一些“生机”的企业不至于轻易被宣告破产。

（4）破产是在法院的主持和监督下依法定程序实施的债务清理程序。法院主持和监督着破产程序的进行，而且法院在主持和监督破产程序的过程中往往呈现出“积极主动”的特点，这一特点在重整制度中体现得最为明显。

二、破产法的概念与适用范围

（一）破产法的概念

破产法有广义和狭义之分。狭义的破产法即形式意义上的破产法，在我国专指

① 参见范建主编：《商法》，高等教育出版社，北京大学出版社2007年第三版，第311页。

2007 年 6 月 1 日起在全国实施的《企业破产法》。广义的破产法又称实质意义的破产法，是指国家制定的调整债务人因不能清偿到期债务而采用破产清算或和解与重整等方式处理债务时所发生的社会关系的所有法律规范的总称。

（二）破产法的适用范围

1. 适用对象

1986 年制定的《企业破产法（试行）》将《破产法》的适用对象确定为全民所有制企业，这一规定已经明显不适应我国现行市场经济状况，因此 2007 年起实施的《破产法》将适用对象确定为企业法人，包括国有企业、私营企业、三资企业等各种具有法人资格的企业主体。

2. 适用地域

在破产程序的域外效力问题上，企业破产法采取普及主义，即本国开始的破产程序，效力及于债务人在国外的财产。《破产法》第 5 条规定："依照本法开始的破产程序，对债务人在中华人民共和国领域外的财产发生效力。"

第二节　破产原因和破产的申请与受理

一、破产原因

破产原因也称破产界限，是指债务人存在的，能够对债务人适用破产程序的原因或根据。它既是债权人申请债务人破产或债务人申请自身破产的前提，也是法院判断破产申请能否成立以及能否作出破产宣告的重要根据。

《破产法》第 2 条规定："企业法人不能清偿到期债务，并且资产不足以清偿全部债务或者明显缺乏清偿能力的，依照本法规定清理债务。"从这条规定来看，可以将破产原因概况为不能清偿、资不抵债和停止支付。

（一）不能清偿

不能清偿，是指债务人对于已经到期的债务，因缺乏清偿能力而不能以财产、信用或者其他方式进行清偿，并且在相当长的时间内或可预期的时间内不能清偿。对于已经到期的债务必须是无争议的或已确定的债务，并且债权人提出了清偿要求。

（二）资不抵债

资不抵债，是指债务人的负债超过实有资产，这里侧重于考量债务人的财务状况，即债务人的实有财产与全部负债的比例关系，因此"资不抵债"中的"债务"不限于到期债务。

（三）停止支付

停止支付，是指债务人以其行为向债权人作出不能支付一般金钱债务的意思表示。只要债务人对债权人的到期金钱债务停止支付并呈现连续状态，便可认定为停止支付。

将停止支付作为债务人的破产原因，主要是考虑在债权人提出破产申请的情况下，债权人常无法证明债务人是否不能清偿到期债务，是否资不抵债。因此为了解决我国司法实践中债权人申请破产时的举证责任问题，只要债务人停止支付到期债务并呈连续状况，如无相反证据，即可推定为不能清偿到期债务。

二、破产案件的管辖

破产案件的管辖，是指各级人民法院之间受理破产案件的分工与权限，包括级别管辖与地域管辖。

破产案件的级别管辖主要以企业的规模、企业登记注册的工商部门的级别为划分标准。基层人民法院一般管辖县、县级市或区的工商行政管理机关核准登记企业的破产案件；中级人民法院一般管辖地区、地级市（含本级）以上工商行政管理机关核准登记企业的破产案件；纳入国家计划调整的企业破产案件，由中级人民法院管辖。

关于地域管辖，根据《破产法》的规定，破产案件由债务人住所地人民法院管辖。债务人住所地，是指债务人的主要办事机构所在地，债务人无主要办事机构所在地的，由其注册地人民法院管辖。

三、破产案件的申请

破产申请，是指债务人、债权人或负有清算责任的人请求人民法院宣告债务人破产的法律行为。我国破产案件的受理实行申请主义，不告不理，人民法院不依职权主动开始破产程序，因此当事人的破产申请是引发破产程序开始的最初动因，也是人民法院启动破产程序的必要因素。

有资格提出破产申请的包括债务人、债权人和依法负有清算责任的人。申请人可以在人民法院受理破产申请以前撤回申请。

（一）债务人申请

债务人不能清偿到期债务，并且资产不足以清偿全部债务或者明显缺乏清偿能力的，可以向人民法院提出重整、和解或者破产清算申请。

债务人最清楚自己的生产经营状况，也最清楚自己是否达到了破产界限，因此《破产法》赋予了债务人申请破产的权利，实践中大多数的破产案件也是由债务人提出申请的。债务人提出破产申请的，应当向人民法院提交一系列文件资料与证据材料，表明申请破产的意愿并证明自己确实已不能清偿到期债务且资不抵债，这些材料主要包括：(1) 书面破产申请；(2) 企业主体资格证明；(3) 企业法定代表人与主要负责人名单；(4) 企业职工情况和安置预案；(5) 企业亏损情况的书面说明，并附审计报告；(6) 企业至破产申请日的资产状况明细表，包括有形资产、无形资产和企业投资情况等；(7) 企业在金融机构开设账户的详细情况，包括开户审批材料、账号、资金；(8) 企业债权情况表，列明企业的债务人名称、住所、债务数额、发生时间和催讨偿还情况；

(9) 债务情况表,列明企业的债权人名称、住所、债权数额、发生时间;(10) 涉及的担保情况;(11) 已发生的诉讼情况;(12) 法院认为应当提交的其他材料。

此外,国有企业向人民法院申请破产时,应当提交其上级主管部门同意破产的文件;其他企业应当提供其开办人或者股东会议决定企业破产的文件;保险公司、证券公司及金融机构破产要提供各自监管机构的批准文件。

(二) 债权人申请

债务人不能清偿到期债务,债权人可以向人民法院提出对债务人进行重整或者破产清算的申请。债权人可以提出的只是重整或者破产清算两类申请,和解申请只能由债务人提出。

在实践中,债权人提出破产申请的,应当提交材料与证据证明债权有效确定且已到期,并曾提出过清偿债务的要求而债务人却不能清偿。一般需要提交的证据材料主要有以下类型:(1) 书面破产申请书;(2) 债权发生的事实及债权已到履行期限的证据材料;(3) 债权性质和数额的证据材料,如果债权性质或数额不确定的,应先通过民事诉讼程序确定数额后再申请破产;(4) 如有担保的,应提供债权担保的证明;(5) 债务人不能清偿到期债务的证据材料。只要证明债权人提出了清偿债务要求,而债务人停止支付到期债务并呈连续状况,如无相反证据,便可推定为不能清偿到期债务。

(三) 清算人申请

企业法人已解散但未清算或者未清算完毕,资产不足以清偿债务的,依法负有清算责任的人应当向人民法院申请破产清算。成立清算组的,由清算组申请;未成立清算组的,由负有清算责任的股东申请。

四、破产案件的受理

破产案件的受理,是人民法院对当事人提出的破产申请进行审查,对符合受理条件的案件予以立案的行为。人民法院受理破产案件是破产程序开始的标志。

(一) 破产受理的程序

债权人提出破产申请的,人民法院应当自收到申请之日起 5 日内通知债务人。债务人对申请有异议的,应当自收到人民法院通知之日起 7 日内向人民法院提出。人民法院应当自异议期满之日起 10 日内裁定是否受理。除上述规定的情形外,人民法院应当自收到破产申请之日起 15 日内裁定是否受理。特殊情况下需要延长裁定受理期限的,经上一级人民法院批准,可延长 15 日。

人民法院接到破产申请后,应对申请进行形式上和实质上的审查。形式审查主要审查人民法院对破产案件是否有管辖权,申请人是否合格,申请材料是否齐全等。实质审查主要对债务人是否具备破产原因进行初步的审查。

经过审查后,人民法院受理破产申请的,应当自裁定作出之日起 5 日内送达申请人。债权人提出申请的,人民法院应当自裁定作出之日起 5 日内送达债务人。债务人应当自裁定送达之日起 15 日内,向人民法院提交财产状况说明、债务清册、债权清册、有关财务会计报告以及职工工资的支付和社会保险费用的缴纳情况。

经过审查后，人民法院裁定不受理破产申请的，应当自裁定作出之日起5日内送达申请人并说明理由，申请人对不受理的裁定不服的，可以自裁定送达之日起10日内向上一级人民法院提起上诉。

人民法院受理破产申请的，应同时指定管理人，并自裁定受理破产申请之日起25日内通知已知债权人，并予以公告。

（二）破产受理的法律效力

破产受理将产生以下几个方面的法律效力。

1．对债务人的法律效力

（1）债务人及其法定代表人负有财产保全、说明、提交义务

自人民法院受理破产申请的裁定送达债务人之日起至破产程序终结之日，债务人的有关人员承担下列义务：妥善保管其占有和管理的财产、印章和账簿、文书等资料；根据人民法院、管理人的要求进行工作，并如实回答询问；列席债权人会议并如实回答债权人的询问；未经人民法院许可，不得离开住所地；不得新任其他企业的董事、监事、高级管理人员。

其中的"有关人员"，是指企业的法定代表人。经人民法院决定，可以包括企业的财务管理人员和其他经营管理人员。

（2）对债务人行为的影响

第一是破产案件受理后，债务人不得对个别债权人进行清偿，个别清偿的无效。破产案件的受理，标志着破产程序的开始，债务人丧失对其财产的处分权。未经人民法院允许，债务人不得对个别债权人清偿债务。违法清偿的，人民法院应当裁定清偿无效，追回所给付的财产。

第二是对债务人在破产申请之前的行为产生影响。在人民法院受理破产案件前1年内，债务人的下列行为，管理人有权请求人民法院撤销：无偿转让或明显不合理低价转让财产或财产权利的；对原来没有财产担保的债务提供财产担保的；对未到期的债务提前清偿的；放弃债权的；其他损害债权人利益的行为。

2．对债权人的法律效力

对债权人的法律效力主要体现在两个方面：一是冻结债权人的个别追索行为，债权人只能通过破产程序主张债权；二是将债权人未到期债权视为到期，但是在计算债权额时，应扣除期限利益。

3．对相关的民事程序的影响

（1）中止有关债务人的民事诉讼或仲裁案件

人民法院受理破产申请后，已经开始而尚未终结的有关债务人的民事诉讼或者仲裁应当中止，在管理人接管债务人的财产后，由管理人代表破产企业参加诉讼或仲裁。

已经受理的案件，以债务人为被告且尚未审结的，应当中止诉讼，债权人可转向受理破产案件的人民法院申报债权，按破产程序主张权利。

已经受理的案件，以债务人为原告的其他民事纠纷案件尚在一审程序的，受诉人民法院应当将案件移送受理破产案件的人民法院；案件已进行到二审程序的，受诉人民法院应当继续审理。

(2) 中止对债务人财产的民事执行程序和保全措施

人民法院受理破产申请后，有关债务人财产的保全措施应当解除，执行程序应当中止。申请执行人可将生效判决书上需执行的清偿数额作为破产债权进行申报，解除保全措施的债务人的财产则被纳入破产财产。

(3) 排斥其他新的诉讼

破产案件受理后，破产企业的债权人只能通过破产程序行使权利，债权人不得向人民法院提起新的民事诉讼。

4. 对其他人的效力

(1) 向管理人返还财产或清偿债务。债务人的债务人和财产持有人应当而且只能向管理人清偿债务或者交付财产。

(2) 债务人占有的不属于债务人的财产，其权利人有权通过管理人取回，如债务人租用的他人汽车，汽车所有人可取回。债权人在破产申请受理前对债务人负有债务的，可以向管理人主张抵消。

5. 未履行完毕合同的处理

人民法院受理破产申请后，管理人对破产申请受理前成立而债务人和对方当事人均未履行完毕的合同有权决定解除或者继续履行，并通知对方当事人。管理人自破产申请受理之日起 2 个月内未通知对方当事人，或者自收到对方当事人催告之日起 30 日内未答复的，视为解除合同。

管理人决定继续履行合同的，对方当事人应当履行；但是，对方当事人有权要求管理人提供担保。管理人不提供担保的，视为解除合同。

第三节　破产管理人

所谓破产管理人，是指人民法院受理破产申请后接管债务人财产并负责债务人财产管理和其他事务的专业机构或人员。管理人是由人民法院指定的，具有独立的法律地位，对内负责具体破产程序的执行，对外代表破产企业。管理人向人民法院报告工作，接受债权人会议和债权人委员会的监督。管理人应当列席债权人会议，向债权人会议报告职务执行情况，并回答询问。

一、管理人的选任

管理人可以由有关部门、机构的人员组成的清算组或者依法设立的律师事务所、会计师事务所、破产清算事务所等社会中介机构担任。人民法院根据债务人的实际情况，可以在征询有关社会中介机构的意见后，指定该机构具备相关专业知识并取得执业资格的人员担任管理人。

但有下列情形之一的，不得担任管理人：(1) 因故意犯罪受过刑事处罚；(2) 曾被吊销相关专业执业证书;(3)与本案有利害关系;(4)人民法院认为不宜担任管理人的其他情形。

所谓"与本案有利害关系",一般是指:与债权人、债务人有未了结的债权债务关系的;在人民法院受理破产申请前3年内,曾为债务人提供过相对固定的中介服务;现在或受理破产申请前3年曾是债务人、债权人的控股股东、实际控制人、法律顾问、财务顾问等情形的。

个人担任管理人的,应当参加执业责任保险。

实践中,大多由律师事务所、会计师事务所、清算事务所独立担任破产管理人。但三所一般都有所欠缺,如律师事务所对财务账务不够精通,会计师事务所对法律不够精通等,建议可采用联合办公,各负其责的办公模式解决该问题。

二、管理人的职责

(1)接管债务人的财产、印章和账簿、文书等资料。

(2)调查债务人财产状况,制作财产状况报告。

(3)决定债务人的内部管理事务。

(4)决定债务人的日常开支和其他必要开支。

(5)在第一次债权人会议召开之前,决定继续或者停止债务人的营业。

(6)管理和处分债务人的财产。

(7)代表债务人参加诉讼、仲裁或者其他法律程序。

(8)提议召开债权人会议。

(9)人民法院认为管理人应当履行的其他职责。

三、管理人的权利与义务

(一)管理人的权利

(1)获取报酬的请求权。管理人的报酬由人民法院确定,债权人会议对管理人的报酬有异议的,有权向人民法院提出。根据《最高人民法院关于审理企业破产案件确定管理人报酬的规定》,人民法院以可供清偿的全部债务人财产价值为标的额,按比例确定管理人报酬,具体比例上限从0.5%~15%不等,并可按上述比例在30%的浮动范围内制定符合当地实际情况的管理人报酬比例限制范围。当破产企业财产较少时,人民法院应根据实际情况的需要,确定管理人最低的基本报酬,在此基础上采用比例报酬。[①]

(2)管理人经人民法院许可,有聘任必要工作人员的权利。

(二)管理人的义务

(1)管理人应当勤勉尽责,忠实执行职务。

(2)管理人没有正当理由不得辞去职务。管理人辞去职务应当经人民法院许可。

① 参见孟祥刚著:《企业破产纠纷新型典型案例与专题指导》,中国法制出版社2010年版,第95页。

（3）在第一次债权人会议召开之前，管理人实施下列行为时，应当经人民法院许可：① 决定继续或者停止债务人的营业；② 涉及土地、房屋等不动产权益的转让；③ 采矿权、知识产权等财产权的转让；④ 全部库存或者营业的转让；⑤ 借款；⑥ 设定财产担保；⑦ 债权和有价证券的转让；⑧ 履行债务人和对方当事人均未履行完毕的合同；⑨ 放弃权利；⑩ 担保物的取回；⑪ 对债权人的利益有重大影响的其他财产处分行为。

管理人实施上述②至⑪项行为时，应当及时报告债权人委员会。

第四节　债权申报与债权人会议

一、债权申报

人民法院受理破产案件后，债权人应当在规定的期限内，依法向管理人申报确定债权。申报债权是债权人参加破产程序的必要前提条件，未依法申报债权的，不能按照《破产法》规定的程序行使权利。

管理人收到债权申报材料后，应当登记造册，对申报的债权进行审查，并编制债权表。债权表和债权申报材料由管理人保存，供利害关系人查阅。债权表应当提交第一次债权人会议核查。债务人、债权人对债权表记载的债权无异议的，由人民法院裁定确认。债务人、债权人对债权表记载的债权有异议的，可以向受理破产申请的人民法院提起诉讼。

（一）债权申报的期限

债权申报期限自人民法院发布受理破产申请公告之日起计算，具体由受理破产案件的人民法院确认，最短不得少于30日，最长不得超过3个月。在人民法院确定的债权申报期限内，债权人未申报债权的，可以在破产财产最后分配前补充申报。但是，此前已进行的分配，不再对其补充分配。为审查和确认补充申报债权的费用，由补充申报人承担。

（二）债权申报的范围

破产案件受理前成立的对债务人享有的债权，均为可申报的债权。债权人申报债权时，应当书面说明债权的数额和有无财产担保，并提交有关证据。

有关债权申报范围的具体规定如下。

（1）未到期的债权，在破产申请受理时视为到期。附利息的债权自“破产申请受理时”起停止计息。

（2）附条件、附期限的债权和诉讼、仲裁未决的债权，债权人可以申报。

（3）连带债权人可以由其中一人代表全体连带债权人申报债权，也可以共同申报债权。

(4) 连带债务人数人被裁定适用《破产法》规定的程序的，其债权人有权就全部债权分别在各破产案件中申报债权。

(5) 债务人的保证人或者其他连带债务人已经代替债务人清偿债务的，以其对债务人的求偿权申报债权。债务人的保证人或者其他连带债务人尚未代替债务人清偿债务的，以其对债务人的将来求偿权申报债权。但是，债权人已经向管理人申报全部债权的除外。

(6) 管理人或者债务人依照《破产法》规定解除合同的，对方当事人以因合同解除所产生的损害赔偿请求权申报债权。

(7) 债务人是委托合同的委托人，被裁定适用《破产法》规定的程序，受托人不知该事实，继续处理委托事务的，受托人以由此产生的请求权申报债权。

(8) 债务人是票据的出票人，被裁定适用《破产法》规定的程序，该票据的付款人继续付款或者承兑的，付款人以由此产生的请求权申报债权。

(9) 债务人所欠职工的工资和医疗、伤残补助、抚恤费用，所欠的应当划入职工个人账户的基本养老保险、基本医疗保险费用，以及法律、行政法规规定应当支付给职工的补偿金，不必申报，由管理人调查后列出清单并予以公示。职工对清单记载有异议的，可以要求管理人更正；管理人不予更正的，职工可以向人民法院提起诉讼。

二、债权人会议

债权人会议是全体债权人参加破产程序的意思表示机关。全体债权人可以通过债权人会议对破产程序进行中涉及债权人利益的各个重大事项发表意见并作出决定，以监督破产管理人或者其他财产管理人正当履行职责，从而维护自身的利益。

(一) 债权人会议的组成

债权人会议由依法申报债权的债权人与债务人的职工和工会代表参加。凡是债权人会议的成员，都享有出席债权人会议、对债权人会议讨论的议题发表意见的权利。但并不是所有的债权人会议成员都享有表决权，具体规定如下。

(1) 依法申报债权的债权人享有表决权。

(2) 债权尚未确定的债权人，除人民法院能够为其行使表决权而临时确定债权额的外，不得行使表决权。

(3) 对债务人的特定财产享有担保权的债权人，未放弃优先受偿权利的，对和解协议和破产财产的分配方案没有表决权。

(4) 债权人可以委托代理人出席债权人会议，行使表决权。

债权人会议设主席 1 人，由人民法院从有表决权的债权人中指定。

(二) 债权人会议的职权

(1) 核查债权。(2) 申请人民法院更换管理人，审查管理人的费用和报酬。(3) 监督管理人。(4) 选任和更换债权人委员会成员。(5) 决定继续或者停止债务人的营业。(6) 通过重整计划。(7) 通过和解协议。(8) 通过债务人财产的管理方案。(9) 通过破产财产的变价方案。(10) 通过破产财产的分配方案。(11) 人民法院认为应当由债权人会议行使的其他职权。

（三）债权人会议的召开与议事规则

第一次债权人会议由人民法院召集，自债权申报期限届满之日起15日内召开。以后的债权人会议，在人民法院认为必要时，或者管理人、债权人委员会、占债权总额1/4以上的债权人向债权人会议主席提议时召开。

召开债权人会议，管理人应当提前15日通知已知的债权人。

债权人会议的决议，由出席会议的有表决权的债权人过半数通过，并且其所代表的债权额占无财产担保债权总额的1/2以上。

债权人会议通过和解协议的决议，由出席会议的有表决权的债权人过半数同意，并且其所代表的债权额占无财产担保债权总额的2/3以上。

由于债务人财产管理方案和破产财产变价方案在债权人会议上表决通过与否，直接关系债权人的切身利益和破产程序能否顺利进行，为防止屡次表决仍不能通过决议导致破产程序无法进行的情形出现，法律赋予了人民法院司法裁定权，即对债务人财产的管理方案，破产财产的变价方案，债权人会议表决未过的，由人民法院裁定。对破产财产的分配方案，债权人会议二次表决未过的，由人民法院裁定。对裁定不服的，15日内可申请复议。

（四）债权人委员会

由于债权人会议是非常设性机构，因此为了保障债权人会议的职能和决议得到更好的落实，我国的《破产法》规定债权人会议可以设立债权人委员会作为债权人会议的常设机构，代行债权人会议的部分职能。

债权人委员会由债权人会议选任的债权人代表和1名债务人的职工代表或者工会代表组成，成员不得超过9人。债权人委员会的职权主要是监督债务人财产的管理和处分；监督破产财产分配；提议召开债权人会议；债权人会议委托的其他职权。管理人实施我国《破产法》第69条规定的十种行为时，应当及时报告债权人委员会。

第五节　破产重整与和解

重整与和解并非是破产程序的必经程序，而是一种破产选择性程序。债务人企业被破产清算后，对于债务人企业而言要被注销退出市场，对于债权人而言通过破产程序获得的债权清偿比例也很低，可见债务人企业被破产清算对债务人、债权人而言是一个两败俱伤的局面。因此《破产法》规定了重整与和解这两种破产挽救程序，从而使债务人可以通过法定的程序对自身进行债务整理和企业重整，令其摆脱困境走向复兴，从而使债务人、债权人和相关利害关系人的利益得到最大的实现。

重整与和解成功的，债务人企业就可以避免被破产宣告和清算；重整与和解失败或未进行重整、和解的，债务人企业依然要被破产宣告并进行破产清算。

一、重整

重整，是指对进入破产程序的企业法人不立即进行破产清算，而是在人民法院的主持下，由债务人与债权人达成协议，制订债务人重整计划，债务人继续营业，并在一定期限内清偿全部或者部分债务的再建型债务清理制度。

（一）重整申请

债务人或者债权人可以直接向人民法院申请对债务人进行重整。

债权人申请对债务人进行破产清算的，在人民法院受理破产申请后、宣告债务人破产前，债务人或者出资额占债务人注册资本10%以上的出资人，可以向人民法院申请重整。

（二）重整期间

重整期间，是指自人民法院裁定债务人重整之日起至重整程序终止时的期间。

重整期间有关事项的处理如下。

（1）在重整期间，经债务人申请，人民法院批准，债务人可以在管理人的监督下自行管理财产和营业事务。

（2）在重整期间，对债务人的特定财产享有的担保权暂停行使。

（3）债务人合法占有的他人财产，该财产的权利人在重整期间要求取回的，应当符合事先约定的条件。

（4）在重整期间，债务人的出资人不得请求投资收益分配。

（5）在重整期间，债务人的董事、监事、高级管理人员不得向第三人转让其持有的债务人的股权。但是，经人民法院同意的除外。

（三）重整计划的制订和通过

1. 重整计划的制订与提交

债务人自行管理财产和营业事务的，由债务人制订重整计划草案；管理人负责管理财产和营业事务的，由管理人制订重整计划草案。但执行重整计划的只能是债务人，管理人只负责监督执行。

重整计划草案应当包括下列内容：(1) 债务人的经营方案；(2) 债权分类；(3) 债权调整方案；(4) 债权受偿方案；(5) 重整计划的执行期限；(6) 重整计划执行的监督期限；(7) 有利于债务人重整的其他方案。

债务人或者管理人应当自人民法院裁定债务人重整之日起6个月内，同时向人民法院和债权人会议提交重整计划草案。期限届满，经债务人或管理人请求，有正当理由的，人民法院可以裁定延期3个月；未按期提出重整计划草案的，人民法院应当裁定终止重整程序，并宣告债务人破产。

2. 重整计划的表决与通过

人民法院应当自收到重整计划草案之日起30日内召开债权人会议，对重整计划草案进行表决。

债权人会议对重组计划进行表决时，依照下列债权分类，进行分组表决。

（1）对债务人的特定财产享有担保权的债权。

（2）债务人所欠职工的工资和医疗、伤残补助、抚恤费用，所欠的应当划入职工个人账户的基本养老保险、基本医疗保险费用，以及法律、行政法规规定应当支付给职工的补偿金。

（3）债务人所欠税款。

（4）普通债权。

人民法院在必要时可以决定在普通债权组中设小额债权组对重整计划草案进行表决。重整计划草案涉及出资人权益调整事项的，应当设出资人组。重整计划不得规定减免债务人欠缴的“社会保险费用”，该项费用的债权人不参加重整计划草案的表决。

出席会议的同一表决组的债权人过半数同意重整计划草案，并且其所代表的债权额占该组债权总额的2/3以上的，即为该组通过重整计划草案。各表决组均通过重整计划草案时，重整计划即为通过。人民法院经审查认为符合规定的，裁定批准，并予以公告。

部分表决组未通过重整计划草案的，债务人或者管理人可以同未通过重整计划草案的表决组协商，该表决组可以在协商后再表决一次。未通过重整计划草案的表决组拒绝再次表决或者再次表决仍未通过重整计划草案，但重整计划草案符合法律规定条件的，债务人或者管理人可以申请人民法院批准重整计划草案。人民法院经审查认为符合规定的，裁定批准，并予以公告。

在债权人会议未通过重整计划草案时，人民法院可以强制批准重整计划的条件如下。

（1）有财产担保的债权人组或者已经通过了重整计划，或者虽然没有通过但他们的利益没有受到损害，其担保债权可以就特定财产获得全额清偿，其因延期清偿所受的损失将得到公平补偿，并且其担保权未受到实质性损害。

（2）职工债权人和税收债权人组或者已经通过了重整计划，或者虽然没有通过但他们的利益没有受到损害，按照重整计划，他们的债权可以获得全额清偿。

（3）普通债权人组或者已经通过了重整计划，或者虽然没有通过但他们的利益没有受到损害，因为按照重整计划，他们获得的清偿要高于如果不重整而走清算程序时他们可以获得的清偿。

（4）出资人组或者已经通过了重整计划，或者虽然没有通过但他们的利益没有受到损害，因为对其权益的调整是“公平、公正”的。

（5）重整计划公平对待同一表决组的成员，并且所规定的清偿顺序符合法律规定，即按职工债权、社会保险费用和税款、普通债权的顺序清偿。

（6）债务人的经营方案具有可行性。

重整计划草案未获得通过且未依照法律的规定获得批准，或者已通过的重整计划未获得批准的，人民法院应当裁定终止重整程序，并宣告债务人破产。

（四）重整计划的执行

重整计划由债务人负责执行，管理人应当向债务人移交财产和营业事务。管理人负责监督重整计划的执行。

重整程序一经开始，即对所有的债权人，包括有担保债权的债权人产生效力。担保权人不得依一般的民事程序行使担保债权，而必须依法申报债权并参加重整程序，其担保权的行使或债权的受偿必须按重整计划的规定进行。

债权人未依照《破产法》规定申报债权的，在重整计划执行期间不得行使权利。在重整计划执行完毕后，可以按照重整计划规定的同类债权的清偿条件行使权利。

对于已经申报的债权，因存疑等原因没有被管理人确认的，债权人如有异议，可以向人民法院起诉，若将来人民法院认定了这些债权，可以按照重整计划规定的同类债权的清偿条件行使权利。

(五) 重整的结束

重整的结束分为两种情形。第一种情形是重整计划顺利执行完毕，重整成功，债务人摆脱破产的危机，起死回生。重整成功的，按照重整计划减免的债务，自重整计划执行完毕时起，债务人不再承担清偿责任。

第二种情形是重整程序被人民法院裁定终止。该情形具体又分为两种情况：一是重整计划草案未获得通过且未依照法律的规定获得批准，或者已通过的重整计划未获得批准的，人民法院裁定终止重整程序；二是人民法院经管理人或者利害关系人请求，裁定终止重整计划的执行。在重整期间，有下列情形之一的，经管理人或者利害关系人请求，人民法院应当裁定终止重整程序，并宣告债务人破产：(1) 债务人不能执行或者不执行重整计划的；(2) 债务人的经营状况和财产状况继续恶化，缺乏挽救的可能性；(3) 债务人有欺诈、恶意减少债务人财产或者其他显著不利于债权人的行为；(4) 由于债务人的行为致使管理人无法执行职务。

人民法院裁定终止重整计划执行的，债权人在重整计划中作出的债权调整的承诺失去效力。债权人因执行重整计划所受的清偿仍然有效，债权未受清偿的部分作为破产债权。上述规定的债权人，只有在其他同顺位债权人同自己所受的清偿达到同一比例时，才能继续接受分配。

二、和解

和解，是指债务人为了避免破产清算，在人民法院的主持下，与债权人会议就延期还债、减免部分债务等事项达成和解协议，从而中止破产程序的制度。按照和解协议减免的债务，自和解协议执行完毕时起，债务人不再承担清偿责任。

(一) 和解的提出

债务人可以直接向人民法院申请和解，也可以在人民法院受理破产申请后、宣告债务人破产前，向人民法院申请和解。但只能由债务人提出和解申请，债权人不能主动提出和解申请，人民法院也不能依职权主动开始和解程序，未经债务人申请，和解程序不得启动。

为了便于人民法院的审查和债权人会议的讨论，债务人应当同时提交和解协议草案。草案应当包括以下内容：债务人、债权人的基本情况；债务人申请和解的理由；债权的性质、数额及还款期限；清偿债务的财产来源、清偿债务的方法；确保执行和解协议的措施等。

（二）和解协议的通过

债权人会议通过和解协议的决议，由出席会议的有表决权的债权人过半数同意，并且其所代表的债权额占无财产担保债权总额的 2/3 以上。对债务人特定财产享有担保权的债权人未对该财产放弃优先受偿权的，在表决和解协议的时候不享有表决权。这一点和重整不同，重整计划对债务人和全体债权人，包括对债务人特定财产有担保的债权人，均具有约束力。

债权人会议通过和解协议的，由人民法院裁定认可，并予以公告。

和解协议草案经债权人会议表决未获得通过，或者债权人会议通过的和解协议未获得人民法院认可的，人民法院应当裁定终止和解程序，并宣告债务人破产。

（三）和解协议的效力

经人民法院裁定认可的和解协议，对债务人和全体“和解债权人”均有约束力。所谓和解债权人，是指人民法院受理破产申请时对债务人享有无财产担保的债权人。有财产担保的债权人不受和解协议的约束。

和解债权人未依照规定申报债权的，在和解协议执行期间不得行使权利，在和解协议执行完毕后，可以按照和解协议规定的清偿条件行使权利。和解债权人对债务人的保证人和其他连带债务人所享有的权利，不受和解协议的影响。

和解协议无强制执行的效力，如债务人不履行和解协议，债权人不能请求人民法院强制执行，只能请求人民法院终止和解协议，宣告其破产。

人民法院裁定终止和解协议执行的，和解债权人在和解协议中作出的债权调整的承诺失去效力。

和解协议顺利执行完毕的，按照和解协议减免的债务，债务人不再承担清偿责任。

三、重整与和解的区别

重整制度与和解制度都是一种破产挽救制度，立法的目的均在于给予债务人企业“起死回生”的机会和条件，但二者在程序开始的原因、申请人、侧重点和效力等诸多方面存在着明显不同。通过比较重整制度与和解制度的区别，可以加深对两种制度的理解。

（一）程序开始的原因不同

和解程序与破产程序开始的原因相同，即为债务人不能清偿到期债务，并且资产不足以清偿全部债务或者明显缺乏清偿能力的。而重整对申请原因要求较宽，即使债务人尚未不能支付，只要有不能支付的危险和可能时，就可以申请重整。重整对债务人的挽救更为及时有力，因为当债务人出现严重经营与财务危机刚露出苗头的时候就进行重整，远比其已陷入严重经营危机，已无力偿债、资不抵债的时候再开始重整的成功率高，要求债权人所作的让步也较小，债权人所受的损失也就较小，更容易达到双赢的局面。

（二）启动程序开始的申请人不同

和解申请是法律赋予债务人的特权，只有债务人才得以提出，债权人不能提出和解申请，人民法院也不能依职权宣告和解程序的开始。重整不但可以由债务人企业提出，还可以由投资人、债权人提出，这有利于社会各方为挽救企业发挥作用。

（三）调整的内容侧重点不同

和解与重整制度因其自身性质的不同，导致两种程序所调整的内容侧重点也有所不同。和解在程序性质上来说属于对破产的一种消极预防程序，其调整的内容侧重于债务清偿，主要调整债务人企业与债权人之间的债权债务关系，通过对债务的部分减免或延期从而减轻企业的财务压力。而重整在程序性质上来说是对破产的一种积极的预防与挽救，在重整过程中，受重整的企业法人不但在债权清偿方面要受到法律调整，其生产经营、合并、分立、投资等方面均要受到法律调整和监督，从而通过重整程序从根本上恢复债务人的生产经营能力，拯救陷于经营困境的企业。

（四）对债权人的约束力不同

和解协议经人民法院认可后，并不像重整计划那样对各类债权人均有积极约束力。和解协议仅对无担保的债权人产生效力，对于就债务人的特定财产享有担保权的债权人无约束力，和解开始后担保权人可以直接行使担保物权以获得满足。司法实践中往往是担保物权一经执行，企业的财产便所剩无几，客观上企业的复苏成为不可能。而重整则不同，重整程序一经开始，即对所有的债权人，包括有担保物权的债权人均产生效力，所有的民事执行程序均应终止；对债务人特定财产享有担保物权的债权人也不能按一般民事程序行使其担保物权，必须依法申报债权并参加重整程序，其担保物权的行使或债权的受偿必须按重整计划的规定进行，这就为企业的再生奠定了物质基础。

（五）法院的地位和作用不同

破产和解程序与重整程序均需要借助人民法院的司法权，通过法定程序来解决相应的法律问题。但是在和解程序中，人民法院不能强制批准和解协议，和解的成功与否主要取决于债权人会议的态度，人民法院处以相对被动的地位。而在重整程序中，我国《破产法》赋予人民法院强制批准通过重整计划的权力，人民法院的这种司法干预是主动积极的干预，这样可以避免确有重整希望的企业因各方的利益难以协调而导致重整程序搁浅，丧失重整机会，人民法院的积极介入为破产重整的实施拥有了更为畅通的渠道。

（六）效力等级不同

在与破产程序及和解程序的关系中，当破产申请、和解申请及重整申请并存时，人民法院应首先受理重整申请。重整程序一经开始，尚未开始的破产程序或和解程序不得开始，已经开始的，必须中止。故重整程序的效力优于破产程序或和解程序。

和解程序与重整程序在制度设计上主要有以上几种不同，正是由于这些不同的存在，致使在实践中，和解更多地发生在小企业身上，因为小企业内部关系简单，达成和解协议后，债务人自身再进行整改复苏相对比较简易。而大企业则普遍采用重整程序来避免破产，因为对于大企业而言，重整制度更有利于协调各方利益主体的关系，对企业的挽救更加有力彻底。

第六节　破产清算

破产清算是破产程序的重要组成部分，也是破产程序的终结性程序。债务人一旦被宣告破产，破产程序便进入破产清算阶段。进入清算阶段，在相关债权人通过行使别除权和抵消权受偿后，需确定破产债权的范围，对破产财产进行变价和分配。在破产财产分配完毕后，破产清算程序终结，破产程序即告结束。对没有清偿的债务，破产人将不再负清偿责任。

一、破产宣告

破产宣告，是指人民法院对债权人提出的破产申请，经审查认定后，宣告债务人破产的法律行为。债权人或债务人向人民法院提出破产申请，并不必然引起破产宣告，只有人民法院认为债务人确实具备破产宣告的条件才依法宣告其破产，进入破产清算程序。人民法院依法宣告企业破产的，应5日内通知债务人和管理人，10日内通知债权人并予以公告。

破产宣告前，有下列情形之一的，债务人企业可以避免被破产宣告，人民法院应当裁定终结破产程序，并予以公告：(1) 第三人为债务人提供足额担保或者为债务人清偿全部到期债务的；(2) 债务人已清偿全部到期债务的。

(一) 法院宣告债务人破产的具体情形

人民法院对债务人宣告破产主要有以下三种情况。

1. 债务人未经过重整或和解程序直接被破产宣告

债务人不能清偿到期债务进入破产程序后，债权人、债务人及出资人未提出过和解或重整申请的，人民法院经审核债务人符合破产界限的，根据债务人或者债权人的申请，可以裁定宣告债务人破产。

2. 债务人请求和解不成立或和解被废止

(1) 债务人请求和解不成立

债务人请求和解的，如果人民法院驳回债务人的和解申请、债务人经与债权人会议协商未能达成和解协议、人民法院裁定不认可和解协议的，应当裁定宣告债务人破产。

(2) 和解依法废止

人民法院裁定认可和解协议的，如因债务人的欺诈或者其他违法行为而成立的和解协议，或是债务人不能执行或者不执行和解协议的，人民法院可以根据债权人、债权人会议、债权人委员会的申请废止和解，或者依职权废止和解，宣布债务人破产。

3. 重整程序终止

(1) 债务人或者管理人未能自人民法院裁定债务人重整之日起6个月内提交重

整计划草案的，人民法院应当裁定终止重整程序，并宣告债务人破产。

(2) 重整计划草案未获得通过且未获得批准，或者已通过的重整计划未获得批准的，人民法院应当裁定终止重整程序，并宣告债务人破产。

(3) 债务人不能执行或者不执行重整计划的，人民法院经管理人或者利害关系人请求，应当裁定终止重整计划的执行，并宣告债务人破产。

(4) 在重整期间，债务人的经营状况和财产状况继续恶化，缺乏挽救的可能性，或者债务人有欺诈、恶意减少债务人财产或者其他显著不利于债权人的行为，或者由于债务人的行为致使管理人无法执行职务，经管理人或者利害关系人请求的，人民法院应当裁定终止重整程序，并宣告债务人破产。

(二) 破产宣告的法律效果

1. 对债务人的效力

(1) 债务人成为破产人

在破产宣告前，被申请破产的企业称为债务人，在破产宣告后，称为破产人。一般来说，债务人企业无权再继续进行原来企业营业执照中确认的各项经营活动，除了管理人或者债权人会议认为确有必要继续生产经营的以外，破产企业应停止所有的经营活动，成为仅为破产清算而存在的破产企业。一旦破产清算终结，管理人即办理其注销登记手续。

(2) 债务人财产成为破产财产

债务人财产在债务人被宣告破产后称为破产财产，破产财产是一个完全为了实现破产清算为目的的财产集合体，破产财产的管理处分权归管理人所有，一旦企业被破产宣告，无论此时破产企业的财产在谁手中，都应当立即向管理人移交，其范围包括破产企业在宣告破产时所经营管理的全部财产以及在破产宣告后至破产程序终结前获得的一切财产和应当由破产企业行使的其他财产权利。

(3) 债务人的法定代表人需承担与清算有关义务及相应法律责任

在破产宣告后，破产企业法定代表人，包括经人民法院决定增加的财务管理人员和其他经营管理人员负有以下义务：在向管理人办理移交手续前，负责保管本企业的财产、账册、文书、资料和印章等；在破产程序终结以前，根据人民法院或者管理人的要求进行工作，不得擅离职守等。

(4) 债务人与企业职工的劳动关系依法解除

企业被宣告破产后，对于破产企业的职工而言，原来与企业订立的劳动合同即可依法宣告解除，职工成为失业人员，有权依据国家有关规定领取失业救济金，并有权自谋职业，或者根据有关的规定要求国家有关部门安排重新就业。

2. 对债权人的效力

破产宣告后，债权人只能依照破产程序接受清偿，破产宣告后的债权行使按照以下规定：(1) 未到期的债权视为已到期；(2) 有财产担保的债权人可以行使别除权，随时以担保物获得清偿；(3) 对破产企业负有债务的债权人可以行使破产抵消权，将互负的债务抵消；(4) 破产债权可以通过破产清算程序来获得清偿。破产债权主要是无担保的普通债权或放弃优先受偿权利的担保债权，对于这些债权而言，需要依照破产分配方案，按法律规定的清偿顺序从破产财产中获得清偿。

二、破产债权、破产抵消权和别除权

破产企业进入清算阶段后，拥有别除权、破产抵消权的债权人可以通过行使别除权、抵消权使债权得到优先受偿，而破产债权需要通过破产财产的分配得到清偿。

(一) 破产债权

1. 破产债权的概念与特征

破产债权，是指基于破产宣告前原因发生的，经依法申报并经过确认，能够通过破产程序由破产财产公平受偿的请求权。破产债权具有以下的特征：第一，破产债权应是基于破产宣告前的原因成立；第二，破产债权是具有财产给付内容的无财产担保的不享受优先受偿的请求权；第三，破产债权必须依法申报和确认，并通过破产清算程序按比例受偿。

2. 破产债权的范围

破产债权主要包括各类不能获得优先受偿的普通债权，其范围具体如下；(1) 破产宣告前成立的无财产担保的债权；(2) 虽有财产担保但放弃优先受偿权的债权；(3) 虽有财产担保，但担保物的价款低于债权额，其未能受偿的债权；(4) 债务人的保证人代替债务人清偿债务后依法可以向债务人追偿的债权；(5) 票据出票人被宣告破产，付款人或者承兑人不知其事实而向持票人付款或者承兑所产生的债权。

此外，管理人解除合同，对方当事人依法或者依照合同约定产生的对债务人可以用货币计算的债权；债务人的受托人在债务人破产后，为债务人的利益处理委托事务所发生的债权；债务人发行债券形成的债权；债务人的保证人预先行使追偿权而申报的债权等，均属于普通破产债权。

但根据最高人民法院《关于审理企业破产案件若干问题的规定》，下列债权不属于破产债权：(1) 行政、司法机关对破产企业的罚款、罚金以及其他有关费用；(2) 人民法院受理破产案件后债务人未支付应付款项的滞纳金，包括债务人未执行生效法律文书应当加倍支付的迟延利息和劳动保险金的滞纳金；(3) 破产宣告后的债务利息；(4) 债权人参加破产程序所支出的费用；(5) 破产企业的股权、股票持有人在股权、股票上的权利；(6) 破产财产分配开始后向清算组申报的债权；(7) 超过诉讼时效的债权；(8) 债务人开办单位对债务人未收取的管理费、承包费。

此外，管理人解除合同的，合同中所约定的违约金不能作为破产债权，不再适用定金罚则。

上述不属于破产债权的权利，人民法院或者清算组也应当对当事人的申报进行登记。

(二) 破产抵消权

1. 破产抵消权的概念与特征

根据《破产法》第 40 条的规定，债权人在破产申请受理前对债务人负有债务的，可以向管理人主张抵消。根据这一规定，债权人在破产申请受理前对破产人负有债务的，无论是否已到清偿期限，也无论债务标的、给付种类是否相同，均可以在破产清算前用其债权抵消其所负的债务，这就是破产抵消权。破产抵消权具有以下特征。

（1）具有主体的特定性。破产抵消权是破产债权人的专有权利，权利主体只能是破产债权人一方。

（2）这种抵消权不受债务种类和履行期限的限制。

（3）债务有时间限制。权利人主张抵消的债务，只能是破产宣告前其对破产人所负有的债务。

2. 抵消的限制

破产抵消权实质是一种优先受偿权。为了避免债权人与破产债务人恶意串通虚构债务，或债权人与债务人的债务人恶意串通，规避《破产法》关于债权人通过破产清算平等实现债权的有关规定，有必要对破产抵消权进行限制。

根据《破产法》第40条的规定，债权人在破产申请受理前对债务人负有债务的，可以向管理人主张抵消。但是有下列情形之一的，不得抵消：

（1）债务人的债务人在破产申请受理后取得他人对债务人的债权的；

（2）债权人已知债务人有不能清偿到期债务或者破产申请的事实，对债务人负担债务的；但是，债权人因为法律规定或者有破产申请一年前所发生的原因而负担债务的除外；

（3）债务人的债务人已知债务人有不能清偿到期债务或者破产申请的事实，对债务人取得债权的；但是，债务人的债务人因为法律规定或者有破产申请一年前所发生的原因而取得债权的除外。

3. 抵消权行使的规则

（1）行使抵消权的债权必须以债权的申报为前提，未申报的债权不得抵消。因为如果债权没有依法申报，则债权的真实性、准确性未经过债权人会议审查确认，所以不得主张抵消。

（2）抵消权应当由债权人向管理人主张实施，并提出明确的抵消请求。管理人不得自动抵消债权债务。

（3）破产抵消中，种类不同的债权，以及附期限和附条件的债权均可以抵消。

（三）别除权

1. 别除权的概念与特征

别除权，是指在企业破产时，对部分有财产担保债权，可以不经过破产程序而优先以担保物价值受偿的权利。别除权是一种就担保标的物所享有的担保物权，因为担保标的物不属于破产财产，因此债权人就该物行使权利无须通过破产程序。

但是，根据我国《破产法》的规定，别除权这种就担保物的优先受偿的权利虽然不受破产清算与和解程序的限制，但在重整程序中仍然受到限制。

别除权具有三个特征：（1）是担保物权的权利人对破产财产所享有的一种权利；（2）这种权利的行使以担保标的物为限；（3）这种权利的行使不依据破产程序，权利人可在破产程序之外，可以通过民事执行程序行使权利，随时对权利标的物行使权利，不受破产程序的约束。

2. 别除权的行使规则

(1) 债权和担保权必须合法成立和生效,且均成立于破产宣告以前。

(2) 债权已依法申报并得到确认。

(3) 别除权的行使以担保标的物为限,超过担保标的物价值的债权只能作为普通的破产债权,通过破产清算程序得到清偿。

(4) 债权和担保权的成立不得违反《破产法》禁止性规定。人民法院受理破产申请前1年内对原来没有担保的债权提供担保的,管理人可以申请人民法院撤销该担保。

三、破产财产及其分配

(一) 破产财产的概念及特征

破产财产,是指企业依法被破产宣告后,可依破产程序进行清算和分配的破产企业的全部财产。债务人财产在破产宣告后,称之为破产财产。

根据我国的法律规定,破产财产具有以下特征。

1. 必须是属于破产企业拥有完全处分权的财产

从民法意义上说,破产财产必须是债务人享有完全处分权的各种实体资产和无形资产。不属于债务人的财产不能列为破产财产,如债务人企业替他人保管的财产、租用的财产,这些财产的所有者可以向管理者行使取回权,将这些特定财产取回。

需要强调的是,破产财产并不是破产企业必须拥有所有权的财产,只要破产企业对该财产拥有完全处分的权利,就可以认定为破产财产。如破产企业为国有企业的,则国家授予其经营管理的财产也属于破产财产。

2. 必须是破产程序终结前属于破产企业的财产

破产财产应是破产宣告时及破产程序终结前,破产人所有的供破产清偿的全部财产。也就是说在破产宣告时,破产企业所拥有的财产是破产财产;在破产宣告后至破产程序终结前取得的财产和财产权利,也属于破产财产。

对于在破产宣告前已经合法处分的财产或财产权利则不属于破产财产的范围。

3. 必须是可以依破产程序强制清偿的财产

(1) 破产财产必须是根据《破产法》规定的清偿顺序用于清偿的财产。已经设立了担保物权的财产,除非担保物权人,即别除权权利人放弃行使别除权,否则不应作为破产财产处理。

(2) 这些财产依其性质必须是可以依法执行的,即可以由人民法院依法扣押、查封、冻结、变卖。对于国家明确规定的禁止流通物,不得强制执行,因而不得列入破产财产,如枪支弹药等。

(二) 破产财产的范围

破产财产包括:债务人在破产申请受理时所有的或者经营管理的全部财产,债务人在破产宣告后至破产程序终结前取得的财产,应当由破产企业行使的其他财产权利。

根据《破产法》和《关于审理企业破产案件若干问题的规定》的规定，下列财产不属于破产财产。

(1) 债务人基于仓储、保管、加工承揽、委托交易、代销、借用、寄存、租赁等法律关系占有、使用的他人财产。这类财产的所有权人在债务人破产时，可以就该被债务人占用的财产行使取回权，而不受破产程序的约束。

(2) 抵押物、留置物、出质物等担保物以及担保物灭失后产生的保险金、补偿金、赔偿金等代位物。

(3) 依照法律规定存在优先权的财产，但权利人放弃优先受偿权或者优先偿付特定债权剩余的部分除外。法定优先权人依法享有的优先受偿权与担保物权相似，所以存在法定优先权的财产也没被列入破产财产的范围。如建设工程承包合同中，承包人对所建工程享有的工程款优先权。

(4) 所有权已发生转移或者应当向他人转移所有权的财产。主要指特定物买卖中，尚未转移占有但相对人已完全支付对价的特定物和尚未办理产权证或者产权过户手续但已向买方交付的财产。

(5) 债务人在所有权保留买卖中尚未取得所有权的财产。在所有权保留合同中发生了所有权和占有的分离，并将这种分离作为对买方履约的担保。在买方破产时，卖方基于保留的所有权可以享有对标的物的取回权。

(6) 所有权专属于国家且不得转让的财产，如国有的划拨土地。

(7) 破产企业工会所有的财产。这里所说的工会财产必须是企业内工会拥有明确所有权的财产，对于工会占用的破产企业的财产，仍应属于破产财产。

(三) 破产财产的分配

1. 破产财产的清偿顺序

破产企业在破产清算的过程中，破产财产应当按照法定的顺序分配，具体的分配顺序如下。

破产财产首先应优先清偿破产费用和共益债务，然后依照下列顺序清偿。

(1) 破产人所欠职工的工资和医疗、伤残补助、抚恤费用，所欠的应当划入职工个人账户的基本养老保险、基本医疗保险费用，以及法律、行政法规规定应当支付给职工的补偿金。

(2) 破产人欠缴的除前项规定以外的社会保险费用和破产人所欠税款。

(3) 普通破产债权。

破产财产不足以清偿同一顺序的清偿要求的，按照比例分配。

破产费用，是指破产程序开始后，为破产程序的进行和全体债权人共同利益而支付的费用。根据《破产法》的规定，破产费用主要包括：破产案件的诉讼费用；管理、变价和分配债务人财产的费用；管理人执行职务的费用、报酬和聘用工作人员的费用。

共益债务，是指人民法院受理破产申请后发生的下列债务：(1) 继续履行合同所产生的债务；(2) 债务人财产受无因管理所产生的债务；(3) 因债务人不当得利所产生的债务；(4) 为债务人继续营业而应支付的劳动报酬和社会保险费用以及由此产生的其他债务；(5) 管理人或者相关人员执行职务致人损害所产生的债务；(6) 债务人财产致人损害所产生的债务。

2. 破产财产分配方案的实施规则

（1）破产费用和共益债务由债务人财产随时清偿。债务人财产不足以清偿所有破产费用和共益债务的，先行清偿破产费用。债务人财产不足以清偿所有破产费用或者共益债务的，按照比例清偿。债务人财产不足以清偿破产费用的，管理人应当提请人民法院终结破产程序。人民法院应当自收到请求之日起15日内裁定终结破产程序，并予以公告。

（2）对于附生效条件或者解除条件的债权，管理人应当将其分配额提存。管理人依照规定提存的分配额，在最后分配公告日，生效条件未成就或者解除条件成就的，应当分配给其他债权人；在最后分配公告日，生效条件成就或者解除条件未成就的，应当交付给该债权人。

（3）债权人未受领的破产财产分配额，管理人应当提存。债权人自最后分配公告之日起满2个月仍不领取的，视为放弃受领分配的权利，管理人或者人民法院应当将提存的分配额分配给其他债权人。

（4）破产财产分配时，对于诉讼或者仲裁未决的债权，管理人应当将其分配额提存。自破产程序终结之日起满2年仍不能受领分配的，人民法院应当将提存的分配额分配给其他债权人。

（5）破产企业的董事、监事和高级管理人员的工资按照该企业职工的平均工资计算。

（四）破产财产的追加分配

破产程序终结后，债权人通过破产分配未得到清偿的债权不再予以清偿，破产企业对未清偿债务的责任依法免除。但是，自破产程序终结之日起2年内，有下列两种情况的，债权人可以请求人民法院按照破产财产分配方案进行追加分配：发现有依照法律规定应当追回的财产的；发现破产人有应当供分配的其他财产的。

对于发现破产企业有依照法律规定应当追回财产的，管理人可以根据《破产法》的规定，通过行使追回权将债务人的财产追回。可以行使追回权的情形主要有以下四种。

1. 因破产程序中债务人的可撤销行为而产生的可供追回财产

破产程序中债务人的可撤销行为主要有以下两种情况。

（1）人民法院受理破产申请前1年内，涉及债务人财产的下列行为，管理人有权请求人民法院予以撤销：无偿转让财产的；以明显不合理的价格进行交易的；对没有财产担保的债务提供财产担保的；对未到期的债务提前清偿的、放弃债权的。

（2）人民法院受理破产申请前6个月内，债务人不能清偿到期债务，并且资产不足以清偿全部债务或者明显缺乏清偿能力，仍对个别债权人进行清偿的，管理人有权请求人民法院予以撤销。但是，个别清偿使债务人财产受益的除外。

破产企业有上述行为的，管理人有权向人民法院请求撤销该行为，并申请追回财产。追回的财产，并入破产财产。

2. 因破产程序中债务人的无效行为而产生的可供追回财产

涉及债务人财产的下列行为无效：为逃避债务而隐匿、转移财产的；虚构债务或者承认不真实的债务的。破产企业实施了破产无效行为的，管理人有权向人民法院申请追回涉及的财产。

3. 对债务人高级管理人员违规收入的追回

债务人的董事、监事和高级管理人员利用职权从企业获取的非正常收入和侵占的企业财产，管理人应当追回。

4. 对债务人出资人不足出资的追回

人民法院受理破产申请后，债务人的出资人尚未完全履行出资义务的，管理人应当要求该出资人缴纳所认缴的出资，而不受出资期限的限制。

同步练习

一、案例讨论

1. 案情简介

洪生贸易有限责任公司(以下简称洪生公司)系由甲公司和乙公司共同投资设立，注册资本为800万元，其中甲公司以现金出资300万，但因甲公司资金紧张，尚有100万元出资一直没有履行出资义务。洪生公司在经营中因投资决策发生严重失误，造成重大损失，不能清偿到期债务，向其所在地的人民法院申请破产。人民法院于2008年5月8日受理了该破产申请后，指定管理人全面接管洪生公司。经审理人民法院于2009年1月5日依法宣告贸易公司破产。管理人对洪生公司的相关事项清理如下。

(1) 洪生公司经评估确认尚有资产1200万元，其中厂房变现价值500万，其余资产700万。

(2) 2007年12月20日，洪生公司向丙公司无偿赠与一批物资，价值30万元。2007年3月，洪生公司为逃避债务隐匿了230万元的财产。

(3) 2007年3月5日，洪生公司用全部厂房作抵押，向中国工商银行贷款400万元。

(4) 2007年8月，洪生公司向陈某购买一批货物，尚欠陈某20万元货款未付。陈某的弟弟曾于2007年11月向洪生公司采购一批电子产品，尚欠洪生公司货款20万元未付。人民法院受理洪生公司破产申请后，陈某与其弟弟协商一致，将其债权转给弟弟，于是陈某的弟弟向管理人主张以20万元债权抵消其所负的20万债务。

(5) 人民法院的诉讼费用100万元，管理人报酬30万元，为继续营业而支付的职工工资及社会保险费用150万元。

(6) 2008年6月洪生公司的一幢危房突然倒塌，致张某不幸受到伤害，遭到损失3万元。

(7) 武汉一债权人因参加债权人会议发生差旅费1万元，南京一债权人为参加贸易公司的破产清算而聘请律师的费用2万元。

(8) 2007年7月24日向丁银行借款100万元，借期2年，其借款利息计算至2008年5月8日为8万元，计算至2009年1月5日为13万元。

(9) 2007年12月，洪生公司与戊公司签订一份标的达200万的买卖合同，约定违约金20万，现双方均尚未履行该合同，管理人决定解除该合同。由此造成戊公司实际经济损失为10万元。

(10) 除上述情形外，洪生公司还负有2000万元债务，其中包括应付工资300万元、基本养老保险费用60万元、补充养老保险费用40万元、基本医疗保险费用30万元、补充医疗保险费用20万元、应缴税金200万元、其他负债1350万元。

请结合所学知识，根据以上事实分别回答下列问题：(1) 甲公司尚未缴纳的出资是否应补缴，并分别说明理由；(2) 洪生公司的破产财产是多少；(3) 破产费用和共益债务是多少；(4) 洪生公司的破产财产应如何分配，丁银行能得到多少清偿？

2. 问题梳理

本案的焦点问题是理清破产财产、破产债权、共益债务和破产费用的范围及破产财产的分配顺序。

3. 法律运用

(1) 甲公司尚未缴纳的出资应补缴。人民法院受理破产申请后，债务人的出资人尚未完全履行出资义务的，管理人应当要求该出资人缴纳所认缴的出资，而不受出资期限的限制。

(2) 洪生公司的破产财产共1080万元(800万元＋260万元＋20万元)。

其中洪生公司评估确认尚有资产1200万元，其中厂房变现价值500万元，而2007年3月5日，洪生公司用厂房作抵押，向中国工商银行贷款了400万元。根据《破产法》的规定，工商银行就厂房享有别除权，可以在破产财产分配前就担保物优先受偿，因此担保物厂房不再属于破产财产，但偿付被担保债权后剩余部分的担保物，仍然属于破产财产，所以厂房偿付工商银行后剩余的100万仍然属于破产财产。因此此处的破产财产为800万元(700万元＋100万元)。

管理人可追回的财产为260万元(30万元＋230万元)。洪生公司向丙公司赠与物资的行为应予以撤销，管理人应追回这30万元赠与，将其纳入破产财产。因为根据规定，人民法院受理破产申请前1年内，债务人无偿转让财产的，管理人有权请求人民法院予以撤销；对于破产人为逃避债务而隐匿、转移财产的，管理人应将该财产追回，因此洪生隐匿的230万元财产应追回并纳入破产财产。

陈某的弟弟应当向洪生公司偿还债务20万元。根据《破产法》的规定，债务人的债务人在破产申请受理后取得他人对债务人的债权的，不得抵消。因此陈某的弟弟应将所欠洪生公司的20万元货款支付，洪生公司将20万元纳入破产财产，陈某将其20万元的债权进行申报，作为普通破产债权得到清偿。

(3) 破产费用130万元，共益债务153万元。属于破产费用的包括：破产案件的诉讼费用100万元，管理人执行职务的报酬30万元；属于共益债务的包括为债务人继续营业而应支付的劳动报酬和社会保险费用150万元，债务人房产致张某损害所产生的债务3万。

(4) 洪生公司破产财产共1080万元，应优先拨付130万元的破产费用和153万元的共益债务，尚余797万；支付完破产费用和共益债务后，按法定顺序应支付工资及基本养老保险费用和基本医疗保险费用390万元(300万元+60万元+30万元),尚余407万;接下来支付补充养老保险费用和补充医疗保险费用60万元以及200万元的税款,尚余147万;剩余147万用来清偿普通破产债权。

普通破产债权共计1488万,其中包括其余负债50万;陈某的破产债权20万;丁银行的破产债权108万元(100万元本金+8万元利息)。根据规定,未到期的债权在破产申请受理时视为到期,利息自破产申请受理时起停止计息;戊公司破产债权是10万元。根据规定,管理人解除合同的,对方当事人以因合同解除所产生的损害赔偿请求权申报债权,违约金不得计入破产债权。

债权人参加破产程序的费用不得作为破产债权,因此武汉和南京债权人的差旅费和律师费不能计算入内。

破产财产明显不足以清偿普通破产债权,根据《破产法》的规定,破产财产不足以清偿同一顺序的清偿要求的,按照比例分配。因此普通破产债权的清偿比例为147/1488=9.88%。

丁银行的债权为108万,按照清偿比例可以获得10.67万元的清偿。

二、分析与思考

1. 阿尔卑斯饭店于2009年3月2日被宣告破产。在下列给付请求中,哪些能够成为破产债权?

(1) 因该酒店歌舞厅从事色情营业被查处,市公安局于2009年2月26日对其罚款1万元,限7日内缴纳。

(2) 东南亚金山旅行社与该酒店签订的合同,因酒店被宣告破产而终止,东南亚金山旅行社要求赔偿由此造成的损失1.8万元。

(3) 阿尔卑斯饭店经理以饭店名义借用双鱼集团公司小轿车一辆供其亲属使用,现该公司要求返还。

(4) 某女士于2008年3月被该酒店保安人员殴打致伤,住院治疗6个月,要求赔偿医疗费2万元。

2. 债权人会议对重整计划是如何进行表决的?人民法院是否可以强制通过重整计划?

3. 2008年5月6日国有企业Z市糖厂由于经营管理不善,不能清偿到期债务,糖厂厂长决定向本企业所在区的人民法院申请宣告破产。法院在征得其上级主管部门同意并受理后决定由糖厂厂长召集并主持债权人会议。该企业的最大债权人是L市的捷讯公司,法院指定有财产担保未放弃优先受偿权的债权人潘某担任债权人会议主席,并裁定糖厂所有的债务保证人为债权人会议成员享有表决权。后经占债权总额的1/5以上的债权人请求,法院召开了第二次债权人会议。此后经一段时间的审理,法院作出裁定宣告该国有企业破产,破产企业由其上级主管部门接管并进行清算。

请问:该国有企业破产过程中有哪些违法之处?

4. 下列各项中,属于破产费用的有哪些,属于共益债务的有哪些?

(1) 破产案件的诉讼费用;(2) 管理人的报酬;(3) 为债务人继续营业而支付的劳动报酬和社会保险费用;(4) 管理人执行职务致人损害所产生的债务;(5) 破产案件

的诉讼费用;(6) 管理、变价和分配债务人财产的费用;(7) 管理人执行职务的费用、报酬;(8) 因债务人不当得利所产生的债务。

5. 2008 年 1 月,甲银行与乙公司签订了一份借款合同,甲贷款 500 万元给乙。到期后乙无力偿还。甲于 2009 年 4 月向人民法院起诉,法院一审判决乙还贷 500 万元及利息、滞纳金 40 万元。乙没有上诉但仍未履行。甲请求法院强制执行,法院查封了乙的机器设备。执行过程中,乙的其他几个债权人于 2009 年 8 月向法院申请乙破产。法院受理了此案。经查,乙总资产 2000 万元(变现价值),其中法院查封的机器设备 400 万元,一处厂房价值 100 万元,因欠亮昌公司贷款 80 万元(履行期为 2009 年 1 月),双方于 2009 年 3 月 20 日补办担保手续,抵押给亮昌公司。乙公司总负债 3000 万元,其中欠职工工资及劳动保险费用 600 万元,国家税款 100 万元。请问,

(1) 受理破产案件后,甲要求继续履行法院已查封的财产,法院能否继续执行,为什么?

(2) 乙欠亮昌公司的 80 万元贷款是否属于破产债权,为什么?

(3) 该公司破产财产应按何种法定顺序清偿?

第七章　票据法

学习目标

1. 掌握票据的含义，了解票据的分类，理解票据的性质，了解票据的功能，掌握票据法的含义。

2. 掌握票据行为的含义及特征，掌握票据行为的要件，理解票据代理。

3. 掌握票据权利的概念及特点、分类、取得的条件和方式，了解票据权利的行使和保全，掌握票据抗辩，了解票据权利的消灭，掌握票据丧失的救济方法。

4. 掌握汇票的含义，了解汇票的分类，掌握汇票的出票、背书、承兑和保证的基本要求和效力，掌握汇票追索权行使的条件和程序、汇票追索权行使的效力，了解汇票追索权的丧失。

学习导引

商主体在经济交往中普遍使用票据，票据与公司、合同一起，构成市场经济的三大基本工具。作为调整票据关系的票据法为商主体使用票据作出了法律规定。票据行为属于特殊的、要式的法律行为，必须具备票据法规定的特别要件。商主体之间进行经济往来，用票据作为支付工具，首先必须签发有效的票据，并将票据交付给持票人，如果持票人在行使付款请求权而被拒绝时，可以向票据债务人进行追索，票据债务人也可以正当的事由进行抗辩。如果票据消灭，权利人应当采取必要的救济方法。

第一节　票据法概述

一、票据

（一）票据的概念

票据有广义和狭义之分。广义的票据泛指各种有价证券，如债券、股票、提单等。狭义的票据仅指以出票人签发的，约定由自己或委托他人，在一定时间和一定地点，按票面所载文义无条件支付一定金额的有价证券。有价证券，是指标有票面金额，证明持有人有权按期取得一定收入并可自由转让和买卖的所有权或债权凭证。根据《票据法》第2条的规定，票据仅指汇票、本票和支票。可见，我国采用狭义的票据概念。

（二）票据在法律上的性质

1. 票据是完全有价证券

完全有价证券与不完全有价证券相对应，是指证券与权利绝对不能分离，证券上所表示的权利的发生、转移和行使必须依证券才能行使。票据上权利的产生、转移和行使，必须以证券的存在为必要。

2. 票据是金钱证券

票据作为债权证券中的金钱证券，代表着确定数额的金钱，它以到期支付确定的金额为标的。

3. 票据是要式证券

票据上应记载的事项、可记载的事项以及不能记载的事项，均有规定，故为严格的要式证券。与票据相比，股票、公司债券等虽然也有法定记载事项，但有欠缺不一定影响证券的效力。

4. 票据是文义证券

票据上权利的内容，完全依票据上所记载的文义决定，不能因票据上未记载的事由而受影响，所以在票据上签名的人（债务人）必须按票据上的文义负责。票据上的权利必须严格按照票据上的所载文义确定，即使票据上所载的文义有错误，也不允许用票据外的事项来证明并加以修改。

5. 票据是无因证券

证券上的权利不受原因关系的存在与否或瑕疵有无的影响。票据上的法律关系只是单纯的金钱支付关系，权利人享有票据权利只以持有票据为必要，而与产生、转让票据的原因关系相分离。即使原因关系无效，票据关系也不发生影响。

6. 票据是流通证券

流通是票据的生命所在，票据可以通过背书、继承、税收等方式转让票据权利。

7. 票据是设权证券

票据的制作并非证明已经存在的权利，而是创设权利。票据权利的产生必须首先作成证券，票据权利在证券作成后发生，证券在作成之前不存在票据权利。

8. 票据是提示证券

票据债权人享有票据权利以占有票据为必要，为了证明其占有的事实以行使票据权利，就必须提示票据，仅有意思表示而不提示票据则不产生效力。

9. 票据是缴回证券

缴回证券是持有人只有交出证券才能受领给付的有价证券。持票人必须交出票据才能受领票据金额，付款人向持票人支付票款后即收回票据，票据缴回后，原持票人即无权处分该票据。

（三）票据的分类

依据《票据法》的直接规定，票据分为汇票、本票和支票。汇票是出票人签发的，委托付款人在见票时或在指定日期无条件支付确定的金额给收款人或者持票人的票据。本票是出票人签发的，承诺自己在见票时无条件支付确定的金额给收款人或持票人的票据。支票是出票人签发的，委托办理支票存款业务的银行或其他金融机构在见票时无条件支付确定的金额给收款人或持票人的票据。

依据出票人的不同，票据分为银行票据和商业票据。银行票据，是指出票人为银行的票据。商业票据，是指出票人为银行以外的人的票据。

依据付款期限的不同，票据分为即期票据和远期票据。即期票据，是指在票据上没有记载付款日期，而是记载“见票即付”字样或依法应见票即付的票据，如支票。远期票据，是指在票据上记载到期日，付款人在到期日才承担付款义务的票据，如本票和汇票。

依据出票人是否对票据付款，票据分为委付证券和己付证券。委付证券，是指出票人不作为付款人，而在票据上记载他人为付款人的票据，如商业汇票、支票。己付证券，是指出票人同时为付款人，必须对票据无条件付款的票据，如银行汇票和本票。

依据票据发生的地域，票据分为国内票据和涉外票据。国内票据，是指出票、背书、承兑、保证、付款等行为中都发生在中华人民共和国境内的票据。涉外票据，是指出票、背书、承兑、保证、付款等行为中，既有发生在中华人民共和国境内又有发生在中华人民共和国境外的票据。

(四) 票据在经济上的作用

票据为商品经济中长期形成并发展的一种工具，在现代商品经济中有重要作用。

1. 汇兑作用

以票据的转移代替实际现金的运输，既方便又减少了风险。如在北京的甲方需要将 10 万元现金送交上海的乙方以购买货物，甲方向北京的银行交付 10 万元现金，领取汇票一张，带到上海后，在上海的兑付银行提取现金，向乙方付款提货。这种情况下，以票据的转移代替了实际的现金输送，票据即发挥了汇兑的功能。

2. 支付作用

票据的支付作用是能够代替货币，消除当事人之间的债权债务关系，减少现金的流动。

3. 结算作用

结算，是指当事人之间相互持有对方的票据，通过抵消的方法来结清账目。现代票据交换制度即根据票据结算作用而建立。我国 1988 年正式恢复票据制度的最初用意，就是推行票据用作结算工具。

4. 信用作用

在商事交易中，享有权利和履行义务在时间上分离，从而产生当事人之间的信用。票据的信用功能主要体现在延期付款上。

5. 融资作用

汇票、本票的付款可以在将来的一定日期，未到期之前，持票人需用现金时，可以将未到期的票据以买卖方式转让给他人，这就是票据贴现，以解决持票人资金周转的困难。通过收买未到期的票据，收买人也可以从中获取利益。因此，票据贴现业务的发展使票据具有了融资功能。

6. 流通作用

票据执行一定货币的流通职能，通过背书，节约现金。票据是象征性代表货币起作用的一种信用凭证，所以票据又称为“信用货币”。

二、票据法

（一）票据法的概念

票据法是关于票据和票据上法律关系的规范，是商法的重要部门法之一。在理论上，票据法有广义和狭义之分。广义的票据法，是指一切有关票据的法律规范的总称，除了专门的票据法律法规外，还包括其他法律法规如民商法、行政法、刑法、诉讼法中有关票据的法律规范。狭义的票据法，是指专门规定票据关系、票据制度、票据规则的法律法规。我国现行的《票据法》是 1995 年制定，1996 年实施的。

（二）票据法的特点

现代票据制度的要求是从各方面促进票据作为支付手段与信用手段的作用。为此票据法一切规定都集中于两个目的：一是支付的简易与安全；一是流通的方便与迅速。在此要求下，票据法具有以下特点。

1. 票据法为私法，但具有较强的公法性

票据事务不仅涉及票据当事人的利益，而且作为流通工具和货币金融工具，与社会经济秩序密切相关。票据法对票据行为的大部分内容采取了法定主义，明确了票据伪造、变造的法律责任。

2. 票据法技术性强

票据法的主要意义在于规范明确统一的票据关系和实现票据交易安全，并不反映一定的伦理价值观念及其选择，因而，票据法的各项规定都具有严格的技术性。

3. 票据法具有强行性

票据法关于票据种类的限制、关于票据行为的规则和票据制度的设定等，除了有限的方面允许当事人依自由意志约定外，一般不允许当事人以自己的意志随便变更和任意适用。

第二节　票据行为

一、票据行为概述

（一）票据行为的概念和分类

1. 票据行为的概念

票据行为是以发生票据上的权利义务关系为目的的一种要式行为。票据行为是一种法律行为，不过这种法律行为中的意思表示是以发生票据的权利义务关系为目的。我国《票据法》中规定了出票、背书、承兑、保证等行为。

2. 票据行为的分类

根据票据行为的性质,将票据行为分为基本票据行为和附属票据行为。基本票据行为,是指出票行为,即创设票据的行为。附属的票据行为,是指出票行为以外的其他行为,是以出票行为为前提,在已作成的票据上所为的票据行为,如背书、承兑、保证等行为。

根据票据行为所涉及的范围,将票据行为分为各种票据共有的票据行为(如出票、背书行为)和某种票据独有的票据行为(如汇票中的承兑)。对于汇票,有出票、背书、保证、承兑行为,本票有出票、背书、保证行为,支票有出票、背书行为。

(二)票据行为的特征

1. 票据行为具有要式性

票据作为一种书面形式,其要式性主要体现在以下几个方面。

(1) 签章

各种票据行为的行为人必须依照签章规则在票据上签章,未在票据上签章的或者在票据上签章不合规则的,其票据行为无效。

(2) 书面

各种票据行为的意思表示必须记载于票据上,虽有意思表示,但未记载于票据上,而是记载在其他地方,不产生票据效力。

(3) 款式

票据上应记载的内容、书写格式和书写之处等合称为票据款式,其上应记载的事项均由票据法加以规定。

2. 票据行为具有独立性

在同一张有效票据上发生的数个票据行为,每一行为各依据其在票据上所载的文义分别独自发生效力,其中一行为无效并不影响其他行为的效力。各行为之间互不影响,这就是票据行为的独立性。

3. 票据行为具有无因性

票据行为的无因性,是指票据行为一旦成立,就与其赖以产生的基础关系相分离,该基础关系有效与否,甚至存在与否都不会影响票据行为的效力。票据基础关系一般是指票据关系赖以产生的民事基础法律关系,包括票据原因关系、票据资金关系、票据预约关系①。持票人主张其权利时,不必证明其取得票据的原因,也不因该原因行为的无效或有缺陷而受影响。只要票据行为具备其抽象的形式——书面形式,就具有效力,而不受票据基础关系的影响。

4. 票据行为具有文义性

票据行为的意思表示内容以票据上记载的文字意义而确定,即使实质的内容与记

---

① 原因关系是民法上的关系,票据法不规定原因关系。如甲卖给乙一批钢材,甲以汇票结算,开出一张汇票,乙为收款人,甲、乙买卖钢材即为甲签发票据给乙的原因。资金关系是一种特殊的原因关系,指债务人与付款人间的基础关系。如汇票出票人与付款人之间、支票出票人与银行之间存在资金关系。票据预约关系是指票据授受的当事人之间,在发行票据之前,对票据的种类、金额、到期日等票据事项达成的合意,或在背书之前,对背书事项所进行的约定。

载的文句内容不一致，仍以所记载的为准，以票据文义来确定意思内容，一般不允许当事人以票据以外的证明方法对票据文义进行变更、补充票据关系，这种性质称为票据行为的文义性。

二、票据行为要件

票据行为的构成要件包括形式要件、实质要件和需交付的要件。

(一) 形式要件

票据行为在形式上的要件是票据记载事项、签章和金额记载规则。票据行为人应在票据上记载一定的事项并签名。签名的意义在主观方面为签名人表示自己承担债务，在客观方面为使他人知悉票据上的义务人。

1. 票据记载事项

票据为文义证券，应当按照《票据法》的规定进行票据记载，这是票据行为有效成立的最为重要的形式要件。对于票据上的记载事项，又可以分为以下几种。

(1) 绝对必要记载事项

绝对必要记载事项，是指根据《票据法》的规定必须在票据上记载的事项。不记载时，票据无效。如签名、无条件支付等。

(2) 相对必要记载事项

相对必要记载事项，是指在票据上若未记载，则适用法律推定，并不因此导致票据行为无效。如汇票未记载付款日期时，则视为见票即付。

(3) 任意记载事项

任意记载事项，是指《票据法》不要求记载，但行为人记载时，该事项仍发生票据法上的效力。如委托收款。

(4) 无效记载事项

无效记载事项，是指在票据上若记载时，该事项不生效力，但票据仍然有效。如背书附有条件，支票上记载付款日期等，所记载的内容无效，但票据仍然有效。

(5) 禁止记载事项

禁止记载事项，是指根据《票据法》的规定，行为人不得在票据上记载的事项，如记载，则致使整个票据无效。如记载有条件付款时，票据无效。

2. 签章

签章是使票据有效的必要条件，其作用是依其签章的真实性确定票据行为人，并确定票据责任。根据《票据法》第 7 条的规定，票据上的签章，为签名、盖章或者签名加盖章。法人和其他使用票据的单位在票据上的签章，为该法人或者该单位的盖章加其法定代表人或者其授权的代理人的签章。在票据上的签名，应当为该当事人的本名。

3. 票据金额记载规则

票据上必须记载金额，且金额的记载必须确定；中文大写和数码小写应同时记载，且必须相同；金额不得更改。根据《票据法》第 8 条的规定，票据金额以中文大写和数码同时记载，二者必须一致，二者不一致的，票据无效。

(二) 实质要件

关于票据行为的实质要件,包括票据行为人的权利能力、行为能力和意思表示,以及行为人行为必须合法,这些问题均依民法的规定。

(三) 其他要件——交付

票据交付,是指票据行为人将记载完毕的票据交给持票人持有的行为。有效的票据行为,除了具备上述实质要件和形式要件之外,还需要将票据交付给他人。《票据法》第 20 条规定:“出票是指出票人签发票据并将其交付给收款人的票据行为。”根据该法第 27 条的规定,持票人转让汇票权利时,应当背书并交付汇票。由此可见,无论出票行为还是背书行为,均需将票据交付给他人。

第三节 票据权利

一、票据权利概述

(一) 票据权利的概念和特征

票据权利,是指持票人向票据债务人请求支付票据金额的权利,包括付款请求权和追索权。票据权利具有以下特征:第一,票据权利是以实现票据金额为目的的金钱债券。票据权利是债权中的金钱债权,其标的物是一定数额的货币,而不是商品、劳务等非货币内容。第二,票据权利的单一性。同一张有效票据上的权利人只有一个,只能是持票人,而不能是其他人。第三,票据权利的双重性。票据权利包括两种,即付款请求权和追索权。

票据法还规定了票据法上的权利。票据法上的权利被称为“票据法上的非票据权利”,是指与票据有关的,由票据法直接规定的,不是直接基于票据行为而发生的权利。如对于因恶意或重大过失而取得票据者,正当权利人的票据返还请求权;因时效或手续欠缺而丧失票据上权利的持票人对于出票人或承兑人的利益偿还请求权;付款人付款后请求持票人交付票据的权利。

(二) 票据权利的内容

票据具有很强的流通性,为了增强票据的安全性,法律给予权利人更多的保护。所以,法律规定权利人享有两次请求权,即付款请求权和追索权。

1. 付款请求权

付款请求权是持票人最基本的权利,是主票据权利。付款请求权是持票人对票据主债务人或关系人请求支付票据金额的权利,是票据上的第一次请求权。享有付款请求权的人是合法持票人。此处的合法持票人可能是票据上记载的收款人,也可能是最后的被背书人。承担付款义务的是票据的主债务人,主债务人是指对持票人承担无条件支付票据金额义务的票据行为人,也是票据权利人首先主张权利的对象。其票据责任为付款责任，持票人向其行使的权利为付款请求权。

2. 追索权

追索权，是指持票人在行使付款请求权遭到拒绝或有其他法定原因时，向其前手（次债务人）请求偿还票据金额及其他法定款项的权利。与上述主债务人相对应，追索权的对象是次债务人，即向持票人负担担保付款义务，在主债务人不能满足持票人的付款要求时，负有偿还义务的当事人。其票据责任为担保付款责任，持票人向其行使的权利为追索权。追索权以持票人的第一次请求权未能实现为其行使的前提条件，所以称为第二次请求权。享有追索权的人是持票人，此处的持票人可能是票据的债权人（即最后持票人），也可能是清偿了债权人的票据金额及其他法定款项的被追索人。被追索的义务人不仅包括持票人的直接前手，而且包括持票人的一切前手，即出票人（汇票和支票）、背书人、保证人、承兑人等。行使追索权不仅可以追回票据金额，而且还包括该金额在法定时期的利息以及法定必要的费用等。

与付款请求权和追索权联系较为密切的是利益返还请求权，但是利益返还请求权并不是票据权利，属于非票据权利。利益返还请求权，是指持票人因超过票据权利时效或因手续欠缺而丧失票据权利的，仍享有民事权利，可以请求出票人或承兑人返还其与未支付的票据金额相当的利益。

二、票据权利的取得、行使、保全与抗辩

（一）票据权利的取得

票据权利以占有票据为前提，只有合法取得票据，持票人才能取得票据权利。票据权利的取得，是指票据当事人依照法律规定成为票据权利人，依法享有票据权利。票据权利的取得大致有以下几种形式。

1. 依发行取得

出票行为是出票人签发票据并将票据交付给收款人的行为，是基本的票据行为，是创设票据权利的行为。持票人从出票人处取得票据，实现了对票据的占有，就是取得了票据权利。

2. 依转让取得

票据作为流通证券，可以在不同主体之间转让，转让是取得票据权利的主要方式。票据的背书转让是票据权利转让的最主要方式，持票人经前手权利人背书给后手，持票人就从前手处取得票据权利。

3. 依法律规定取得

票据权利可以依据法律规定的方式有偿取得或无偿取得。其取得的主要原因主要有继承、赠与、公司分立合并、公司清算、法院判决以及税务机关或行政机关的命令和决定等。

4. 善意取得

善意取得，是指票据受让人依票据法所规定的票据转让方式，善意地从无处分权人处取得票据，从而取得票据权利的一种法律现象。票据善意取得是以牺牲真实权利

人的利益来保证善意受让人的权利。

善意取得的构成要件包括以下几点。

(1) 必须是从无处分权人处取得。此处的无处分权人仅指受让人的直接前手，不包括其间接前手。

(2) 必须是受让人无恶意或无重大过失。恶意就是受让人在受让票据的时候已经知道让与人为无权利人，但仍受让该票据的行为。重大过失是受让人缺乏一般人应有的注意，对本应发现的瑕疵没有发现而受让该票据的行为。如果受让人以恶意或重大过失取得票据，则不得享有票据权利。如甲的支票被乙偷去，乙将该支票转让给丙，丙如明知乙的支票是从甲处偷来的，或有重大过失而不知，丙仍受让时，丙即不能取得票据上的权利。此时甲根据票据的所有权，请求乙和丙返还其票据。但如丙是善意受让人(即丙不知乙偷支票的事)，丙仍然取得票据上的权利。

(3) 必须是受让人依据票据法规定的转让方式取得票据。依据我国法律，票据权利转让必须以背书方式进行，如果背书不连续、禁止背书、超过付款提示期等，或是依法律规定转让票据，如继承、赠与、公司分立合并、税收等取得票据，均不受善意取得的保护。

(4) 必须付出相当代价而取得票据。票据的取得必须给付对价，即应当给付票据双方当事人认可的相对应的代价。如果不是以相应的代价取得票据，则不能适用善意取得制度。虽然因税收、继承、赠与可以依法无偿取得票据的，不受给付对价的限制。但是，所享有的票据权利不得优于其前手的权利。

(二) 票据权利的行使与保全

1. 票据权利的行使与保全的概念

票据权利的行使，是指票据权利人请求票据债务人履行票据义务的行为。权利人行使票据上的权利，必须持有票据，行使权利必须向债务人提示票据。

2. 票据权利的行使与票据权利保全的方式

(1) 提示票据

票据权利不能离开票据而单独存在，持票人要行使和保全票据权利，就必须向票据义务人提示票据。提示票据包括提示承兑、提示付款等。

(2) 作成拒绝证书

作成拒绝证书是为了证明持票人曾经依法行使票据权利而遭拒绝，或根本无法行使权利而由法定机关作出的书面证明的行为。遭到拒绝的持票人或根本无法行使权利的持票人凭此拒绝证书就可以行使追索权。作成拒绝证书包括提示承兑或付款被拒绝的，请求拒绝人出具拒绝证书或退票理由书；承兑人或付款人死亡、被宣告破产的，向人民法院请求出具有关当事人被宣告死亡或宣告破产的证明或法律文书，向医院请求出具证明、向公证机构请求出具具有拒绝证明效力的文书等。持票人不能于法定期限内作成拒绝证明的，丧失对前手的追索权。

(3) 时效中断

票据权利如果在票据时效期限内不行使，则将因时效届满或超期而消灭。时效中断将使票据权利不至于因时效届满或超期而无法行使。导致时效中断的原因有提起诉讼、破产程序、督促程序、公示催告程序、催告履行等。

3. 票据权利行使和票据权利保全的地点与时间

行使票据权利和保全票据权利的地点应当在票据当事人的营业场所进行；票据当事人无营业场所的，应当在其住所进行。票据权利的行使和保全的时间应为当事人的营业时间。各项期限的开始当天不算，从下一天开始计算；最后一天是星期日或其他法定休息日的，以休息日的次日为期限的最后一天，到停止业务活动的时间截止。按月计算期限的，按到期月的对日计算；无对日的，月末日为到期日。如到期日为“出票后1个月”，出票日为2011年1月20日，到期日为2011年2月20日；出票日为2011年1月30日，到期日为2011年2月28日。

（三）票据抗辩

1. 票据抗辩的概念

票据抗辩，是指票据债务人根据《票据法》的规定所享有的拒绝向票据债权人履行义务的行为。票据债务人拒绝履行票据债务的合法事由称为抗辩事由。票据抗辩权是票据债务人所享有的与票据债权人所享有的付款请求权和追索权相对应的权利。

2. 票据抗辩的种类

票据抗辩可以分为物的抗辩和人的抗辩两类。

（1）物的抗辩

物的抗辩又称绝对的抗辩，是指基于票据本身或票据上记载的债务人的原因而作出的抗辩，此种抗辩不因持票人的变更而受到影响。物的抗辩又可以分为一切票据债务人可以主张的抗辩和特定票据债务人可以主张的抗辩。一切票据债务人可以主张的抗辩是任何票据债务人均可以对任何持票人行使的抗辩。特定票据债务人可以主张的抗辩是特定票据债务人可以对任何持票人行使的抗辩。

（2）人的抗辩

人的抗辩又称相对的抗辩，是指由于持票人自身的原因或者是票据债务人与特定持票人之间的特殊关系而提出，只能对抗特定的持票人而不能对抗一切票据债权人的抗辩。人的抗辩可以分为一切票据债务人可以主张的抗辩和特定票据债务人可以主张的抗辩。一切票据债务人可以主张的抗辩，是指任何票据债务人可以向特定的持票人行使的抗辩。特定票据债务人可以主张的抗辩，是指特定票据债务人可以向特定持票人行使的抗辩。

3. 票据抗辩的限制及例外

票据抗辩的限制，是指票据抗辩中的对人抗辩，一般限制在直接当事人之间适用，对直接当事人以外的其他人不能适用。如债务人不能因资金关系、原因关系对已经背书转让的票据的持票人进行抗辩。

票据抗辩限制的基本规则包括以下两条。(1) 票据债务人不得以自己与出票人之间所存在的抗辩事由对抗持票人。这一限制是票据关系与其基础关系相分离的体现。如甲为出票人，发出承兑人为A银行的银行承兑汇票一张给乙，乙又将汇票背书给丙。汇票到期时，丙持票据向A银行请求付款，此时A银行就不能以甲在A银行的存款不足为由拒绝付款。因为A银行与甲之间的关系为资金关系，资金关系不能对抗票据关系。(2) 票据债务人不得以自己与持票人的前手之间的抗辩事由对抗持票人。这一限制也是基于票据关系与票据基础关系相分离的理论。如甲为支付货款向乙签发了一张本票,后发现乙向其提供的货物不符合双方合同约定的质量。当乙持该本票向甲请求付款时,甲可以行使抗辩权,对乙的请求予以拒绝。但如果该本票已经由乙背书给丙,丙在取得该票据时是合法的且支付了相应的对价,当丙向甲主张票据权利时,甲就不能以自己与乙之间的抗辩事由对抗丙。

三、票据权利的消灭与丧失救济

(一) 票据权利的消灭

票据权利的消灭,是指因一定的事实而使票据上的付款请求权和追索权失去法定效力的情形。引起票据权利消灭的一定事实,就是票据权利的消灭原因。票据权利消灭的原因主要有以下几种。

1. 付款人付款

付款人在支付票据金额后,票据权利就绝对消灭。根据《票据法》第 60 条的规定,付款人依法足额付款后,全体票据债务人的责任解除。

2. 票据时效届满

持票人在票据时效内对相应的票据债务人不行使票据权利的,因时效届满丧失票据权利。根据《票据法》第 17 条的规定,票据权利在下列期限内不行使而消灭:(1) 持票人对票据的出票人和承兑人的权利,自票据到期日起 2 年;见票即付的汇票、本票,自出票日起 2 年;(2) 持票人对支票出票人的权利,自出票日起 6 个月;(3) 持票人对前手的追索权,自被拒绝承兑或者被拒绝付款之日起 6 个月;(4) 持票人对前手的再追索权,自清偿日或者被提起诉讼之日起 3 个月。

3. 未依期提示承兑

提示承兑,是指持票人向付款人出示汇票,并要求付款人承诺付款的行为。票据是否必须提示承兑要依票据的具体类型而定,本票和支票不用提示承兑,而汇票中除了见票即付的汇票无须承兑外,其他的汇票均需承兑。对于必须承兑的汇票,如果持票人未在法定期限内进行承兑,就丧失了对前手的追索权。

4. 未依期提示付款

提示付款是绝对消灭票据关系的付款行为的程序之一。如果持票人未在规定的期限内提示付款,持票人就丧失了对其前手的追索权。

5. 未依期作成拒绝证明

持票人行使追索权时,应当提供被拒绝承兑或者被拒绝付款的有关证明。持票人提示承兑或者提示付款被拒绝的,承兑人或者付款人必须出具拒绝证明,或者出具退票理由书。未出具拒绝证明或者退票理由书的,应当承担由此产生的民事责任。持票人不能出示拒绝证明、退票理由书或者未按照规定期限提供其他合法证明的,丧失对其前手的追索权。但是,承兑人或者付款人仍应当对持票人承担责任。

6. 善意取得

票据丧失后被他人善意取得的,善意取得人享有票据权利,而失去票据的人或原票据权利人则丧失票据权利。

(二) 票据丧失及救济

1. 票据丧失的概念和后果

票据的丧失,是指持票人并非出于自己的本意而丧失对票据的占有。票据丧失包括两种情形,即绝对丧失和相对丧失。绝对丧失,是指票据的灭失,即票据在物质形态上的毁灭,如撕毁、烧掉等。相对丧失,是指票据在物质形态上并未发生改变,只是脱离了原持票人的占有,如遗失、被盗、被抢等。

票据丧失会产生以下法律后果:(1) 失票人因失去票据,不能行使票据权利;(2) 失票人能够采取法定救济方法,防止损失;(3) 失票人未及时采取法定救济方法,票据款项被他人冒领而无法查明或善意第三人取得票据的,失票人承担损失。

2. 票据丧失的补救

我国票据丧失的救济方法有三种:(1) 失票人通知付款人挂失止付;(2) 失票人向人民法院申请公示催告;(3) 失票人与票据利害关系人诉讼。

(1) 挂失止付

挂失止付是失票人将失票情况及时通知付款人,请求付款人停止支付所失票据上的款项,付款人在未被冒领时满足失票人请求的失票救济方法。但是挂失止付只是一种临时性的措施,因为通知人是否真正丧失票据尚未得到确切的判断,得到挂失止付通知的付款人无义务也不可能审查事实问题。因而,挂失止付不是票据救济的必经程序。

办理了挂失止付之后,将产生以下效力:第一,收到挂失止付通知的付款人,应当暂停支付;第二,失票人应当在通知挂失止付后 3 日内,也可以在票据丧失后,依法向人民法院申请公示催告,或者向人民法院提起诉讼。付款人或者代理付款人收到挂失止付通知书后,查明挂失票据确未付款时,应立即暂停支付。付款人或者代理付款人自收到挂失止付通知书之日起 12 日内没有收到人民法院的止付通知书的,自第 13 日起,持票人提示付款并依法向持票人付款的,不再承担责任。

(2) 公示催告

公示催告,是指人民法院根据失票人的申请,将申请的票据以公示的方式,催告不确定的利害关系人在法定时间内申报权利,逾期无人申报权利,将作出除权判决,保护申请人的合法权益的审判程序。申请公示催告程序必须具备以下条件:第一,申请主体必须是按照规定可以背书转让的票据持有人,即票据被盗、遗失、灭失前的最后持有人;第二,申请的原因必须是可以背书转让的票据被盗、遗失或灭失,且利害关系人处于不明状态,对其他事项申请公示催告必须有法律的明文规定;第三,公示催告程序必须由票据支付地的基层人民法院管辖;第四,申请方式,须由申请人书面申请写明票面金额,出票人、持票人、背书人等主要内容,申请公示催告的理由和票据丢失的事实;第五,公示催告申请人要求撤回申请的须在公示催告前提出,在公示催告期间要求撤回的,人民法院可以迳行裁定终结公示催告程序。

人民法院受理公示催告申请后,应同时通知付款人和代理付款人停止支付,直至公示催告程序终结。付款人和代理付款人拒不停止支付的,在判决除权后,仍应承担支付义务。在公示催告程序期间,该票据被转让的,转让行为无效。人民法院决定受理公示催告程序的,应当在3日内发出公告,催促利害关系人申报权利,公告时间不得少于60天。

利害关系人在公示催告期间可以向人民法院提出对该票据享有权利,申报权利的程序是:利害关系人应当在公示催告程序期间或在申报期间届满,判决作出前向人民法院提出。利害关系人在向人民法院主张权利时应向人民法院出示票据,人民法院即时通知公示催告申请人在指定期间查看该票据,如公示催告的票据与利害关系人出示的票据不一致,应当驳回利害关系人的申请。如利害关系人未在判决前申报权利的,可以在判决公告之日起1年内,向作出判决的人民法院起诉,人民法院按票据纠纷适用普通程序审理确权。

(3) 提起诉讼

提起诉讼是与公示催告程序不同的诉讼程序。失票人应当在通知挂失止付后3日内,也可以在票据丧失后,依法向人民法院申请公示催告,或者向人民法院提起诉讼。

第四节 汇 票

一、汇票概述

(一) 汇票的概念和特征

汇票是出票人签发的,委托付款人在见票时或者指定日期无条件支付确定的金额给收款人或者持票人的票据。汇票具有以下特征。

(1) 汇票是出票人委托付款人无条件支付的命令。汇票的付款人可以是商业当事人,也可以是特定的银行。汇票一经出票人签发,汇票的承兑人或付款人在汇票到期时负有无条件支付票款的义务。

(2) 汇票一般应当经过承兑。这是汇票与本票、支票的区别。支票为见票即付证券,无须以承兑确认付款义务;本票是已付证券,付款人即出票人,也无须承兑;而汇票是委付证券,付款人并不是出票行为的当事人,只有经过承兑后,付款人才成为主债务人,承担必须付款的义务。

(3) 汇票是委托支付凭证。汇票通常来说出票人与付款人不是同一个人。出票人向收款人或持票人支付款项,须与付款人之间存在资金关系。委托付款人向收款人或持票人支付票款,在出票人与付款人之间形成委托支付关系。

(二) 汇票的种类

1. 依据出票人的不同,汇票分为银行汇票和商业汇票

银行汇票是出票银行签发的,由其在见票时按照实际结算金额无条件支付给收款

人或者持票人的票据。商业汇票是出票人签发的，委托付款人在指定日期无条件支付确定的金额给收款人或持票人的票据。商业汇票又因承兑人的不同，可以分为银行承兑汇票与商业承兑汇票两种。由银行承兑的汇票为银行承兑汇票，由银行以外的付款人承兑的汇票为商业承兑汇票。银行承兑汇票，是指出票人签发银行承兑汇票并交付给收款人，收款人向汇票上记载的付款人请求付款，付款人应承担付款义务，银行收取一定手续费用。商业承兑汇票是出票人签发的，委托付款人在指定日期无条件支付确定的金额给收款人或持票人的票据，由银行以外的付款人承兑的汇票。

2. 依据指定的付款时间不同，汇票分为即期汇票和远期汇票

即期汇票，是指以出票日为付款到期日，见票即付且无须承兑的汇票。即期汇票上应注有“见票即付”等类字样，要求付款人见票后立即将汇票规定的金额交给汇票指定的受益人。没有规定付款时间的汇票，一般也看成即期汇票。远期汇票，是指载明在一定期间或特定日期付款的汇票，包括出票后定期付款、定日付款以及见票后定期付款三种。远期汇票规定付款人在某一个固定时间或某一可以确定的将来时间付款，而不是见票即付。当然，远期汇票的付款时间必须明确、肯定，否则汇票无效。一般可采用以下几种方法中的一种来规定付款时间：(1) 规定日期付款，如在×年×月×日付款；(2) 受票人见票后××天付款；(3) 出票人出票后××天付款；(4) 提单签发后××天付款。

3. 以票据关系人为准，汇票分为一般汇票和变式汇票

一般汇票，是指票据关系的三方当事人各由不同主体担任，即出票人、付款人、收款人不存在重叠。变式汇票，是指票据关系某一主体同时兼任两个以上票据当事人身份或资格的汇票。如指己汇票是出票人与收款人为同一主体，如卖方签发的汇票；对己汇票是出票人与付款人为同一当事人，如买方签发的汇票；付受汇票是付款人与收款人为同一当事人，如用于内部结算而签发的汇票。

二、汇票的出票与背书

(一) 出票

1. 出票的含义

出票，是指出票人签发票据并将其交付给收款人的票据行为。汇票出票是出票人创设票据权利义务关系的票据法律行为，其包括两个内容，即作成票据并在票据上签章以及将票据交付给收款人。

2. 出票的记载事项

根据我国《票据法》和相关规定，有效的出票行为应当遵循以下票据记载规则。

(1) 绝对必要记载事项

该事项若缺少任何一项将导致票据无效。① 表明“汇票”字样，如商业汇票、银行承兑汇票、商业承兑汇票等。② 无条件支付的委托。无条件支付的委托是出票人委托付款人无条件支付票款的意思表示。如“请于到期日无条件支付”、“到期日凭票支付”，若记载交付货物后汇票照付，资金到达后付款则票据无效。③ 确定的金额。应当

在汇票上载明货币种类和确定的金额，而不能是浮动的。金额要求中文大写和数码小写同时记载，必须相同且金额不得更改。④ 付款人的名称。付款人是受出票人的委托而支付票据金额的人。一般来说，银行承兑汇票的付款人是出票人的开户银行，商业承兑汇票的付款人是出票人自己，银行汇票的付款人是出票银行。⑤ 收款人的名称。收款人是收取款项的交易主体，对收款人名称的记载不能使用简称和代号，必须写全称。⑥ 出票日期。出票日期必须为事实上可能存在的日期，不能记载根本不可能存在的日期，且出票日期不能晚于汇票的付款日期，否则汇票无效。⑦ 出票人的签章。出票人为法人的，其签章为法人或该单位的盖章加其法定代表人或者其授权的代理人的签章，出票人为自然人的，为其签名、盖章或签名加盖章，且签名为本名和全名。

(2) 相对必要记载事项

该事项若未记载，不影响票据的效力，可由法律推定。① 付款日期。汇票的付款日期可以有四种，即见票即付、出票后定期付款、定日付款、见票后定期付款。如果未记载付款日期，则被依法推定为见票即付的汇票。② 付款地。付款地，是指票据上记载的付款人支付票据金额的处所。如未记载付款地，法律推定以付款人的营业场所、住所地或经常居住地为付款地。③ 出票地。出票地是票据出票时，票据上所记载的出票处所。如未记载出票地，法律推定以出票人的营业场所、住所地或经常居住地为出票地。

(3) 任意记载事项

该事项《票据法》不要求记载，但行为人记载时，该事项仍发生票据法上的效力。如禁止背书，出票人在汇票上记载“不得转让”字样的，汇票不得转让。

(4) 无效记载事项

该事项因违反《票据法》关于记载规则而导致该记载事项无效，但该票据仍有效。

(5) 禁止记载事项

该事项若记载时，不仅使该记载事项无效，而且使该汇票无效。如出票人记载有条件付款时，则该汇票无效。

3. 出票的效力

汇票的出票是创设票据权利的基本票据行为，产生以下效力。(1) 对出票人的效力：出票人签发票据后，承担保证该票据承兑和付款的责任；当持票人在汇票得不到承兑或者付款时，出票人应当依法向持票人清偿汇票金额及有关损失和费用。(2) 对收款人的效力：出票人对持票人负担了保证汇票获得承兑和付款的担保责任，收款人成为持票人，享有票据权利。(3) 对付款人的效力：出票授予付款人承兑和付款资格。

(二) 背书

1. 背书的概念

背书，是指在票据背面或者粘单上记载有关事项并签章的票据行为。背书是持票人所为的票据行为，具有以下特征。

(1) 不可分性

汇票须完整转让，将汇票金额的一部分转让的背书，或将汇票金额分别转让给 2 人以上的背书无效。

(2) 单纯性

背书必须是无条件的。背书时如附有条件的，所附条件不具有汇票上的效力。

(3) 可禁止性

背书人可以在汇票上记载“不得转让”字样。

背书人在汇票上记载“不得转让”字样，其后手再背书转让的，原背书人对后手的被背书人不承担保证责任。

2. 背书的种类

背书一般可以分为转让背书和非转让背书两大类。在这两大类中，根据不同的标准又可进行细分。

(1) 转让背书与非转让背书

转让背书，是指以转让票据权利为目的的背书。非转让背书，是指非为转让票据而另有特殊目的，以授予他人行使一定的票据权利为目的的背书。

(2) 一般转让背书与特殊转让背书

转让背书又可以划分为一般转让背书和特殊转让背书。一般转让背书以是否记载被背书人为标准，分为完全背书和空白背书。完全背书又称记名背书，是指背书人在票据背面或粘单上记载背书的意旨及被背书人名称并签章的背书。空白背书又称无记名背书，是指背书人在背书中未指定被背书人，在被背书人处留有空白的背书。特殊转让背书，是指有特殊的背书情事，在效力上与一般转让背书有所差别的转让背书。

特殊转让背书又可以细分为以下四种。

① 无担保背书又称免责背书，是在背书中特别记载，对票据的承兑或者付款不负担保证责任的背书。我国法律不允许此种背书。

② 禁止转让背书，是指出票人或背书人在票据上记载“不得转让”字样，对票据的背书加以限制的背书制度。

③ 回头背书，是指票据上的债务人为被背书人的转让背书。

例 1：甲 $\xrightarrow{\text{出票}}$ 乙 $\xrightarrow{\text{转让}}$ 丙 $\xrightarrow{\text{转让}}$ 甲。甲出票给乙，乙将汇票背书给丙，丙又将汇票背书给甲，此时出票人又成为持票人。

例 2：甲 $\xrightarrow{\text{出票}}$ 乙 $\xrightarrow{\text{转让}}$ 丙 $\xrightarrow{\text{转让}}$ 丁 $\xrightarrow{\text{转让}}$ 乙。甲出票给乙，乙将汇票背书给丙，丙将汇票背书给丁，丁又将汇票背书给乙，此时，背书人又成为持票人。

④ 期后背书，是指在票据被拒绝承兑、被拒绝付款或者超过付款提示期限之后的转让背书。如 2010 年 12 月 21 日提示付款期限届满，12 月 21 日晚 10：00 甲背书给乙。

(3) 委任背书与设质背书

委任背书，是指背书人以委托被背书人代为收取票据款项，在票据背面记载“委托收款”字样的背书。背书人为委托人，被背书人为受托人。设质背书，是指背书人以票据上的权利为被背书人设定质权、提供债务担保为目的而进行的背书。背书人为出质人，被背书人为质权人。

3. 背书的记载事项

背书作为票据行为的一种，法律对其记载事项有要求。背书的记载事项包括以下几种。(1) 绝对必要记载事项，包括背书人签章和被背书人签章。欠缺背书人签章和被背书人签章的，背书无效。(2) 相对必要记载事项。如背书日期，未记载背书日期的，《票据法》规定视为在到期日之前背书。(3) 任意记载事项。如记载“不得转让”字样。(4) 无效记载事项。如背书附有条件，不影响背书行为的效力。(5) 禁止记载事项。在背书转让时，不得进行记载，如果发生该记载，则背书行为无效。包括部分背书记载和分别背书记载，部分背书记载即将汇票金额的一部分转让的背书，分别背书记载是将汇票金额分别转让给 2 人以上的。

背书的样式示例参见下图。

被背书人 C	被背书人 D	被背书人 E
背书人签章 B 2011 年×月×日	背书人签章 C 2011 年×月×日	背书人签章 D 2011 年×月×日

4. 背书的原则

背书不仅需要符合形式要件，还需遵守一些特殊的规则。

(1) 完全背书原则

在汇票背书时，必须进行相应的记载，由背书人和被背书人签章并记载背书日期。未记载背书日期的，视为汇票到期日前背书。

(2) 背书连续原则

以背书转让的汇票，背书应当连续。背书连续，是指在票据转让过程中，转让汇票的背书人与受让汇票的被背书人在汇票上的签章依次前后衔接。即第一次背书转让的背书人是票据上记载的收款人，前次背书转让的被背书人是后一次背书转让的背书人，依次前后衔接，最后一次背书转让的被背书人是票据的最后持票人。

(3) 禁止期后背书原则

汇票被拒绝承兑、被拒绝付款或者超过付款提示期限的，不得背书转让；背书转让的，背书人应当承担汇票责任。

5. 背书的法律效力

背书的效力依背书的类型不同而有所区别。

(1) 一般转让背书的效力

第一，权利转移的效力。这是背书的基本效力。背书是以背书人转移票据权利为目的的票据行为。被背书人由背书而受让票据后，即取得票据所有权及票据上的一切权利。

第二，担保责任的效力。背书人以背书转让汇票后，即承担保证其后手所持汇票承兑和付款的责任。背书人在汇票得不到承兑或者付款时，应当依法向持票人清偿法律规定的金额和费用。

第三，权利证明的效力。就持票人而言，只要所持票据上的背书为连续时，就应推定其为票据权利人，不需另行举证，即可行使票据权利。就票据债务人而言，当背书连续时，不必要求持票人提出证明，就可向持票人付款；只要票据债务人是善意，即使向非真正权利人的持票人付了款，也免除其付款责任，无须再向真正的权利人付款。票据债务人若对背书连续的持票人主张其为非票据权利人时，应负举证责任。对于背书不连续的持票人，票据债务人应当拒绝付款，除非持票人能另行提出其为真正权利人的确切证据，否则付款人对该持票人付款的，不免除其对真正权利人的责任。

（2）特殊转让背书的效力

第一，禁止转让背书的效力。票据的出票人在票据上记载“不得转让”字样的，票据持有人背书转让的，背书行为无效。背书转让后的受让人不得享有票据权利，出票人、承兑人对受让人不承担票据责任。背书人在汇票上记载“不得转让”字样的，其后手再背书转让，原背书人对后手的被背书人不承担保证责任，但不影响出票人、承兑人以及原背书人的前手的票据责任。受让人可以一般债权让与为依据，通过民法、合同法等规定寻求司法救济。

第二，回头背书的效力。持票人为出票人的，对其前手无追索权。持票人为背书人的，对其后手无追索权。

第三，期后背书的效力。汇票被拒绝承兑、被拒绝付款或者超过付款提示期限的，不得背书转让；背书转让的，背书人应当承担汇票责任。持票人对期后背书人享有请求支付票据金额的权利，但对其他票据债务人无票据权利。

第四，无担保背书的效力。背书人在背书中记载无担保时，应属于附条件记载，不发生票据上的效力。

（3）非转让背书的效力

第一，委任背书的效力。背书记载“委托收款”字样的，被背书人有权代背书人行使被委托的汇票权利。但是，被背书人不得再以背书转让汇票权利。

第二，设质背书的效力。汇票可以设定质押，质押时应当以背书记载“质押”字样。被背书人依法实现其质权时，可以行使汇票权利。

三、汇票的承兑与保证

（一）汇票的承兑

1. 承兑的概念与特征

承兑，是指汇票付款人承诺在汇票到期日支付汇票金额的票据行为。只有汇票才有承兑，目的是明确出票人在汇票上记载的事项是否为付款人承认。承兑具有以下特征。（1）承兑是一种附属票据行为。出票行为是基本票据行为，没有出票行为，就没有承兑行为。（2）承兑是汇票付款人实施的单方票据行为。承兑仅需付款人的单方意思表示即可。（3）承兑是付款人愿意支付汇票金额的意思表示。一旦付款人作出承兑，即表明其愿意作为票据债务人支付票据金额。（4）承兑是远期汇票付款人所为的票据行为。承兑是远期汇票特有的制度，出票后定期付款的汇票、定日付款的汇票和见票后定期付款的汇票需要承兑，即期汇票无须承兑。（5）承兑以承兑人的签章和记载承兑事项为必要条件。

2. 提示承兑

提示承兑，是指持票人向付款人出示汇票，并要求付款人承诺付款的行为。提示不是票据行为，而是行使或者保全票据权利的行为。提示承兑的当事人包括：持票人为提示承兑人，汇票上记载的付款人为接受提示承兑的人。提示承兑的期限为：定日付款或者出票后定期付款的汇票，持票人应当在汇票到期日前向付款人提示承兑；见票后定期付款的汇票，持票人应当自出票日起1个月内向付款人提示承兑。持票人应当在《票据法》规定的期限内提示承兑，汇票未按照规定期限提示承兑的，持票人丧失对其前手的追索权。

3. 承兑

(1) 承兑人

承兑行为由付款人进行，承兑之后，付款人成为承兑人。在承兑之前，付款人仅是汇票关系人，不是债务人；承兑之后，付款人作为承兑人是汇票上的主债务人。付款人对向其提示承兑的汇票，应当自收到提示承兑的汇票之日起 3 日内承兑或者拒绝承兑。付款人同意承兑的，在汇票正面记载有关事项后，应将汇票交还给持票人。不同意承兑的，也应当将汇票交还给持票人，并作出拒绝证明。

(2) 承兑的记载事项

① 绝对必要记载事项。包括承兑文句和承兑人签章，付款人承兑汇票的，应当在汇票正面记载“承兑”字样以及在汇票上签章。② 相对必要记载事项。承兑日期为相对必要记载事项。付款人承兑时，未记载承兑日期的，以付款人收到提示承兑汇票之日起的第 3 日为承兑日期。见票后定期付款的汇票，应当在承兑时记载付款日期。汇票上未记载承兑日期的，以规定期限的最后一日为承兑日期。③ 承兑不得记载的事项。在承兑时记载付款条件，导致承兑行为无效。如附条件承兑、部分承兑、变更票据记载事项承兑，均视为拒绝承兑。[①]

4. 承兑的效力与承兑的撤销

(1) 承兑的效力

第一，对付款人的效力。① 付款人一经承兑，即成为汇票的主债务人，承担绝对付款责任。② 承兑人承兑后，到期不能进行付款时，不仅应承担票据金额的支付，而且应承担迟延支付的利息及追索费用。③ 承兑人必须承担最终的追索责任。承兑人到期不付款，持票人可以追索。④ 在持票人丧失追索权的情况下，承兑人仍需承担责任。持票人未按时提示付款，即使已经超过提示付款期限，而使追索权消灭，也不影响对承兑人的权利。

第二，对持票人的效力。承兑使持票人所享有的付款请求权从期待权变为现实权。除因时效届满外，在任何情况下，持票人都不丧失付款请求权。

第三，对出票人和背书人的效力。付款人承兑后，出票人和背书人都免受由于汇票被拒绝承兑引起的期前追索。

(2) 承兑的撤销

承兑的撤销，是指承兑人在进行承兑后，未将已经承兑的汇票返还给持票人时撤销自己的承兑。承兑人撤销承兑的，发生拒绝承兑的效力。

(二) 汇票的保证

1. 汇票保证的概念与特征

汇票保证是票据债务人以外的第三人担保票据债务履行的票据行为。汇票保证的特征有：(1) 保证是一种附属票据行为；(2) 保证以票据债务人之外的人为保证人，

① 参见赵威著：《票据权利研究》，法律出版社 1997 年版，第 89 页。

以特定的票据债务人为被保证人；(3) 保证以担保被保证人的债务清偿为内容；(4) 保证是要式法律行为，必须在汇票上记载。

汇票保证与民法中的保证不同，主要体现在：(1) 票据保证是单方法律行为，而民法上的保证为合同行为；(2) 票据保证具有独立性，而民法上的保证无独立性，汇票保证中被保证的债务即使无效，保证人仍应承担保证责任；(3) 票据共同保证的，为法定连带保证责任，而民法上的共同保证则可以约定；(4) 票据保证中保证人无先诉抗辩权，而民法上的一般保证有先诉抗辩权；(5) 票据保证中保证人清偿债务后取得票据享有追索权，而民法上的保证中保证人清偿债务后有求偿权和代位权。

2. 汇票保证的种类

对汇票的保证可依据不同的标准作不同的分类。

(1) 根据保证是否附有条件，分为一般保证和附条件保证。一般保证，是指不附加任何条件的保证。附条件保证，是指在保证时附有条件，如仅就汇票上的一部分金额予以保证。根据《票据法》的规定，保证不得附条件，附有条件的，不影响对汇票的保证责任。

(2) 根据保证人数量，分为单独保证和共同保证。单独保证，是指仅由一个保证人所为的保证。共同保证，是指保证人为 2 人以上的对同一项票据债务所为的保证，保证人之间承担连带保证，无主次之分。

3. 汇票保证的记载事项

(1) 绝对必要记载事项

绝对必要记载事项包括表明“保证”字样、保证人名称和住所以及保证人签章。汇票保证必须在汇票或者粘单上进行，保证人未在票据或者粘单上记载“保证”字样而另行签订保证合同或者保证条款的，不属于票据保证，人民法院应当适用《中华人民共和国担保法》的有关规定。

(2) 相对必要记载事项

相对必要记载事项包括被保证人的名称和保证日期。如未记载被保证人的名称，已经承兑的汇票，承兑人为被保证人；未承兑的汇票，出票人为被保证人。未记载保证日期的，出票日期为保证日期。

(3) 无效记载事项

如在保证时附有条件，则视为未记载，仍然发生保证的效力。

4. 汇票保证的效力

汇票保证将使保证人承担票据责任，并在此基础上享有一定的权利，同时对其他人也将产生相应的效力。(1)保证人的票据责任。保证人对合法持票人承担保证责任；保证人对形式合法的票据，负保证责任，但保证人的债务因汇票记载事项欠缺而无效的，保证人不承担保证责任；保证人与被保证人对持票人承担连带责任；保证人为 2 人以上的，保证人之间承担法定的连带责任。(2) 保证人清偿被保证债务之后的票据权利义务。保证人清偿债务后，可以行使持票人对承兑人、被保证人及其前手所享有的追索权。被保证人的后手的票据责任解除。

四、付款与追索

(一) 付款

1. 付款的概念与特征

付款，是指付款人依据汇票文义向持票人支付汇票金额的票据行为。付款具有以下特征：付款是付款人或代理付款人所为的行为；付款是依据票据文义向持票人支付票据金额的行为；付款是消灭票据关系的法律行为。

2. 提示付款

(1) 提示付款的含义

提示付款，是指持票人为取得票据金额，而向付款人或代理付款人出示汇票，请求其付款的行为。提示付款是取得汇票付款的前提，持票人要想得到付款，就需向付款人提示付款。提示付款同时还是持票人的一种权利保全行为。因为经过提示付款，而付款人拒绝时，持票人才能要求付款人出具拒绝证明，并依据拒绝证明，行使对前手的追索权。

(2) 提示付款的当事人

提示付款人一般为持票人。被提示人根据不同的汇票和是否承兑有所不同。见票即付的汇票，付款人为被提示人。已经承兑的汇票，承兑人为被提示人；未承兑的汇票，付款人为被提示人。

(3) 提示付款的期限

见票即付的汇票，自出票日起 1 个月内向付款人提示付款；定日付款、出票后定期付款或者见票后定期付款的汇票，自到期日起 10 日内向承兑人提示付款。持票人应当在承兑人、付款人的营业场所和营业时间内进行，票据当事人无营业场所的，应当在其住所进行。

(4) 提示付款的效力

提示付款是持票人行使和保全票据权利的行为，因此具有法律效力。从权利行使方面是在行使付款请求权，从保全权利方面是保全追索权，将产生以下效力。第一，对持票人的效力。持票人在法定期限内提示付款，并且在法律规定的时间内未得到付款的，保全对前手的追索权。持票人不能出示拒绝证明、退票理由书或者未按照规定期限提供其他合法证明的，丧失对其前手的追索权。第二，对承兑人或付款人的效力。持票人在法定期限内提示付款，承兑人或付款人应当足额付款。第三，对背书人的效力。持票人在法定期限内提示付款，并得到足额付款的，全体债务人的责任解除。

3. 付款

付款人及其代理付款人付款时，应当审查汇票背书的连续，并审查提示付款人的合法身份证明或者有效证件。付款人及其代理付款人以恶意或者有重大过失付款的，应当自行承担责任。付款人审查无误的，应于票据提示付款的当日，足额付款。付款人依法足额付款后，全体汇票债务人的责任解除。

（二）追索权

1. 追索权的概念与特点

追索权，是指汇票到期被拒绝付款或其他法定原因出现时，持票人请求背书人、出票人以及汇票的其他债务人偿还汇票金额及有关损失和费用的权利。持票人为追索权人，被追索人为背书人、出票人以及汇票的其他债务人，包括承兑人和保证人。追索权具有以下特点：(1) 追索权是一种票据权利；(2) 追索权是法定事由发生时才能行使的权利，如汇票到期被拒绝付款以及汇票到期日前，有汇票被拒绝承兑，承兑人或者付款人死亡、逃匿，承兑人或者付款人被依法宣告破产的或者因违法被责令终止业务活动等情形；(3) 追索权是持票人在履行一定的票据权利保全手续以后才能行使的权利；(4) 追索权请求对象为所有票据债务人；(5) 追索权的标的为汇票金额及有关损失和费用。

2. 追索权的行使要件

我国《票据法》规定了追索权行使的实质要件和形式要件。

(1) 追索权行使的实质要件

追索权行使的实质要件又称原因要件，是指确定持票人能够进行追索的客观事实。

(2) 追索权行使的形式要件

行使追索权，除需要具备上述实质要件外，还需具备形式要件。首先，持票人须按期提示承兑和提示付款。其次，持票人须按规定取得拒绝证明、退票理由书和其他合法证明。持票人提示承兑或者提示付款被拒绝的，承兑人或者付款人必须出具拒绝证明，或者出具退票理由书。持票人因承兑人或者付款人死亡、逃匿或者其他原因，不能取得拒绝证明的，可以依法取得其他有关证明。如医院或有关单位出具的承兑人、付款人死亡的证明，司法机关出具的承兑人、付款人逃匿的证明，公证机关出具的具有拒绝证明效力的文书。承兑人或者付款人被人民法院依法宣告破产的，人民法院的有关司法文书具有拒绝证明的效力。承兑人或者付款人因违法被责令终止业务活动的，有关行政主管部门的处罚决定具有拒绝证明的效力。

3. 追索权的行使程序

享有追索权的持票人在具备上述实质要件和形式要件的情况下，可以依法行使追索权，并遵循以下规则。

(1) 拒绝事由的通知

持票人应当自收到被拒绝承兑或者被拒绝付款的有关证明之日起 3 日内，将被拒绝事由书面通知其前手；其前手应当自收到通知之日起 3 日内书面通知其再前手。持票人也可以同时向各汇票债务人发出书面通知。未按照上述规定期限通知的，持票人仍可以行使追索权。因延期通知给其前手或者出票人造成损失的，由没有按照规定期限通知的汇票当事人承担对该损失的赔偿责任，但是所赔偿的金额以汇票金额为限。在规定期限内将通知按照法定地址或者约定的地址邮寄的，视为已经发出通知。

(2) 确定追索对象

汇票的出票人、背书人、承兑人和保证人对持票人承担连带责任。持票人可以不按照汇票债务人的先后顺序，对其中任何一人、数人或者全体行使追索权。但是应当注意的是：持票人为出票人的，对其前手无追索权；持票人为背书人的，对其后手无追索权。

（3）追索金额的确定

追索金额包括被拒绝付款的汇票金额，汇票金额自到期日或者提示付款日起至清偿日止，按照中国人民银行规定的利率计算的利息以及取得有关拒绝证明和发出通知书的费用。对于再追索金额则包括已清偿的全部金额、前项金额自清偿日起至再追索清偿日止，按照中国人民银行规定的利率计算的利息以及发出通知书的费用。

（4）追索金额的受领

被追索人清偿债务时，持票人应当交出汇票和有关拒绝证明，并出具所收到利息和费用的收据。行使再追索权的被追索人获得清偿时，应当交出汇票和有关拒绝证明，并出具所收到利息和费用的收据。

4. 追索权的效力与丧失

（1）追索权的效力

追索权的效力，是指追索权行使的效力，对追索权人和被追索人均发生效力。对追索权人的效力是，追索权人因行使追索权而受清偿后，其汇票上的权利归于消灭。追索权人在受领被追索人的清偿后，其汇票上的权利因清偿而得到实现，不再享有票据权利。同时，追索权人负有向被追索人交出汇票、拒绝付款证明及收据的义务，如果因为追索权人怠于履行拒绝事由的通知义务而致使被追索人受到损害的，应当承当相应的赔偿责任。对被追索人的效力是，被追索人依持票人行使追索权，进行相应金额的清偿后，其责任解除。同时其享有与持票人同一权利，取得了对前手的再追索权。

（2）追索权的丧失

追索权可因一定事由而归于消灭。追索权丧失的事由包括两种情形。一种是权利人未在法定期限内行使或保全票据权利而导致追索权丧失。汇票未按照规定期限提示承兑的，持票人丧失对其前手的追索权。持票人不能出示拒绝证明、退票理由书或者未按照规定期限提供其他合法证明的，丧失对其前手的追索权。另一种是追索权因票据时效期间届满而消灭。持票人对出票人的追索权，自票据到期日起 2 年不行使而丧失；持票人对前手的追索权，自被拒绝承兑或者被拒绝付款之日起 6 个月不行使而丧失；持票人对前手的再追索权，自清偿日或者被提起诉讼之日起 3 个月不行使而丧失。

同步练习

一、案例讨论

1. 案情简介

2010 年 3 月 9 日，北京甲公司向北京乙公司购买水泥，签发以北京乙公司为收款人并经北京市工商银行某支行承兑的银行承兑汇票一张。汇票金额为 100 万元人民币，汇票到期日为 2010 年 7 月 31 日。出票人甲公司在汇票上记载“不得背书转让”字样。乙公司在接到该银行承兑汇票后将该汇票背书转让给浙江丙公司以偿还货款。

2010 年 8 月 1 日，丙公司持该汇票向工商银行某支行提示付款。工商银行某支行在接到该汇票后经审查，以该汇票上有“不得背书转让”字样的记载而拒绝付款。于是，江苏丙公司向乙公司和甲公司追索，均遭拒绝。无奈之下，丙公司将乙公司起诉到人民法院。

原告丙公司起诉称，丙公司与乙公司存在家具买卖合同，并且已经按照合同要求将家具运送给乙公司，乙公司将汇票背书给自己是支付家具合同的货款，理应享有票据权利，乙公司应负担支付 100 万元票款。被告辩称，确实收到家具，但是该汇票上记载了“不得转让”字样，丙公司不能享有票据权利，所以不能向其追索。

经法院查明，北京甲公司签发的银行承兑汇票记载事项完备、真实，并经工商银行某支行盖章承兑，汇票合法有效。但是，由于该汇票上出票人记载不允许背书转让，被告违背了其与出票人的约定，因此被告将汇票转让的行为无效。原告丙公司接受被告转让的汇票，但是因汇票上记载不得转让，故背书行为无效，丙公司不享有票据权利。根据《合同法》第 161 条、《票据法》第 10 条、第 12 条、第 27 条、《最高人民法院关于审理票据纠纷案件若干问题的规定》第 48 条的规定，判决如下：(1) 废除北京甲公司 2010 年 3 月 9 日签发的银行承兑汇票；(2) 基于丙公司与乙公司存在真实的家具交易，被告乙公司应当支付丙公司家具交易货款 100 万元。

2. 问题梳理

本案中，争论的主要焦点主要有：(1) 该银行承兑汇票是否有效；(2) 出票人签发“禁止背书转让”的汇票，收款人背书转让的，效力如何；(3) 丙公司享有什么权利？

现就上述三个问题进行梳理。(1) 汇票出票的记载事项。对于汇票应当记载的绝对必要记载事项，如果缺少任何一项均将导致汇票无效。绝对必要记载事项包括“汇票”字样；无条件支付的委托；确定的金额；付款人名称；收款人名称；出票日期；出票人签章。(2) 禁止背书转让的目的和效力。出票人禁止背书转让主要是出于可以保留对收款人的抗辩权的目的。出票人在汇票上记载“不得转让”字样后，若收款人背书转让汇票，背书行为无效。背书转让后的受让人不得享有票据权利，票据的出票人、承兑人对受让人不承担票据责任。因此，乙公司违反关于“出票人在汇票上记载‘不得转让’字样的，汇票不得转让”的规定，将汇票转让给丙公司，丙公司不能享有票据权利。(3) 受让人的权利。出票人记载“不得转让”字样，持票人背书转让的，受让人不享有票据权利，票据的出票人、承兑人对受让人不承担票据责任。所以，甲公司和工商银行某支行对丙公司不承担票据责任。但是，受让人与其前手之间存在真实的交易关系，可以向其前手请求民事债权。

3. 法律运用

本案中，涉及《票据法》第 10 条规定：“票据的签发、取得和转让，应当遵循诚实信用的原则，具有真实的交易关系和债权债务关系。票据的取得，必须给付对价，即应当给付票据双方当事人认可的相对应的代价。”第 12 条规定：“以欺诈、偷盗或者胁迫等手段取得票据的，或者明知有前列情形，出于恶意取得票据的，不得享有票据权利。持票人因重大过失取得不符合本法规定的票据的，也不得享有票据权利。”第 27 条第 2 款规定：“出票人在汇票上记载‘不得转让’字样的，汇票不得转让。”《最高人民法院关于审理票据纠纷案件若干问题的规定》第48条规定："依照票据法第27条的规定，票据的出票人在票据上记载'不得转让'字样，票据持有人背书转让的，背书行为无效。背书转让后的受让人不得享有票据权利，票据的出票人、承兑人对受让人不承担票据责任。"出票人甲公司记载"不得转让"字样，限制了乙背书转让，丙在取得该汇票时并未审查汇票的禁止背书记载，存在重大过失，不得享有票据权利。但是乙公司与丙公司之间存在真实交易，尽管丙公司不享有票据权利，但是可以依据一般民事债权，要求乙公司支付100万元货款。所以，人民法院的判决是合法的。

二、分析与思考

1. 票据行为的概念和特征是什么？

2. 票据抗辩分为哪几种？票据抗辩有哪些限制？

3. 比较一般转让背书、特殊转让背书和非转让背书效力的异同。

4. 票据权利有哪些特征？付款请求权与追索权有什么区别？

5. 甲公司因与乙公司签订合同，向建设银行某支行申请一张银行承兑汇票。建设银行作了必要的审查后受理了该份申请，并依法在票据上签章。甲公司得到这张票据后没有在票据上签章便将该票据直接交付给乙公司作为购货款。乙公司又将此票据背书转让给丙公司以偿债。到了票据上记载的付款日期，丙公司持票向承兑银行请求付款时，该银行以票据无效为理由拒绝付款。请问，

(1) 从以上案情显示的情况看，这张汇票是否有效；

(2) 建设银行既然在票据上依法签章，可以拒绝付款吗？为什么？

第八章　保 险 法

学习目标

1. 了解危险与保险的关系以及保险的社会价值所在。
2. 理解并掌握保险的概念、特征、分类和职能。
3. 了解保险法的概念和调整对象。
4. 了解保险合同的基本内容。
5. 理解并学会应用财产保险和人身保险的理论知识。
6. 了解保险组织和保险监督的重点知识。

学习导引

保险业是我国加入WTO后率先向国外开放的产业。保险法所称的保险是指商业保险，保险法包括保险合同法和保险业法两部分。保险合同法是保险法的主要部分。保险合同是双务、有偿、诺成、附合、射幸、非要式及最大诚信合同。根据不同的标准，保险合同可以分为不同的类型。保险合同的主体可以分为保险合同的当事人与保险合同的关系人，具体包括保险人、投保人、被保险人及受益人。2009年2月28日修订通过的《保险法》以投保人、被保险人及受益人权益的保护作为基本立足点；保险业法部分将投保人、被保险人、受益人权益的保护作为保险监管的主要目标，加强了保险监管机构的监管权力。

第一节　保险法概论

一、保险概述

（一）保险与危险的关系

保险，顾名思义即“承保危险”，是人类对抗危险的有效方法。人类在维持自身生存，与自然力抗争，创造物质财富和文明生活的过程中，必然要面临来自人类自身行为和自然形成的各种危险，这些形形色色的危险构成了我们追求安定生活的威胁。此外，现代生活使我们享受到科技与物质文明提供的舒适生活，但同时也出现相应的危险，如乘坐飞机、轮船，参与大型游乐项目、刺激的极限运动等都可能造成意外伤亡。

危险大致具有以下特征。

1. 危险具有客观性

所谓客观性，是指对于人类生活的危害是一种确实的存在，不以人们的主观意识为转移，只要人类社会存在，就必须要面对各种各样的危险事故。

2. 危险具有不确定性

所谓不确定性，是指危害后果的发生具有一定必然性或偶然性，但损失发生的时间、地点、程度或状态并不确定。损失的不确定性是危险固有的内在本质及最为显著的特性，

3. 危险具有可测定性

所谓可测定性，是指危险的实际发生与发展遵循一定的规律，自然现象多表现为重复的规律，如海啸、冰雹、地震等。即使那些人类受主观意识支配的行为，从个人而言似乎无章可循，但随机现象的大量观察与分析，仍可掌握大概的发生几率。

4. 危险具有损失性

所谓损失性，是指危险将会给人们造成财产损失、人身伤亡、心情焦虑、生活费用增加或者期待利益的丧失的不利后果，危险因此被说成是纯粹风险，其直接的危害或是造成游行财产损失，或者是无形的损害。

(二) 保险的概念

我国《保险法》第2条规定："本法所称保险，是指投保人根据合同约定，向保险人支付保险费，保险人对于合同约定的可能发生的事故因其发生所造成的财产损失承担赔偿保险金责任，或者当被保险人死亡、伤残、疾病或者达到合同约定的年龄、期限等条件时承担给付保险金责任的商业保险行为。"

可见《保险法》所称的"保险"是一种进行经济补偿的商行为。这种商行为与其他商行为的区别可以从以下几个层面来理解。

(1) 共同团体

保险是一种分散危险的工具，危险的分散需要一遭受同类危险威胁的共同团体来承担，此团体由各个因某种危险事故发生而将遭受损失的人(被保险人)所组成。而保险人仅是负责结合及管理危险共同体而赚取营业利润的组织。简言之，保险的第一特征即需要有共同团体来承担及分散危险，此为保险的目的。

(2) 危险

在保险法上，危险是指不可预料或不可抗力的事故，此危险的发生须为可能且未发生，且危险的发生须属不确定性，也指其危险的发生虽具有必然性，但发生与否及何时发生在投保之际无法确定，如人寿保险中的死亡保险。

(3) 同一性

任何危险共同团体中的每一成员须皆可能因某种同类危险的发生而遭受损失，如死亡、伤害、火灾、对第三人之责任等。唯有如此，才有可能依统计经验及数学的概率估算出此共同团体所应集聚的资金，以便于当此危险不幸发生时，补偿或给付其成员因此所遭受的损失。

(4) 补偿的需要性

危险的发展会带来损害，每一损害皆引起平衡补偿的需要。保险补偿必须以被保

险人的保险利益在危险发生时确实受到损害为要件。若被保险人对保险标的无保险利益,而只凭危险事故的发生即受领危险共同团体给付的一定金额的不是保险,而是“赌博”。

(5) 有偿性

保险是由一群共同遭受同类危险威胁的人所共同集聚资金,在个别成员发生危险事故时为其分散风险。进行保险补偿的基金须由各成员分摊,此分摊额在保险法上称为保险费。

(6) 独立的法律上请求权

被保险人在保险事故发生遭受损失时,对于保险人具有法律上请求保险赔偿给付权。此处所称法律上请求权,须单独存在,并非为其他法律行为的附随给付义务。如买卖标的物所附随的瑕疵担保请求权就不是保险。

综上所述,从法律角度出发,保险是指投保人与保险人之间建立的一种保险合同关系,即根据保险合同约定,投保人向保险人支付保险费,而保险人对于约定的保险法律事故发生造成的承保财产的损失或被保险人的生、老、病、死、残等承担保险责任的法律行为。

(三) 保险的分类与职能

1. 保险的分类

(1) 根据实施方式的不同进行分类

根据保险实施方式的不同,学者将保险分配为强制保险和自愿保险。

强制保险又称法定保险、非自愿保险,是指保险关系的建立不是基于当事人双方协商后意思表示一致,自愿投保及承保,而是由法律或规范性文件,要求特定主体必须就特定利益向保险公司投保,如不参加将承担法律责任的保险。强制保险多是为推行社会政策、经济政策等目的,项目本身不以营利为目的,出现经营型亏损时,政府要给予适当补贴。2006 年 7 月 1 日,我国颁布《机动车交通事故责任强制保险条例》,开始在全国范围内实行机动车第三者责任强制保险。

自愿保险是在学理上与强制保险相对应的概念,并非正式法律用语,是指保险关系的建立是基于双方的意思表示一致,自然人或法人提出要求,保险公司意愿承保,并承担事故发生后给付赔偿的保险。很显然,现实生活中除强制保险以外的所有商业保险关系的建立都属于自愿保险的范畴。

(2) 根据保险标的的不同进行分类

根据保险标的的不同性质,立法上和学理上又把保险细分为财产保险和人身保险。这是最常见也是最重要的保险分类。

财产保险,是指以各种财产为标的,保险人对于财产及相关利益的损失给予赔偿的保险,是保险法上对保险的最基本的一种分类,是最早出现的保险类别(主要是针对船舶与货物损失的海上保险),又称火灾保险、损失保险等。财产保险在早期仅针对有形财产而设立,包括船舶、货物、房屋等,19 世纪末期,保险标的扩大到无形财产,主要包含民事赔偿责任、保证责任、信用等。

财产保险按照不同标准,又可以分为海上保险、运输工具保险、火灾保险、责任保险、信用保险等。我国财产保险又特别细分出家庭财产保险、企业财产保险、涉外保险、农业保险等。

人身保险，是指以人（被保险人）的生命、健康或者其他人身利益为保险标的的保险。依照保险标的的性质不同，人身保险与财产保险相对应，也是我国立法上正式承认的保险种类。人身保险的保险人依照保险合同约定，于被保险人发生死亡、伤残、疾病等约定事项时，承担给付保险金的义务。人身保险还可以以人的寿命为条件，约定达到一定的年龄，即视为保险事故发生（不要求发生任何人身损伤的后果），保险人同样承担给付保险金的义务，其中最为典型的就是年金保险。人身保险业务按照发生事故性质、后果以及给付标准不同，又分为人寿保险、意外伤害保险和健康保险三大类。

（3）根据承担责任次序不同的分类

根据保险人承担责任的次序不同，立法上和学理上又把保险划分为原保险和再保险，这是对于财产保险的又一种细分方法。

原保险也称第一次保险、基础保险，是指保险人对于被保险人因特定事故发生造成标的的损失所承担的直接的、原始性的赔偿保险金责任的一种保险。

再保险又称分保、第二次保险、保险的保险，是指原保险人（保险公司）为避免或减轻其在原保险合同中承担的保险责任，将其承保危险的全部或一部分再转移给其他保险人的一种保险。正如《保险法》第 28 条第 1 款规定的：“保险人将其承担的保险业务，以分保形式部分转移给其他保险人的，为再保险。”再保险中以自己业务向其他保险公司再投保的是再保险分出人，接受分保业务的保险人称为再保险分入人，他们之间形成了利益共同体。

（4）根据创设保险目的的不同进行分类

根据保险的目标、职能和根本性的差异，立法上和学理上将保险分类为商业保险和社会保险。

商业保险，是指由私人创办的营利性保险公司经营的保险。在我国，法律文件中使用的“保险”都是指商业保险。1995 年《保险法》颁布前，我国法律法规中并没有商业保险的正式法律概念，商业保险包含的营利性保险行为就用“保险”加以概括。在学理上，商业保险仅仅在与社会保险相对应使用时才被提及。

社会保险，是指由国家创办，不以营利为目的，体现社会福利政策向劳动者提供物质帮助，强制性将某些风险向社会分担的一种社会保障制度的组成部分。

2. 保险的职能

（1）分担风险职能

这是保险的最基本职能。如在经营核电站的过程可能出现的各种风险（主要是核渗漏事故）就通过保险产品转移给保险公司，又通过保险公司分散到社会众多成员，使个别经济单位无法解决的抗拒风险问题，以商业化运营方式彻底加以解决。

（2）经济补偿职能

经济补偿是保险经济价值的最集中体现，是投保人参与保险的最终目的，同时经济补偿显然是与分担风险具有内在统一性的，体现保险制度本质的两个方面——分担风险是外在形式，经济补偿则是内在根本。经济补偿的效果在财产保险领域体现最为充分。被保险财产发生危险事故造成损失，保险公司要给付的保险金有时数额巨大，因此才有可能以资金及时到位而使灾害的损失降到最低。

（3）防灾防损职能

防灾防损指保险人由于直接参与风险管理工作，直面各种灾害防御事项，为其切身利益而不断提高被保险人的防灾抗灾能力，堵塞安全漏洞，能够使被保险财产安全性提高，损失降低。不仅如此，保险公司还通过支付、赞助提高整个社会安全性和对自然灾害事故发生规律的科学研究措施，提高整个社会的抗灾水平，都能够使抗御灾害事故水平大大提高。

（4）金融中介职能

保险以承担风险转移和意外事故的补偿为基本职能，但保险业经营性业务使其在社会范围内广泛地吸纳资金，拥有巨额的准备金，资金长期占用以备给付之用，从而形成了其非银行的金融机构性质。保险公司在业务经营过程中，将积累的各种保险资金进行投资和融资，使其保值增值，从而增强保险公司的偿付能力，进一步保护被保险人的利益。

二、保险法概述

（一）保险法的概念

保险法是调整商业保险法律规范的总称。具体地说，保险法是调整保险活动中保险人与投保人、被保险人以及受益人之间法律关系的重要民商事法律，也是国家对保险企业、保险市场实施监督管理的法律。①

（二）保险法的调整对象

关于保险法的调整对象，一种是狭义观点，认为保险法的调整对象为商业保险关系；另一种是广义观点，认为保险法的调整对象不仅限于商业保险关系，还包括社会保险关系。本书采用狭义观点，即保险法的调整对象为商业保险行为及其形成的社会关系，不包括社会保险行为及其形成的社会关系。

1. 保险法的调整对象是商业保险关系

如前所述，保险法是一部规范商业保险行为的法律，其调整对象为商业保险关系。这种社会关系包括两个方面：一方面是保险私法关系，即保险合同当事人之间形成的横向关系，这种关系的实质为民商事法律关系，因此，学者们称之为保险私法关系；另一方面为保险监督管理机关与保险业经营者之间的监督管理的纵向关系，学者们称之为保险公法关系。因此，保险法的调整对象为国家、保险人和投保人以及保险中介人等多方主体因参与商业保险活动而形成的社会关系。

2. 社会保险关系不是保险法调整的对象

我国以分类立法为原则来解决商业保险和社会保险的关系问题。《保险法》第 2 条把“保险法”明确界定为“商业保险行为”，并辅之以其他的规定严格区别商业保险和社

① 周正庆：《关于〈中华人民共和国保险法〉（草案）的说明》。

会保险。

我国现行保险法在2009年2月28日经十一届全国人大常委会第七次会议审议通过，已于2009年10月1日起实行。

第二节　保险合同总论

一、保险合同的概念和特征

(一) 保险合同的概念

保险合同属于债权合同的一种，是危险共同团体(保险人所代表的利益团体)和其成员(投保人)以保险为目的所缔结的债权债务关系。

保险合同作为合同的一种，是投保人与保险人约定保险权利义务关系的协议。依据保险合同，投保人应向保险人给付保险费，保险人则应在约定的保险事故发生或在约定人身保险事件(死亡、伤残、疾病等)出现或期限届满时，履行赔付保险金的义务。保险合同的核心内容是投保人承担支付保险费的义务，享受保险金的请求权；保险人享受收取保险费的权利，承担赔偿或给付保险金的义务。

(二) 保险合同的特征

所谓保险合同的特征，是指保险合同与其他民事合同相比较而表现出来的不同于其他民事合同的属性。

1. 保险合同的有偿性

保险合同为有偿合同。一方面，投保人订立保险合同转移风险，要求保险人承担保险责任，应当按照约定向保险人支付保险费，保险费为保险人承担保险责任的代价。另一方面，保险人向投保人收取保险费，相对应地承担保险责任。可见，保险人和投保人依保险合同享受权利或权益均不是无偿的，所以保险合同为有偿合同。

2. 保险合同的双务性

《保险法》第14条规定："保险合同成立后，投保人按照约定交付保险费；保险人按照约定的时间开始承担保险责任。"可见，保险合同为双务合同，投保人和保险人相互负有义务。

3. 保险合同的射幸性

保险合同的目的是使保险人在特定的不可预料或不可抗力事故发生时，对被保险人履行赔偿或给付义务。因此，保险合同属射幸合同。保险合同，尤其是财产保险合同，投保人向保险人交付保险费后，能否获得补偿，具有偶然性；如果保险事故在保险期限内发生，被保险人可以获得保险金，如果保险事故在保险期限内没有发生，则被保险人在"现实"的利益上一无所获；反之，对于保险人而言，如果保险事故没有发生，其可获得投保人交付的保险费而无须付出任何经济代价，如果发生约定的保险事故，则须向被保险人支付大于保险费的保险金。可见，从一定意义上讲，投保人通过支付保险费所换来的是将来获得数额较大的保险金的“机会”。

4. 保险合同的格式性及附和性

保险行为由于其技术性、行业垄断性，使得保险合同的内容多由保险业者先行确定，一般的投保人只能依保险业者所确定的条款订立合同。故投保人只有是否订立合同的自由，而无对其内容进行实质性磋商的自由。在签订保险合同的过程中，保险人一方将其拟订的保险合同格式条款提供给投保人，而投保人则处于被动的地位，对于该格式条款，一般仅表示是否接受，因此，保险合同具有格式性和附和性的特点。

5. 保险合同的最大诚信性

保险活动当事人行使权利、履行义务应当遵循诚实信用的原则。

6. 保险合同的诺成性

保险合同作为诺成合同，是基于投保人和保险人双方意思表示一致而成立的，即投保人提出保险要求，经保险人同意承保，保险合同成立。

二、保险合同的主体和客体

保险合同的主体，是指与保险合同的订立、履行具有直接关系、间接关系或辅助关系的人，包括保险合同的当事人、保险合同的关系人以及保险合同的辅助人。保险合同的当事人，是指订立保险合同，享有保险合同权利，负担保险合同义务的人，包括投保人与保险人。保险合同的关系人，是指虽非保险合同当事人，但因保险合同的订立而与保险合同具有利害关系的人，包括被保险人与受益人。保险合同的辅助人，是指非保险合同当事人，亦即非保险合同关系人，但对保险合同的订立、履行起辅助作用的人，包括保险代理人、保险经纪人等。

(一) 保险合同当事人

1. 保险人

保险人又称承保人，是指与投保人订立保险合同，并承担赔偿或给付保险金责任的保险公司。

根据我国《保险法》及《公司法》的有关规定，保险人主体资格的特征主要有：(1) 保险人是依法设立的保险公司，保险业务由依照《保险法》设立的保险公司以及法律、行政法规规定的其他保险组织经营，其他单位和个人不得经营保险业务；(2) 保险人是经营保险业务的保险公司，依法设立保险公司只能经营保险业务，不得经营保险业以外的任何业务；(3) 保险人是保险合同的一方当事人，依照保险合同的约定来承担保险责任。

综上表明，保险人为从事保险商行为的商法人，即专门负责集中危险和管理危险并赚取费用的商法人，其根本特征为营业性和营利性。

2. 投保人

投保人又称要保人，是指与保险人订立保险合同，并按照保险合同负有支付保险费义务的人。无论自然人或法人均可以成为投保人。

（二）保险合同关系人

1. 被保险人

被保险人，是指其财产或者人身受保险合同保障，享有保险金请求权的人。

在人身保险合同中，保险合同的标的是被保险人的身体或寿命，关系被保险人独立的人格权以及安全健康的人身权。出于对保险人的人格权及人身权的尊重，为了防止道德危险的发生，法律要求被保险人在某些情况下必须具有行为能力。

2. 受益人

受益人，是指人身保险合同中由被保险人或者投保人指定的享有保险金请求权的人。

受益人的资格一般没有限制，自然人、法人均可以成为受益人。受益人可以为一人，也可以为数人，受益人为数人时，再保险合同中可以规定受益顺序。受益人顺序表现为：一是原始受益人；二是后继受益人，如原始受益人先于被保险人死亡，后继受益人取得受益权；三是法定继承人，未指定受益人或指定的受益人先于被保险人死亡，或放弃、丧失收益权者，被保险人的法定继承人为其当然受益人。如受益人与被保险人同时死亡，不能确定先后的，一般推定受益人先死，保险金视同被保险人的遗产，依法由其继承人充当受益人领取保险金。

（三）保险合同辅助人

1. 保险代理人

保险代理人是根据保险人的委托，向保险人收取佣金，并在保险人授权的范围内代为办理保险业务的机构或者个人。保险代理机构包括专门从事保险代理业务的保险专业代理机构和兼营保险代理业务的保险兼业代理机构。保险人委托保险代理人代为办理保险业务，应当与保险代理人签订委托代理协议，依法约定双方的权利和义务。

保险代理人根据保险人的授权代为办理保险业务的行为，由保险人承担责任。保险代理人没有代理权、超越代理权或者代理权终止后以保险人名义订立合同，而投保人有理由相信其有代理权的，该代理行为有效。保险人可以依法追究越权的保险代理人的责任。

2. 保险经纪人

保险经纪人是基于投保人的利益，为投保人与保险人订立保险合同提供中介服务，并依法收取佣金的机构。保险经纪人因过错给投保人、被保险人造成损失的，依法承担赔偿责任。

（四）保险利益

保险利益，源于英文“Insurable interest”，直译为“可保利益”。

什么是保险利益？我国《保险法》第12条第6款规定：“保险利益是指投保人或者被保险人对保险标的具有的法律上承认的利益。”这种利益是投保人或被保险人对保险标的所具有的利害关系。这种利害关系有经济上的利害关系及精神上的利害关系两种。

三、保险合同的订立与生效

（一）保险合同的订立

我国《合同法》统一规定了当事人订立合同的程序为要约和承诺，该程序适用于各种合同。订立保险合同的过程同样要经过要约和承诺两个必要步骤，保险法称其为投保和承保。同时，基于保险合同的特点和保险经营的特殊性，保险合同的订立又具有特殊之处。其突出表现是保险合同的格式化导致其订立过程中普遍使用格式条款和各种单证。

1. 投保

所谓投保，是指投保人为订立保险合同的单方意思表示，即提出保险请求。投保的实质为保险要约，即投保人请求和保险人订立保险合同的意思表示，因此俗称"要保"。投保具有和订立其他合同的要约相同的法律属性。投保非经保险人接受，不产生保险的效力。投保为保险合同成立的先决条件。

2. 承保

承保，是指保险人同意接受投保人提出的保险要约的意思表示，亦即保险人接受投保人在要保书中提出的全部条件，同意在发生保险事故或者约定的保险事件时承担保险责任。保险人同意承保的承诺，既可以由保险人自己作出，也可以由保险人的代理人作出。保险人或其代理人作出同意承保的意思表示必须是无条件的。如果保险人或其代理人在对投保人的投保要求作出同意承保的意思表示的同时又附有其他条件的，则这种同意承保的意思表示不能作为承诺，而只能作为一项新的要约。这种新的要约须经过投保人同意后，保险合同才能成立。

3. 保险合同的成立

我国《保险法》第 13 条第 1 款、第 2 款规定："投保人提出保险要求，经保险人同意承保，保险合同成立。保险人应当及时向投保人签发保险单或者其他保险凭证。保险单或者其他保险凭证应当载明当事人双方约定的合同内容。当事人也可以约定采用其他书面形式载明合同内容。"第 14 条则更明文规定："保险合同成立后，投保人按照约定交付保险费；保险人按照约定的时间开始承担保险责任。"可见，我国在立法政策上将保险合同定性为诺成合同，即仅以合意为保险合同成立要件，保险费的给付与否对保险合同的成立无任何影响。

（二）保险合同的生效

所谓保险合同的生效，是指已经成立的保险合同在当事人之间产生了一定的法律约束力，即保险合同对当事人具有拘束性。依法成立的保险合同，自成立时生效。投保人和保险人可以对合同的效力约定附条件或者附期限。依法成立的保险合同当然受法律保护。

1. 附条件保险合同生效的时间

所谓附条件，是指当事人在保险合同中列明一定的条件（不确定的将来事实），把条件的成就（发生或出现）作为合同效力产生或终止的依据。如保险合同当事人约定以投保人交纳保险费作为合同生效的条件，那么，投保人交纳保险费的时间就是保险合同生效的时间。而在投保人交纳保险费之前，由于生效条件未成就，导致保险合同不发生约束双方当事人的效力。

2. 附期限保险合同生效的时间

所谓期限，是指保险合同当事人列明一定期限(确定的将来事实)，把期限的到来作为合同效力发生或终止的依据。附期限的特点在于将来事实肯定会发生，尽管发生的时间点可能不确定，这是其与附条件合同的主要区别。因此，期限可以分为确定的期限和不确定的期限，确定的期限如某年某月某日等具体时间；不确定的期限如"航程终了"或"任务完成"等时间，虽然发生的具体时间难以确定，但也属于将来必然到来的期限。

(三) 保险合同的效力变动

保险合同从生效之时起，至合同效力消灭为止，保险合同都处于有效状态。但在保险合同的有效期间内，由于某种原因的出现，也可能引起合同效力的变动。可以引起保险合同效力变动的因素主要包括保险合同的变更、中止与复效、解除以及终止等，以下分别论述。

1. 保险合同的变更

保险合同的变更，是指保险合同内容的变更，即对保险合同某些条款的修改或补充，变更前后的内容具有一定的连续性，变更所引起的后果是保险合同效力的变动，而不是消灭。

保险合同变更的效力主要体现在：以变更后的合同取代了原合同。所以，保险合同变更生效后，即对当事人产生法律约束力。当事人应当按照变更后的保险合同约定的内容履行各自的义务，任何一方违反变更后的合同内容都构成违约。

2. 保险合同效力的中止与复效

保险合同的中止与复效是保险合同效力的一种特有状态，为一般合同所不具备。所谓保险合同的中止，是指在保险合同有效期限内，因某种事由出现而使合同的效力处于暂时停止的状态。

所谓保险合同的复效，是指当导致保险合同中止的事由消除后，其效力即行恢复，恢复后的合同是恢复前的继续。从保险合同中止到复效时为止，保险合同的效力处于待定状态。从一个有效合同变成效力待定的合同，也属于保险合同效力变动的范畴。

3. 保险合同的解除

我国的《保险法》对于保险合同规定了不同于一般合同的特殊法定解除条件。根据《保险法》第15条规定："除本法令有规定或者保险合同另有约定外，保险合同成立后，投保人可以解除合同，保险人不得解除合同。"

4. 保险合同的终止

所谓保险合同的终止，是指保险合同权利义务关系的绝对消灭。保险合同的终止与解除虽然都是使合同的效力消灭，尤其是当解除合同的效力不溯及既往时，终止与解除并无区别。

四、保险合同的履行

(一) 投保人(被保险人)法律上的义务

1. 合同成立前的告知义务

(1) 告知义务的概念

保险法上所谓"告知",是指保险契约订立时,投保人或者被保险人向保险人就有关保险标的的危险状况所作的口头的或者书面的陈述。我国《保险法》第16条第1款确立了告知义务制度:"订立保险合同,保险人就保险标的或者被保险人的有关情况提出询问的,投保人应当如实告知。"

(2) 告知的内容——重要事实

告知的对象虽为危险状况,但并非所有关于危险状况的事均为告知义务的对象,而仅限于"重要事实"。

《保险法》第16条第2款中"足以影响保险人决定是否同意承保或者提高保险费率"的规定,解释上应视为"重要事实"的界定。

一个事实是否构成"重要事实",即是否足以影响保险人接受投保单,确定合理的保险费率,进而达成保险合同,并不取决于被保险人自己认为它是否重要,即不以被保险人的主观意志为转移,且通常也不以某一"特定"保险人的看法为标准,而是以一个合理谨慎的保险人在这种情况下是否会受到影响作为标准。

(3) 告知义务的履行期

各国保险立法对告知时期,原则上一般均规定为"订立保险契约时",我国《保险法》第16条亦不例外。本书认为,依我国《保险法》第16条第1款的文字解释而言,所谓"订立保险合同时",是指投保人自投保申请时起,迄保险契约成立时为止。由此推论,投保人提出投保申请之后至保险契约成立之前,应均属投保人或被保险人告知义务的履行期;该期间与保险单是否交付及其所载保险期间的始期无关。

(4) 告知之方式——询问表制度

我国《保险法》第16条规定采用询问主义,就我国保险业发展状况及国民的保险意识及认识程度而言,可谓适当。保险实务上在投保申请书中特设告知栏,或在申请书另定告知书,栏内或书中以书面记载一定问题,要求投保人据实回答,以询问表为汇集危险估计上重要事实资料的方法。

(5) 违反告知的构成要件及其后果

我国《保险法》第16条第2款规定:"投保人故意或者因重大过失为履行前款规定的如实告知义务,足以影响保险人决定是否同意承保或者提高保险费率的,保险人有权解除合同。"依此规定,告知义务违反的构成须同时具备主观要件与客观要件,主观须出于义务人的故意或重大过失,客观上须为影响危险估计的重要事实。

2. 保险费的给付义务

保险合同成立后,投保人应当按照合同约定的方式、数额、时间及地点等向保险人交付保险费。

投保人因订立合同而为保险人的相对人,故我国《保险法》第 10 条明确规定投保人为给付保险费的义务人。投保人可以亲自履行交费义务,也可以委托他人代为履行。不论投保人是为自己的利益投保,还是为第三人的利益投保,其所承担的交费义务都必须履行。

3. 危险增加时的通知义务

所谓危险增加,是指保险标的原危险状况在保险期间发生显著地持续增加,该增加在缔约时未予估计并作为计算保险费率的基础,继续履行原合同,对于保险人显失公平。

我国《保险法》第 52 条规定:“在合同有效期内,保险标的的危险程度显著增加的,被保险人应当按照合同约定及时通知保险人。”依该条规定,可分为两种情形:一是义务人及时通知,保险人有增加保险费或解除合同的权利;二是怠于通知,依当然解释,保险人当然可能要求增加保险费或解除合同,并且无论是要求增加保险费还是解除合同,保险人因危险增加而致保险事故发生皆不负赔偿责任。

(二) 保险人的通知义务

保险标的发生部分损失的,自保险人给付保险金之日起 30 日内,投保人可以解除合同;除合同另有约定外,保险人也可以解除合同,但应当提前 15 日通知投保人。据此,保险事故发生致部分损失时,保险人可以解除合同,其解除合同的意思表示须 15 日限期的限制,即保险人为解除合同的意思表示应该在通知到达后经过 15 日的发生效力。

通知方式可以采取书面方式或口头方式。关于其是否采取要方式为通知,应考虑采取方式是否有利于保护保险人的相对人的利益,以及亦不应使通知义务人付出更大的交易成本为标准来衡量。

(三) 危险减少时减收保险费的义务

有下列形之一的,除合同另有约定外,保险人应当降低保险费,并按日计算退还相应的保险费:(1) 据以确定保险费率有关情况发生变化,保险标的的危险程度明显减少;(2) 保险标的的保险价值明显减少。危险高低,是计算保险费的周期基础。危险增加时固然存在义务人的通知义务,保险人则有解除合同或增加保险费的权利;而当危险减少时,投保人或被保险人虽无通知保险人的义务,但可以请求保险人重新评估危险,确定其保险给付的范围,减轻其义务负担,以求公平。若保险人不同意,投保人可以依《保险法》相关规定解除保险合同。

(四) 保险事故发生后的保险给付义务——保险金给付义务(危险承担的具体化)

当保险合同约定的给付保险金的条件成就时,保险人承担的保险给付义务即转化为实际履行。该给付的履行条件与损失之间具有因果关系。

1. 危险事故与损失之间应具有因果关系

在保险合同中,保险事故发生时的给付保险金是保险人的主要义务。在危险发生后,首先,必须确定该危险是否在承保危险范围之内,因危险发生所致不利益是否为被保险人利益,以及受损失的程度。若承保危险与损失之间具有因果关系,保险人则须负保险给付金义务。否则,保险人无保险给付义务。

2. 保险金给付范围

保险金给付范围是保险人依保险合同的危险承担义务的具体化。在定额保险中，保险事故发生后，保险人皆以金钱给付为保险给付义务的履行。定额保险并非与人身保险同义，人身保险中的健康或意外伤害保险中的医疗费用属于损失保险。保险人应给付的范围只限于实际产生的损失。在损失保险，保险人履行义务以金钱给付为原则。

给付的范围一般限于保险合同双方当事人所约定的保险金额，损失保险不得超过被保险人所受的损失范围，但救助费用的偿还义务不受此限。

3. 给付保险金的期限

给付保险金的期限一经确定，并与权利人达成协议，即应分下列情形履行给付义务：(1) 保险合同中明确约定保险金给付期限的，保险人应在合同约定的期限内给付；(2) 保险合同中没有约定保险金给付期限的，保险人应依据法律规定的期限给付。在保险人与被保险人受益人达成有关给付保险金额的协议后 10 日内，履行给付保险金义务。

4. 给付保险金的数额

通过对事故发生原因的调查，保险人认定属于保险危险范围而应为保险金给付的，应依约及时确定给付保险金的具体数额，财产保险作为补偿性合同，保险金给付须贯彻损失填补原则，即补偿的结果不得使被保险人额外获利。保险人给付保险金额的确定，应当以合同约定的保险金额以及被保险人实际遭受的损失(即保险标的的损失程度)为依据。

5. 未及时履行保险金给付义务的法律后果

保险人未及时履行保险金给付义务的，除支付保险金外，应当赔偿被保险人或受害人因此受到的损失。

6. 保险金的先予给付

保险金的先予给付又称预付赔款，是指保险人对给付请求权人提供的证明、资料进行认定后，认为事故属于保险金给付义务范围，在最终确定给付金额之前，预先给付其可以确定的最低数额的金钱。保险事故发生后，被保险人或受益人向保险人提供有关证明资料请求给付。

(五) 给付必要合理费用的义务

保险人承担给付保险金的义务是基于保险合同的基本义务。而在财产保险合同中，保险人除了承担基本义务以外，在某些情况下还要承担支付必要合理费用的义务。

1. 施救费用

施救费用是在保险标的出险时，被保险人为防止损失或减少损失而支付的抢救、保护保险标的的必要的、合理的费用。施救费用由保险人承担。

保险合同义务人履行施救义务的法律后果是产生保险人的救助费用承担义务。

2. 为查明和确定保险事故的性质原因和保险标的损失程度所支付的合理的费用

查明和确定保险事故的性质原因和保险标的的损失程度是保险人履行合同义务的一个必经程序。《保险法》第 64 条规定不论是因保险人的请求还是因被保险人的请求而为的专业调查和评估，为此而支出的必要的合理的费用均有保险人承担。

3. 仲裁或诉讼费用

根据《保险法》第 66 条的规定，在责任保险合同中因被保险人给第三人造成损害的保险事故发生而被提起仲裁或诉讼的，除合同另有约定外由被保险人支付的仲裁或诉讼费用以及其他必要的合理的费用，亦由保险人承担。

第三节　保险合同分论

一、财产保险合同

（一）财产保险合同的概念和适用范围

1. 财产保险合同的概念和法律特性

财产保险合同是投保人与保险人之间所达成的，由投保人缴付保险费，保险人对于承保的物质财产及其有关利益因保险事故造成的损失承担赔偿责任的保险合同。财产保险合同与人身保险合同并存，是保险合同的两大基本种类之一。

财产保险合同具有以下特点。

（1）财产保险合同的保险标的是财产，又称为产物保险合同

财产保险合同，其保险标的包括物质财产以及与物质财产有关的利益。前者是指有形财产，后者则涉及相关经济利益或损害赔偿法律责任等无形财产，诸如责任保险合同、保证保险合同、信用保险合同的保险标的。我国《保险法》及保险实践正是在此意义规定财产保险合同。以物质财产作为保险标的的根本性特点，是确立财产保险合同其他各项特点的基础，也是财产保险合同区别于以人的寿命和身体为保险标的的人身保险合同的典型标志。

（2）财产保险合同是补偿性合同

用保险金赔偿被保险人的保险财产的损失是财产保险合同的适用目的，即在财产保险合同中，保险人承担保险责任是以赔偿保险标的因保险事故所致损失为内容的。因此，财产保险合同的适用严格遵守损害填补原则。保险人针对保险财产的损失，应按照财产保险合同约定的条件和保险财产的实际损失程度履行保险责任。相应地，被保险人可以通过财产保险合同获得的保险赔偿，能够弥补其因此遭受的经济损失，但不能取得额外收益，故又称其为损害保险合同。这一特点与以给付为目的的人身保险合同截然不同。

（3）财产保险合同是根据承保财产的价值确定保险金额

不同于人身保险合同，财产保险合同的保险金额决定于保险财产所具有的实际经济价值（保险价值）。因为，保险财产的实际价值是被保险人对于保险财产享有的保险利益的货币表现。保险财产的实际价值是确定财产保险合同的保险金额的根据，也应

成为保险人承担保险赔偿责任的最高限额。

(4) 财产保险合同强调保险标的因保险事故致损时保险利益的存在

保险利益的存在是保险合同订立和履行的基础。在财产保险合同中，则强调被保险人在保险标的因保险事故遭受损失之时，必须对保险标的具有保险利益。

(5) 财产保险合同一般是短期性保险合同

在市场经济条件下，财产保险合同承保的各类财产都是具有使用价值和交换价值的商品，这决定了其在市场经济活动中的流动性。因此，财产保险合同一般是按年度来测算其损益结果的，保险人一般按年约定财产保险合同的保险期限，故有别于以长期性为主的人身保险合同。

(6) 代位求偿和委付是财产保险合同特有的理赔环节

财产保险合同的补偿性使其理赔中适用代位求偿和委付等特有制度，它们的核心内容都着眼于被保险人因发生保险事故而遭受财产损失时，通过财产保险合同取得不超过保险金额的保险赔偿，以便补偿实际的财产损失，而防止被保险人利用财产保险合同获取额外利益。与此不同，具有返还性和给付性的人身保险合同在保险责任的履行过程中，则不存在上述制度的适用。

2. 财产保险合同的适用范围和分类

(1) 财产保险合同的适用范围

财产保险合同适用于人身保险以外的一切保险业务，除包括物质财产外，还包括民事赔偿责任、信用、保证以及特定的财产利益等。随着社会成员财富的累计和保险需求的增加，财产保险合同的适用范围将日益扩大。

(2) 财产保险合同的分类

财产保险合同多是综合保险合同。在国际保险市场上通常将财产保险合同分为三类，即火灾保险合同、海上保险合同和意外保险合同。此三类财产保险合同又统称为非寿险合同，以区别于寿险合同。

(二) 财产保险合同的主要内容

各类财产保险合同的具体内容不尽相同，但是，概括各类财产保险合同的共性，大致都包含保险标的、保险金额、保险费和保险责任等主要内容。

1. 财产保险合同的保险标的

财产保险合同的保险标的，是投保人予以投保而寻求保险保障的对象，也是保险人同意承保并负担保险责任的目标。故保险标的是财产保险合同的首要条款。

(1) 财产保险合同保险标的的构成条件

构成财产保险合同的保险标的的财产及其有关利益必须符合下述条件。

第一，投保的财产或利益应当具有能够用货币衡量的价值。

这决定于财产保险合同的补偿性质，因为，用货币才能将投保的财产和利益加以量化是保险人确定赔偿金额的唯一方法。否则，保险人无法履行保险赔偿责任。因此，不能用货币加以衡量的物质或利益就不能成为财产保险合同的保险标的。

第二，投保的财产或利益必须与被保险人之间存在保险利益。

财产保险合同订立合理性是以此保险利益为前提的。如果被保险人对于保险标的没有保险利益的，就不会出现经济损失，故不存在保障的需要。

第三，投保的财产或利益必须是合法的。

投保的财产必须是法律允许被保险人所有或经营管理的财产及与之相关的利益。违法特有的财产或利益不能成为财产保险合同的保险标的。

第四，投保人的财产或利益必须经保险人同意承保才能成为财产保险合同的保险标的。

(2) 财产保险合同的保险标的的分类

在保险实务中，广义的财产保险合同保险标的可以概括为两大类，即物质财产及与财产有关的利益。物质财产，是指各种有形财产，依其存在形式，具体包括生产过程涉及的财产（厂房、设备、原材料、产成品等）、流通过程涉及的财产（如运输中的货物、运输工具等）、消费过程涉及的财产（如各种家庭财产）和建造过程涉及的财产（如在建工程、再造船舶等）。物质财产是保险合同最为常见的保险标的。与财产有关的利益属于无形财产，具体表现为运费损失、利润损失、经济权益、民事赔偿责任、信用等。而且，与财产有关的利益可进一步分成预期利益和免损利益。

(3) 财产保险合同保险标的的损失的分类

财产保险合同保险标的的损失，是指财产保险合同承保的财产及其有关利益因保险事故发生所造成的毁坏或灭失。但是，就具体的财产保险合同而言，保险事故导致的保险财产的损失情况和程度不尽相同，保险人的赔偿方式也有区别。为了正确确定保险人所应承担的保险责任的内容和范围，保险立法将财产保险合同保险标的的损失分为全部损失和局部损失。

全部损失，是指财产保险合同的保险标的在遭受保险事故后，已经全部灭失或损毁，或者其毁损程度接近整体价值，或者已经没有修复、施救的价值，或者被保险人无可挽回地丧失保险标的物等。对于保险标的的全部损失，保险人应当按财产保险合同约定的保险金额履行赔付责任。进一步讲，财产保险合同保险标的的全部损失又分为实际全损和推定全损。

局部损失又称部分损失，是指保险标的因发生保险事故造成的一部分损失。局部损失是相对于全部损失而言。所以，我国法律规定不属于实际全损和推定全损的损失，为部分损失。

对于财产保险合同标的的局部损失，保险人在保险金额范围内按实际损失数额予以赔偿。

2. 财产保险合同的保险金额

(1) 保险金额的含义

财产保险合同的保险金额，是指保险人向被保险人履行保险赔偿责任的最高限额。即投保人在订立财产保险合同时，对保险标的实际投保的货币金额。保险人应在承保前查明保险标的的市价，避免超额承保。

(2) 保险金额的适用

投保人在订立财产保险合同时，根据投保财产的实际情况、危险发生的概率和自身的具体条件，选择投保相应的保险金额。在财产保险实务中，因投保人投保的保险金额不同可能出现以下三种情况。

① 足额保险

投保人以保险标的的全部保险价值作为保险金额向保险人投保，使得财产保险合同的保险金额等于或接近于保险财产的实际价值，即为足额保险，又称全额保险或等额保险。基于足额保险，被保险人在保险财产发生全损时可获得等于或接近于保险财产价值的足额赔偿。

② 不足额保险

投保人以保险标的的保险价值的一部分作为保险金额投保，使得财产保险合同的保险金额小于保险财产的实际价值，即为不足额保险、低额保险。这意味着保险财产的实际价值与保险金额的差额部分将由被保险人自行负担。因此，当保险财产因发生保险事故而致损，并且实际损失金额大于保险金额时，被保险人只能在保险金额范围内按比例获得保险赔偿。

③ 超额保险

投保人以高于保险标的的保险价值的保险金额投保，致使保险金额大于保险财产的实际价值，构成超额保险，又称超值保险。保险人在保险标的的实际价值范围内承担赔偿责任，而其超额部分则归于无效，保险人不负保险责任。

3. 财产保险合同的保险费

保险费，是指投保人参加保险时，根据其投保时所订的保险费率，向保险人交付的费用。保险费由保险金额、保险费率和保险期限构成。保险费的数额同保险金额的大小、保险费率的高低和保险期限的长短成正比，即保险金额越大，保险费率越高，保险期限越长，则保险费也就越多。

4. 财产保险合同的保险责任

即财产保险中发生约定的保险事故时，保险依约给付保险金的责任。

（三）财产保险合同的保险赔偿方法

作为补偿性质的财产保险合同，保险人所负保险责任的内容就是在被保险人因保险事故而遭受损失时，按约定的赔偿方法向被保险人支付保险赔偿金。因此，财产保险合同一般都明确规定相应的赔偿方法，即计算保险赔偿数额的方式。

1. 比例责任赔偿方法

比例责任赔偿方法就是按照财产保险合同的保险金额与保险财产在出险时的实际价值的比例计算赔偿金额。采用该赔偿方法的财产保险合同只规定保险金额而不规定保险财产的保险价值，从而保险财产出险时的实际价值就是影响赔偿金额的重要因素。

2. 定值赔偿方法

定值赔偿方法就是按双方在签约时决定保险财产的保险价值，并以约定的保险价值作为确定保险金额、计算保险赔偿金额的基础。该赔偿方法的特点在于保险金额是依据双方约定的保险价值来确定，故无须考虑保险财产在受损之时的实际价值。若保险财产因保险事故而全部损失的，保险人按保险金额予以赔偿，若保险财产因保险事故而部分损失的，保险人只需确定损失程度，按损失程度的比例予以赔偿，省却了对受损财产实际价值的评估。海上货物运输保险合同通常采用该赔偿方法。

3. 限额赔偿方法

限额赔偿方法就是保险人在双方约定的限额范围内承担保险赔偿责任。该赔偿方法经常适用于机动车辆保险合同、农业保险合同、工程保险合同和责任保险合同等。

限额赔偿方法在适用中具体分为以下两种方式。

(1) 限额责任赔偿方式

即超过约定限额的损失部分不予赔偿。双方当事人在财产保险合同中规定承担保险责任的赔偿限额,保险人对于未达到约定限额的损失部分承担赔偿责任,超过约定限额的则不予赔偿。限额责任赔偿方式主要适用于农业保险合同、工程保险合同和责任保险。

(2) 免赔额责任赔偿方式

即保险标的的损失超过约定限额的予以赔偿。双方当事人在财产保险合同中约定一个免赔额,保险人对于保险财产未达到免赔额的损失不承担赔偿责任。根据免赔内容的不同,免赔额又分为绝对免赔额和相对免赔额。绝对免赔额就是保险财产的损失超过约定的免赔额时,保险人仅对超过免赔额的损失部分予以赔偿。而相对免赔额就是保险财产的损失达到或超过约定的免赔额时,保险人以对全部损失承担赔偿责任。这种赔偿方法主要适用于出险率较高的财产保险合同。

(四) 适用于财产保险合同的代位求偿制度

1. 代位求偿的概念

代位求偿,是指保险人在向被保险人进行保险赔偿之后,取得了该保险人享有的依法向负有民事赔偿责任的第三人追偿的权利,并依据此权利予以追偿的制度。

代位求偿是财产保险补偿性的具体表现,是保险人履行了保险赔偿责任后的必然结果。因为财产保险合同的目的是为了补偿被保险人因保险事故造成的财产损失,而不是其获取额外利益的手段,所以,被保险人对于因第三者的法律责任造成保险财产的损失,或者是向负有法律责任的第三者追偿,或者是从保险人那里得到保险赔偿,二者不能兼得。若被保险人取得了保险赔偿,就应当将其享有的向第三者追偿的权利转让给保险人。由此可见,代位求偿是财产保险合同特有的法律制度。

2. 代位求偿的构成要件

(1) 保险事故的发生是由第三者的行为引起的

只有第三者的违法行为导致保险事故的发生才可能产生第三者承担的民事赔偿责任。这是被保险人享有求偿权的前提。同时,第三者造成的损失又必须是在财产保险合同约定的保险责任范围之内。这是保险人得以代位求偿的必要条件。财产保险实践中,第三者应对侵权行为、违约行为、不当得利及共同海损等行为承担民事赔偿责任,相应地得以适用代位求偿。

(2) 被保险人必须享有向第三者的赔偿请求权

因为,保险人代位求偿是建立在被保险人享有向第三者追偿权的基础之上。这样,被保险人才可能在获得保险赔偿后,对保险人转让其向第三者享有的赔偿请求权。为此,各国保险立法均要求被保险人不得损害保险人代位求偿的权益。我国《保险法》

第 61 条着眼于保护保险人的合法利益，作了较为全面的规定：如果在“保险事故发生后，保险人未赔偿保险金之前，被保险人放弃对第三者的请求赔偿的权利的，保险人不承担赔偿保险金的责任”。而在“保险人向被保险人赔偿保险金后，被保险人未经保险人同意放弃对第三者请求赔偿的权利的，该行为无效”。若由于“被保险人故意或者因重大过失致使保险人不能行使代位请求赔偿权利的，保险人可以扣减或者要求返还相应的保险金”。

(3) 代位求偿一般应在保险人向被保险人进行保险赔付之后始得实施

实践中，被保险人在保险事故发生之后，可以依据法律规定或合同约定向负有赔偿责任的第三者行使赔偿请求权。若“被保险人已经从第三者取得损害赔偿的，保险人赔偿保险金时，可以相应扣减被保险人从第三者已取得的赔偿金额”。

3. 代位求偿权的行使

代位求偿权，是指保险人在向被保险人进行保险赔付后，得以取代被保险人的地位，对负有赔偿责任的第三者进行追偿的权利。

(1) 行使代位求偿权的名义

现行保险立法明确规定，代位求偿是一种法定债权转移行为，即被保险人将其享有的债权转移给保险人，而其债的内容不变。保险人作为新的独立债权人，以自己的名义向债务人——负有赔偿责任的第三者进行追偿。

(2) 行使代位求偿的对象

保险人的代位求偿权，应当是向对于保险财产的损失负有民事赔偿责任的第三者行使。

同时，有些国家的保险立法对于代位求偿的对象加以限制。我国《保险法》第 62 条亦规定，“除被保险人的家庭成员或者其组成人员故意”对保险标的加以损害而造成保险事故外，“保险人不得对被保险人的家庭成员或者其组成人员行使代位请求赔偿的权利”。

(3) 行使代位求偿权的范围

保险人行使代位求偿权应当以被保险人享有的赔偿请求权为限，并且，其追偿的货币金额不得超过其向被保险人实际赔付保险赔偿金的数额。保险人代位求偿所获金额大于保险赔付时，其超过的部分则应当归还被保险人。与此同理，保险人依法行使代位求偿的权利，“不影响被保险人就未取得赔偿的部分向第三者请求赔偿的权利”。

(4) 行使代位求偿权的时间

一般情况下，保险人应当在向被保险人进行保险赔付后，才能向第三者行使代位求偿权。

(5) 被保险人的协助义务

为了确保保险人充分行使代位求偿，《保险法》规定了被保险人负有协助的义务，即在“保险人向第三者行使请求赔偿权利时，被保险人应当向保险人提供必要的文件和所知道的有关情况”。

二、人身保险合同

（一）人身保险合同概述

1. 人身保险合同的概念

人身保险合同是以人的寿命和身体为保险标的的保险合同。传统的人身保险仅以人寿保险为限。现代意义上的人身保险主要有人寿保险、伤害保险和健康保险三大类，几乎涵盖了人的生、老、病、伤、残、死等各种风险。

2. 人身保险合同的特点

（1）定额给付性质的保险合同

大多数人身保险不是补偿性合同，而是定额给付性质的合同，只能按事先约定金额给付保险金。健康保险中有一部分是补偿性质，如医疗保险。保险公司在审核人身保险的保险金额时，大致上是根据投保人自报的金额，并参照投保人的经济情况、工作地位、生活标准、缴付保险费的能力和需要等因素来加以确定。

（2）长期性保险合同

人身保险的特点之一就是其保险期限长。投保人身保险的人不愿将保险期限定得过短的一个原因是人们对人身保险保障的需求具有长期性，另一个原因是人身保险所需要的保险金额较高，一般要在长期内以分期缴付保险费方式才能取得。

（3）储蓄性保险合同

人身保险不仅能提供经济保障，而且大多数人身保险还兼有储蓄性质。正因为大多数人身保险含有储蓄性质，所以投保人或被保险人享有保单质押贷款、退保和选择保险金给付方式等权利。而财产保险的被保险人则没有这些权利。

（4）不存在超额投保、重复保险和代位求偿权问题

由于人身保险的保险利益难以用货币衡量，所以人身保险一般不存在超额投保和重复保险问题。但保险公司可以根据被保险人的需要和收入水平加以控制，使保险金额不高得过分。同样代位求偿权原则也不适用于人身保险。如果被保险人的伤害是由第三者造成的，被保险人或其受益人既能从保险公司取得保险金，又能向肇事方提出损害照偿要求，保险公司不能行使代位求偿权。

（5）人身保险的保险利益问题

人身保险合同只要求投保人在投保时对被保险人具有保险利益。

3. 人身保险合同的分类

人身保险合同作为保险合同的一大基本类别，根据不同的标准，有多种分类。

（1）按其保障范围，分为人寿保险、健康保险和意外伤害保险

人寿保险合同是人身保险合同中最基本的险种，是其诸多特点的典型表现。它是以被保险人在保险期间内的死亡或者生存作为给付条件的人身保险合同。通常又根据约定的保险事故，分为死亡保险、生存保险和生死两全保险。

健康保险合同又称疾病保险合同，是以被保险人患病、分娩或因此所致死亡或残疾作为给付条件的人身保险合同。它包括工资收入保险合同、医疗费用保险合同、专

业技术人员劳务收入保险合同和死亡保险合同(因疾病致死)。

意外伤害保险合同是以被保险人在保险有效期内因遭受意外事故导致其伤害、残疾或死亡作为给付条件的人身保险合同。按其承保条件,又分为普通意外伤害保险合同和特种意外伤害保险合同。

(2) 按被保险人的人数,分为个人人身保险合同和团体人身保险合同

个人人身保险合同是单独一人为被保险人的人身保险合同。团体人身保险合同则是以两个或两个以上的自然人为被保险人,由其所在单位组织统一投保的人身保险合同。

(3) 按保险产生的根据,分为自愿保险合同和强制保险合同

自愿保险合同是由投保人与保险人自愿协商订立的人身保险合同。强制保险合同则是根据有关法律规定,强制投保人与保险人订立的人身保险合同。

4. 人身保险合同的二元性

如前所述,财产保险及责任由于其保险利益的存在基础以经济上利益为限,故均属于损失补偿性保险合同。然而,人身保险的保险利益的存在基础既可以是经济上的利益,又可以是身份上利益,因此,有损失补偿性保险合同与定额给付性保险合同之分。此即人身保险合同的二元性。

(二) 保险合同的常用条款

为了规范保险行为,保护保险活动当事人的合法权益,《保险法》对人身保险合同的有关内容作了统一规定和要求。由于这些规定经常被使用,形成人身保险合同的通用条款。

1. 不可抗辩条款

人身保险合同成立 2 年后,保险公司不得以投保人违反如实告知义务为理由解除合同。如果保险公司发现投保人没有如实告知重要事实,只能在 2 年内以此为由拒绝给付保险金或解除合同,超过 2 年的可抗辩期,这个权力即告丧失。

2. 自杀条款

自杀条款,是指人身保险的被保险人,在投保一定期间内自杀的,保险人不承担保险金的给付义务,仅退还保险单的现今价值;但法定期间经过后的自杀,保险人应承担保险责任。现实中,如果被保险人在合同生效或复效 2 年以内自杀,保险公司不给付保险金。如果自杀发生在合同生效或复效 2 年之后,保险公司应给付保险金。

3. 宽限期条款

宽限期条款是长期寿险合同中关于投保人支付保险费权利义务的常见条款。所谓宽限期限,是指在人身保险合同中分期支付保险费的情形下,投保人在支付了首期保险费后,对到期没有交纳续期保险费的投保人给予一定时间的优惠,让其在宽限期内补交续期保险费。

对于分期缴费的保单,如果投保人因疏忽或者其他原因没能按期交费,保险公司给出一定的宽限期(一般为 60 天,具体时间请见条款规定),在这段时间内保单仍然有效,如果发生保险事故,保险公司仍予负责。如超过宽限期还没交纳保费,则保单有可能失效。

宽限期限的产生有两种方式:(1) 合同约定的期限,合同中如有约定的,双方当事人应遵守合同的约定;(2) 法定的期限,如果合同没有约定的,即按照法律的规定。

4. 复效条款

若因投保人不按期交纳保费致使保单失效,2 年之内,投保人可向保险公司申请复效,经过保险公司审查同意后,投保人补交失效期间的保险费及利息,保单可恢复效力。

投保人在缴足 2 年以上保险费后,保单会积存一定的责任准备金。这种准备金不因保单效力的变化而丧失其现金价值。投保人若要退保,这部分现金价值应由保险公司退还给投保人。

5. 年龄误报条款

投保人申报的被保险人年龄不真实,并且其真实年龄不符合合同约定的年龄限制的,保险公司可以解除合同,但是自合同成立之日起逾 2 年的除外。

投保人申报的被保险人年龄不真实,致使投保人支付的保险费少于应付保险费的,保险公司有权更正并要求投保人补交保险费,或者在给付保险金时,按照实付保险费与应付保险费的比例支付。

投保人申报的被保险人年龄不真实,致使投保人实付保险费多于应付保险费的,保险公司将多收的保险费还投保人。

6. 受益人条款

受益人由被保险人或者投保人指定。投保人指定受益人时须经被保险人同意。受益人可以为一人或数人。

受益人为数人的,可以指定受益顺序和受益份额;未确定受益份额的,受益人按照相等份额享有受益权。

如果没有指定受益人,或受益人先于被保险人死亡,或受益人依法丧失受益权,则由被保险人的继承人享有保险金给付请求权。

(三) 保险金受益人及其权益

1. 受益人的法律地位

我国《保险法》第 18 条第 3 款规定:“受益人是指人身保险合同由被保险人或者投保人指定的享有保险金请求权的人,投保人、被保险人可以为受益人。”我国《保险法》虽对保险金受益人予以定义,然而对保险金受益人的法律地位则未作进一步规定。

2. 受益人的指定

受益人的资格,一般并无限制,但该受益人须由被保险人或者投保人予以指定。对所指定的受益人,无须事先征得本人或保险人的同意,只需在保险单上注明。指定受益人时,一般只需记明受益人的姓名,无须指明受益人的身份或其与受益人的关系。

受益人的指定人,可以是被保险人,也可以是投保人,还可以由被保险人和投保人二人共同指定。当投保人即为被保险人时,不发生由谁指定的问题;但当投保人以他人利益为保险时,不论是指定自己为受益人或指定第三人为受益人,都必须得到被保险人的同意。

3. 受益人的变更

投保人变更受益人时,应当经过被保险人的同意;被保险人不同意的,其变更无效。法律作此规定，是为了保护被保险人的利益。因为人身保险是以被保险人发生保险事故为受益人取得保险金的前提，故被保险人为维护自身利益起见，必然对受益人的道德品质等进行考察，对可能发生道德危险者，不会将其作为受益人。被保险人则有权独立变更受益人，无须征得投保人同意。

4. 受益顺序和份额

受益顺序即各受益人在保险事故发生后获得保险金给付的先后顺序。受益顺序一般为：(1) 原始受益人，即最初指定的受益人；(2) 后继受益人，即保险单上注明的原始受益人死亡后由其受益的人，如保险单上被保险人指定其配偶为原始受益人，同时又指定其子女为后继受益人，在这种情况下，原始受益人先于被保险人死亡时，后继受益人才取得受益权；(3) 法定受益人，未指定受益人或指定的受益人先于被保险人死亡，或者放弃、丧失受益权的，被保险人的法定继承人视为受益人。

5. 受益权的丧失

受益权的丧失，是指被保险人或投保人指定受益人后，如果发现该受益人有不轨行为(如企图谋害被保险人)时，将依法取消受益人的受益权利。

6. 共同灾难的推定原则

受益人取得保险金的权利须以受益人在被保险人死亡时仍然生存为前提条件。在受益人先于被保险人死亡而又未重新指定受益人的情形下，依我国《保险法》第 42 条的规定，保险金作为被保险人的遗产，由保险人向被保险人的继承人履行给付保险金的义务。

但当被保险人与受益人在同一事故中死亡，且无法确定死亡的先后顺序时，究竟将保险金列为谁的遗产？是被保险人的还是受益人的？这关系保险人向谁给付保险金，也关系指定受益人权益能否实现。对此问题，我国《保险法》第 42 条第 2 款规定："受益人与被保险人在同一事件中死亡，且不能确定死亡先后顺序的，推定受益人死亡在先。"依此规定，当指定受益人与被保险人在共同灾难中同时死亡而又不能确定死亡的先后顺序的，应按"被保险人比受益人生存更久"的原则，推定受益人先于被保险人死亡。

第四节　保险业法

一、保险组织

(一) 保险组织的类型

保险业直接关系公共利益和社会稳定，各国皆对经营保险业的组织形式有严格的限制。

一般来说，保险人采取的组织形式包括股份有限公司、有限责任保险公司、相互保险公司、保险合作社和个人保险组织。

1. 股份有限保险公司

股份有限公司，是指公司资本分为等额股份、股东在一定人数以上的保险公司。这是保险人营业的主要组织形式，也是保险人营业的基本组织形式。

2. 有限责任保险公司

有限责任保险公司，是指由50人以下股东共同出资，每个股东一起所认缴的出资额对公司承担有限责任，公司以其全部资产对其债务承担责任的企业法人。我国有限责任保险公司的主要形式是国有独资保险公司和国有控股有限公司。

3. 相互保险公司

相互保险公司，是由约定危险发生而受有财产或人身利益损失的人联合加入公司，以其成员所缴基金对危险发生所致损失承担给付义务，出资者与其具有成员关系与保险关系依存性的保险组织形式。相互保险公司是将保险合作制与公司制结合而成的一种管理、经营危险的特殊组织形式。投保人基于自己的投保取得公司成员的资格，公司用投保人交付的保险费形成保险基金，通过公司制度进行经营，以投保人之间的互助共济实现其人身或财产的保险保障。

4. 保险合作社

保险合作社，是由对某种危险具有同一保障要求的人自愿集股设立，社员共同管理组织、经营业务，共同分担危险的营业组织。保险合作社依合作原则从事保险业务，是同股份有限公司与相互保险公司并存的一种保险组织。它一般属于社团法人，是非营利机构，以较低的保险费满足社员的保险需求，社员与投保人基本上是一体的。

5. 个人保险组织

个人保险组织，是以自然人个人独立于投保人缔结保险合同，并利用个人财产独立承担责任的保险营业形式。以此种方式经营保险的个人需有一定量的个人财产。由于个人财产难以承担较大的危险，个人形式的保险营业受到限制，逐渐消失。劳合社是目前世界上唯一存在的个人保险组织。

（二）保险公司的设立

1. 保险公司的设立条件

保险公司设立的条件，是指法律规定设立保险公司必须具备的条件。保险公司的设立应该符合法定要件，并须经保险监督管理机构批准。根据《保险法》第68条和《保险公司管理规定》第6条的规定，保险公司的设立应具备以下条件。

（1）合法的公司章程

公司章程是关于公司组织和行为规范的重要文件，是公司设立的必要条件。

（2）符合法定数额的资本额

根据《保险法》第69条的规定设立保险公司，其注册资本的最低限额为人民币2亿元。保险监督机构根据保险公司的业务范围、经营规模，可以调整其注册资本的最低下限额，但不能低于最低资本限额为2亿元的数额。

（3）适格的高级管理人员

保险公司管理人员，是指对保险公司总公司及其分支机构经营管理活动具有决策权或者重大影响的下列人员：① 总公司、分公司、中心支公司总经理、副总经理、总经理助理;② 总公司董事会秘书、合规负责人、总精算师、财务负责人;③ 支公司、营业部经理;④ 与上述高级管理人员具有相同职权的负责人。

(4) 健全的组织结构和管理制度

健全的组织机构和管理制度是保险公司正常有效地开展业务的必要条件。组织机构是组织调控的条件保证,公司管理制度则是规范调控的条件保证。二者是保险公司内部组织活动与外部营业行为的基础。

完善的制度是保险公司正常营业的规范保证,内容包括公司的财务会计制度、人事管理制度、劳动工资制度、业务管理制度以及员工工作纪律等制度。

(5) 适于保险营业的营业场所与设施

保险业的经营,须具备与经营范围与规模相适应的营业场所和设施,这是保险公司进行营利性营业行为的物质前提。保险业的营业场所,是指行政办公和经营业务的房产、办公设备和租用的工作场所。保险营业设施,是指保险业正常所必需的通信设备、交通设备、信息处理设备、文档存储设备、安全装备等。

2. 保险公司的设立程序

保险经营是一种专业性营业行为,其经营状况关乎保险团体的危险承担,关乎经济安全与社会稳定,这决定保险公司的设立及其营业行为并非保险公司的当然性权利,而需经国家依法定条例许可其进行保险业经营。因此,我国《保险法》对保险公司的设立实行许可设立原则(审批主义原则)。《保险法》第 67 条第 1 款规定:“设立保险公司应当经国务院保险监督管理机构批准”。

设立保险公司,对设立人而言,应经过筹建申请和正式申请;对保险监督管理机构而言,要进行相应的初步审查与许可审查两个阶段。

(1) 筹建保险公司的申请

申请设立保险公司,应当向国务院保险监督管理机构提出书面申请,并提交材料。

(2) 拟设立保险公司的筹建

申请人应当自收到批准筹建通知之日起 1 年内完成筹建工作;筹建期间不得从事保险经营活动。

(3) 提出设立保险公司正式申请

设立保险公司的申请经保险监督管理机构初步审查合格后,申请人也已根据《保险法》与《公司法》的规定完成了保险公司的筹建,若具备《保险法》第 68 条规定的设立保险公司的条件的,应向保险监督管理机构提交正式申请文件,保监会对其申请进行许可审查。

(4) 颁发经营保险业务许可证

经批准设立的保险公司,由保监会颁发经营保险业务许可证。否则,保险公司不能进行登记与开展保险业务。

(5) 保险公司的设立登记

经批准开业的保险公司,应当持批准文件以及经营保险业务许可证,向工商行政管理部门办理登记注册手续,领取营业执照后方可营业。

二、保险监管

（一）保险监管的内涵

无论是发达国家还是发展中国家，无论是崇尚自由经济的国家还是推行政府积极干预经济的国家，无不对保险业实施监管。保险监管之所以具有国际普遍性，主要是由保险业的性质及其经营特点决定的。第一，负债性。保险公司通过收取保险费而建立的保险基金，其很大一部分是保险公司来承担危险的准备金。保险准备金是保险公司对其客户的负债，而不是保险公司的资产，在保险合同期满之前不为保险人所有。第二，保障性。保险的基本职能在于损失补偿或保险金给付，并通过这种补偿或给付来保证社会生产和人民生活在灾害事故造成损失时，能够及时得到恢复和弥补。如果保险公司经营不善，不能正常履行其补偿或给付职能，将会直接影响社会再生产的正常进行和人民生活的安定。第三，广泛性。保险业对整个社会有较大的影响和渗透。从范围上看，一家保险公司可能涉及众多家庭和企业的安全；从期限上看，一个保险公司可能涉及危险团体成员终生保障。

（二）保险监管的模式

从1841年美国新罕什尔州建立了世界上最早的保险监管制度以来，世界各国根据其不同的经济背景和法律环境建立了各自的监管制度。总体来看，世界范围内监管模式主要有公示监管模式、准则监管模式和实体监管模式三种。

1. 公示监管模式

公示监管模式，是指政府不直接监管保险业的经营，只是要求保险人按照规定的格式及其内容，将其经营结果定期呈报给主管机关，并予以公布。该模式是一种宽松的监管方式，凡是保险业的组织形式，政府不作过多干预。保险经营的好坏，由被保险人及一般大众自行判断。这种监管方式将政府与公众结合起来，有利于保险人在较为宽松的环境中自由发展。在历史上，英国曾采用此种监管方式。按照英国的规定，经营保险业无须执照或其他特别批准。如果是公司经营，仅须按照正常方式办理公司登记；个人经营仅须取得劳合社的会员资格即可。但公示监管模式存在固有的缺陷：由于被保险人和一般公众处在信息不对称的不利一方，该模式不利于切实有效地保障被保险人的利益。随着现代保险业的发展，英国也逐渐放弃了该种监管方式。

2. 准则监管模式

准则监管模式又称规范监管方式或形式监管方式，是指国家对保险业的经营制定一定准则，要求保险人共同遵守的一种监管方式。但是由于这种监管方式仅从形式出发，难以适应所有的保险组织，加之保险技术性强，涉及的事务复杂多变，所以仅有某些基本准则难以起到有效监管的作用。

3. 实体监管模式

实体监管模式亦称严格监管方式或许可监管方式，是指国家制定完善的保险监督管理规则，主管机构根据法律、法规赋予的权力，对保险市场尤其是保险人进行全面的监督管理的一种方式。实体监管主要是对保险组织的市场准入、保险经营以及市场退出机制进行全方位的监管。该监管方式于1985年由瑞士首创，目前包括我国在内的世界上大多数国家都采用实体监管方式。

同步练习

一、案例讨论

1. 案情简介

甲于2006年5月20日经其婆婆乙同意后为乙购买了一份简易人身保险，指定受益人为乙的孙子、甲的儿子丙，丙当时10岁。保险费从甲的工资中扣交。交费2年后，甲与乙的儿子丁离婚，法院判决丁享有对丙的抚养权。离婚后甲仍按照合同约定履行交纳保险费的义务。2008年12月10日乙病故，2009年1月甲得知后向保险公司申请给付保险金。甲主张：自己是投保人，一直交纳保险费，而且是受益人丙的母亲；与此同时，丁提出：被保险人是自己的母亲，本保险合同的受益人是丙，自己作为丙的监护人，这笔保险金应由他领取；保险公司则以甲因离婚而对乙无保险利益为由拒绝给付保险金。

请思考并回答以下问题：(1) 甲要求给付保险金的请求是否合理，为什么；(2) 丁要求给付保险金的请求是否合法，为什么；(3) 保险公司拒付的理由是否成立，为什么；(4) 本案应当如何处理，为什么？

2. 问题梳理

本案的焦点问题有二：一是谁是保险金给付请求权人；二是人身保险中保险利益的存在时间对保险金给付请求权的影响。

3. 法律运用

本案中的受益人为丙，丁为其监护人，即法定代理人，故有权代理丙行使保险金给付请求权。根据《保险法》的一般规定，被保险人和受益人是保险金给付请求权人，在人身保险中的死亡保险，则保险给付请求权人仅为受益人；人身保险中只要投保时投保人对被保险人具有保险利益，保险事故发生时投保人对被保险人是否具有保险利益不影响保险合同的效力。

二、分析与思考

1. 保险的含义和特点是什么？

2. 依据不同的标准，保险可以分为哪几类？

3. 保险法的调整对象有哪些？

4. 2008年3月2日，甲向保险公司投保家庭财产保险，保险金额为8万元，保险期限自2008年3月2日至2009年3月1日。2008年9月甲母从乡下来看望甲，在使用微波炉的过程中未按操作要求使用，致使微波炉爆炸，造成经济损失2000元，甲母被炸伤，花去医药费3000元。事故发生后，甲向保险公司索赔，要求保险公司赔偿经济损失和甲母的医疗费用。但保险公司认为，甲只投保了家庭财产险，甲母并没有投保人身意外伤害险，故只肯赔偿甲的经济损失2000元。

请问：应如何认识财产保险的性质？

5. 2008年4月1日，某公司向保险公司投保了700万元的企业财产保险和附加盗窃险，保险期自2008年4月15日零时至2009年4月14日24时止，共计保险费3万元。合同约定保险费分3期缴纳：第一期保险费于2008年6月15日前缴纳1万元；第二期保险费于2008年9月15日前缴纳1万元；第三期保险费于2008年12月15日前缴纳1万元，届时缴纳完毕，缴纳方式是通过银行办理委托收款。

保险合同签订以后，保险公司按合同约定，按时到银行办理委托收款，被告之：该账户无钱可划拨。保险公司多次找某公司催收保险费，均被以各种借口推托。

2009年4月11日，某公司仓库由于电线短路发生火灾，烧毁了近160万元的货物。火灾发生当日，该公司立即将全部保险费交到银行，然后向保险公司提出索赔申请。保险公司拒绝赔偿，理由是：该公司没有按期缴纳保险费。该公司不服，起诉于法院。在法院审理过程中，该公司声称：保险合同有效，保险事故发生在保险合同的有效期内，保险公司应当承担赔偿责任，赔偿因火灾引起的全部损失。保险公司辩称：该公司没有履行缴纳保险费的义务，保险人有权解除保险合同，拒绝承担赔偿责任。

请问：人民法院应当如何判决？

参考文献

[1] 范建. 商法 [M]. 第 3 版. 北京：高等教育出版社、北京大学出版社，2007.

[2] 范建. 商法判例解读[M]. 北京：高等教育出版社，2004.

[3] 范健. 商法学[M]. 北京：高等教育出版社，2007.

[4] 沈四宝，王军，焦建洪. 国际商法[M]. 北京：对外经济贸易大学出版社，2002.

[5] 曲天明. 国际商法教程[M]. 北京：清华大学出版社，2010.

[6] 奚小明. 合同法讲座[M]. 北京：中国政法大学出版社，2001.

[7] 刘剑文. 财税法学[M]. 北京：高等教育出版社，2004.

[8] 陶广峰. 经济法原理[M]. 北京：中国政法大学出版社，2005.

[9] 邵建东. 竞争法教程[M]. 北京：知识产权出版社，2004.

[10] 郑成思. 知识产权法[M]. 北京：法律出版社，1997.

[11] 张梓太. 环境法论[M]. 北京：学苑出版社，1999.

[12] 叶林. 证券法[M]. 北京：中国人民大学出版社，2008.

[13] 刘丹. 证券法案例评析[M]. 北京：对外经济贸易大学出版社，2010.

[14] 赵万一. 证券法学[M]. 北京：中国法制出版社，2006.

[15] 邵冰. 证券从业人员资格考试考点采分——证券市场基础知识[M]. 北京：中国人民大学出版社，2009.

[16] 杜征征. 证券从业人员资格考试考点采分——证券交易[M]. 北京：中国人民大学出版社，2009.

[17] 孟祥刚. 企业破产纠纷新型典型案例与专题指导[M]. 北京：中国法制出版社，2010.

[18] 段庆喜，李建伟，李文涛. 商法 · 经济法 · 国际经济法四十八讲[M]. 北京：人民法院出版社，2009.

[19] 段开龄. 现代保险知识实用大全[M]. 天津：天津科学技术出版社，1991.

[20] 桂裕. 保险法论[M]. 台北：台湾三民书局，1981.

[21] 陈云中. 保险学[M]. 台北：五南图书出版公司，1985.

[22] 周正庆. 关于《中华人民共和国保险法》(草案)的说明。

[23] 郑玉波. 保险法论[M]. 台北：台湾三民书局，1984.

[24] 〔美〕C. 小阿瑟 · 威廉斯. 风险管理与保险[M]. 北京：经济科学出版社，2000.

[25] 〔英〕A. L. 科宾. 科宾论合同(下册)(中译本) [M]. 王卫国，徐国栋等译. 北京：中国大百科全书出版社，1998.

[26] 李玉泉. 保险法[M]. 北京：法律出版社，1997.

[27] 潘履孚. 保险学概论[M]. 北京：中国经济出版社，1995.

[28] 袁宗蔚. 保险学[M]. 北京：首都经济贸易大学出版社，2000.

[29] 崔建远. 合同法[M]. 北京：法律出版社，2000.

[30] 樊启荣. 保险法[M]. 北京：高等教育出版社，2010.

参考文献

[illegible]